O EXERCÍCIO
DA TEOLOGIA

Dados Internacionais de Catalogação na Publicação (CIP)
(Câmara Brasileira do Livro, SP, Brasil)

Cordovilla, Ángel
  O exercício da teologia : introdução ao pensar teológico e às suas principais figuras / Ángel Cordovilla ; tradução de Mauricio Marsola e Natalia Machado. – Petrópolis, RJ: Vozes, 2024.
  Título original : El ejercicio de la teologia.
  ISBN 978-85-326-6669-7
  1. Cristianismo 2. Igreja Católica – Doutrina 3. Teologia I. Título.

23-176387
CDD-230

Índices para catálogo sistemático:
1. Teologia : Cristianismo   230

Tábata Alves da Silva – Bibliotecária – CRB-8/9253

O EXERCÍCIO DA TEOLOGIA

Ángel Cordovilla

Introdução ao pensar teológico e às suas principais figuras

Tradução de Mauricio Marsola e Natalia Machado

Petrópolis

© Ediciones Sígueme, 2019 – Salamanca.

Tradução do original em espanhol intitulado *El ejercicio de la teología –*
Introducción al pensar teológico y a sus principales figuras

Direitos de publicação em língua portuguesa – Brasil:
2024, Editora Vozes Ltda.
Rua Frei Luís, 100
25689-900 Petrópolis, RJ
www.vozes.com.br
Brasil

Todos os direitos reservados. Nenhuma parte desta obra poderá ser reproduzida
ou transmitida por qualquer forma e/ou quaisquer meios (eletrônico ou mecânico,
incluindo fotocópia e gravação) ou arquivada em qualquer sistema ou banco de dados
sem permissão escrita da editora.

CONSELHO EDITORIAL

Diretor
Volney J. Berkenbrock

Editores
Aline dos Santos Carneiro
Edrian Josué Pasini
Marilac Loraine Oleniki
Welder Lancieri Marchini

Conselheiros
Elói Dionísio Piva
Francisco Morás
Gilberto Gonçalves Garcia
Ludovico Garmus
Teobaldo Heidemann

Secretário executivo
Leonardo A.R.T. dos Santos

Editoração: Natalia Machado
Diagramação: Sheilandre Desenv. Gráfico
Revisão gráfica: Fernando Sergio Olivetti da Rocha
Capa: Eduarda Ribeiro

ISBN 978-85-326-6669-7 (Brasil)
ISBN 978-84-301-2032-1 (Espanha)

Este livro foi composto e impresso pela Editora Vozes Ltda.

Sumário

Siglas, 11

Prólogo, 15

I – O que é teologia?, 17

    1 O significado da pergunta, 17

        a) Sobre a questão em si, 17

        b) A necessidade de uma resposta pessoal, 17

        c) Um simples olhar sobre a história dessa questão no século XX, 18

    2 Significado etimológico da palavra "teologia", 23

        a) O paradoxo: Deus na palavra humana, 23

        b) Unidos em duas direções, 24

    3 Unidade e pluralidade na origem e no significado, 25

        a) Deus, sujeito e objeto da teologia, 25

        b) Concentração no objeto e amplitude do olhar, 27

        c) As três formas fundamentais de teologia, 27

    4 O que é teologia? Definição e características essenciais, 33

        a) Uma definição, 33

        b) A teologia, características essenciais, 33

    5 As dimensões da teologia, 40

        a) A altura da teologia: rumo a uma teologia teológica, 40

        b) A profundidade da teologia: rumo a uma teologia histórica, 41

        c) A largura da teologia: rumo a uma teologia dialógica, 42

    Conclusão, 42

II – O objeto da teologia:Deus em sua revelação e em seu mistério, 44

    Introdução, 44

    1 Termos para falar de Deus em sua revelação e em seu mistério, 46

        a) Perspectiva filológico-exegética, 46

        b) Perspectiva teológico-sistemática, 51

2 A revelação como problema atual, 64

3 Deus como mistério trinitário, 67

   a) Ponto de partida: testemunho bíblico e prática litúrgica, 67

   b) A ancoragem antropológica, 68

   c) História de Israel e vida de Jesus de Nazaré, 70

   d) Trindade e mistério pascal, 70

   e) Trindade e história, 72

   f) Trindade e doxologia, 73

III – O tema e o lugar da teologia:a Igreja como uma comunidade de fé, 75

Introdução, 75

1 Imagens complementares da fé e da teologia, 76

   a) Rocha, 77

   b) Caminho, 78

   c) Luz, 80

   d) Amor, 84

   e) Meta, 85

2 A fé, princípio interno do conhecimento teológico, 86

   a) A fé como apreensão específica da realidade, 86

   b) Dinamismo em três perspectivas, 88

3 Teologia e Igreja, 91

   a) O objeto da teologia, 91

   b) O lugar da teologia, 92

   c) Liberdade de pesquisa, 95

IV – O método da teologia:*"auditus – intellectus – actio fidei"*, 98

Introdução, 98

1 *"Auditus fidei"*, 99

2 *"Intellectus fidei"*, 100

3 *"Actio fidei"*, 102

4 Integração dos três momentos, 104

5 A linguagem da fé: a analogia, 106

V – A alma da teologia:a Sagrada Escritura, 108

Introdução, 108

1 A natureza da Sagrada Escritura, 110

   a) A Escritura como palavra de Deus, 110

b) A Escritura como corpo de Cristo, 110

c) A Escritura como a voz do Espírito na e para a Igreja, 112

2 A alma da teologia: Sagrada Escritura, 114

a) O retorno às fontes (Escritura) e o distanciamento da exegese, 114

b) O lugar da Escritura na teologia, 116

3 A interpretação das Escrituras, 121

a) Exegese científica e teológica, 121

b) *Dei Verbum* 12, 125

c) A interpretação da Bíblia na Igreja, 128

Conclusão, 132

VI – A memória da teologia:a Tradição, 133

Introdução, 133

1 Tradição em diálogo, 133

a) Escritura e Tradição: em diálogo com a Reforma, 133

b) Cristo e o Espírito: em diálogo com a ortodoxia, 134

c) Tradição ou ruptura: em diálogo com a Modernidade, 135

d) Tradição, mediação para o imediatismo: em diálogo com a Pós--modernidade, 136

2 Imagens para falar de Tradição, 137

a) Tradição como caminho, 138

b) Tradição como organismo, 138

c) Tradição como memória, 140

3 A tradição como elemento constitutivo da cultura humana, 142

a) O ser humano como um ser de tradição, 142

b) Atitudes fundamentais em relação à tradição, 143

4 O princípio da Tradição no cristianismo, 144

a) Tradição à luz do evento da revelação (*Dei Verbum*) e do mistério da Igreja (*Lumen Gentium*), 144

b) Ato, conteúdo e sujeito da Tradição, 150

c) Normas e critérios para o discernimento, 152

5 Testemunhas e atores privilegiados da Tradição, 158

a) Tradição em ato: a liturgia, 158

b) As formas da Tradição: os Padres da Igreja, 159

Conclusão, 163

VII – A moldura da teologia:o magistério da Igreja, 165

Introdução, 165

1 Natureza do magistério, 166

a) Perspectiva cristológico-escatológica, 167

b) Perspectiva pneumático-eclesiológica, 168

2 O exercício do magistério, 168

a) No interior do tríplice ministério e serviço, sem absolutizar, 168

b) Um serviço de toda a Igreja, sem diluir sua função específica, 170

3 A interpretação do magistério, 172

a) A intenção e a forma de se expressar, 173

b) O momento histórico e a moldura da grande Tradição da Igreja, 174

c) Uma hermenêutica cordial, 176

Conclusão: uma imagem deficiente, mas uma imagem, 178

VIII – A forma católica da teologia, 180

Introdução, 180

1 Determinação positiva da fé católica, 182

2 Os três princípios fundamentais da forma católica, 184

a) O princípio teológico: a relação entre Deus e o homem com base na analogia, 184

b) O princípio histórico: a relação entre Cristo e o Espírito, 190

c) O princípio mariano: a relação entre Maria e a Igreja na obra da redenção, 195

d) A teologia da mediação, 197

3 Catolicidade: plenitude de origem e universalidade de destino, 198

a) Karl Rahner: a catolicidade a partir do existencial sobrenatural e da corporalidade da graça, 198

b) Henri de Lubac: a catolicidade a partir da compreensão social do cristianismo, 200

c) Yves Congar: a catolicidade como dom de Deus e realização humana, 203

d) Hans Urs von Balthasar: a catolicidade a partir do fragmento único e singular, 204

Conclusão, 209

IX – A biografia da teologia, 210

Introdução, 210

1 As diferentes formas de teologia na história, 211

2 Da Escritura ao Símbolo, 214

a) Paulo de Tarso, o primeiro teólogo cristão, 214

b) Teologia cristã primitiva, 215

c) O Símbolo como um critério de interpretação, 217

d) "É necessário que haja 'heresias' entre vós" (1Cor 11,19), 218

e) As diferentes escolas de teologia, 220

f) Agostinho de Hipona: uma encruzilhada, 225

g) A síntese tardia, 226

3 Do Símbolo às sentenças, 227

a) Anselmo de Cantuária: a racionalidade da incompreensibilidade de Deus, 227

b) Da "lectio" à "quaestio", 229

c) As sentenças: uma nova forma de síntese teológica, 231

4 Das Sentenças à Suma, 231

a) A suma: o triunfo da pedagogia, 232

b) Tomás de Aquino, o teólogo, 233

c) A teologia como ciência e sabedoria, 234

5 Da suma às confissões, 234

a) Lutero: a experiência faz o teólogo, 235

b) O lugar (confessional) da teologia: Philipp Melanchthon e Melchior Cano, 237

c) A fecundidade da teologia mística trinitária, 238

d) A renovação da teologia no século XIX, 239

6 Das confissões à(s) teologia(s) no contexto, 243

a) Os quatro movimentos teológicos do século XX, 243

b) O retorno ao único necessário, 247

Conclusão, 248

X – Teologia, amizade de Deus e dom do Espírito, 250

Introdução, 250

1 Contexto dos textos, 251

2 Karl Rahner: teologia como amizade, 252

Breve comentário, 254

a) Teologia como autocomunicação intradivina, 254

b) O Batismo como fundamento da teologia, 255

c) A teologia, entre o já e o não ainda, 255

d) O próprio Deus é o objeto da teologia, 255

e) A teologia, a partir da seriedade da inteligência e da confiança da amizade, 256

3 Anselm Stolz: teologia, dom do espírito (carisma), 256

Breve comentário, 265

Referências, 267

Índice onomástico, 291

Siglas

AG – Decreto Conciliar *Ad Gentes*

CIC – Catecismo da Igreja Católica

DH – Declaração Conciliar *Dignitatis Humanae*

DV – Constituição Conciliar *Dei Verbum*

GS – Constituição Conciliar *Gaudium et Spes*

LG – Constituição Conciliar *Lumen Gentium*

OT – Decreto Conciliar *Optatam Totius*

UR – Decreto Conciliar *Unitatis Redintegratio*

A fim de que os mais diligentes que os sucederam e que eram amantes da sabedoria pudessem *realizar um exercício* para mostrar o fruto de sua inteligência; isto é, para aqueles que se tornaram dignos e capazes de receber a sabedoria.

(Orígenes, *Tratado dos princípios*, Prólogo, 3)

Prólogo

A teologia é uma ciência prática. Se Kierkegaard estava certo quando disse que o cristianismo, mais do que um exercício teórico, requer um exercício vital, a teologia cristã consiste, acima de tudo, em um belo exercício. Por essa razão, uma introdução à teologia não pode ter outra pretensão senão a de ser um convite humilde, porém alegre, para seu exercício. Não existe teologia em abstrato, mas teólogos que se dedicaram inteiramente ao seu exercício (*gimnasia*), tornando-se assim dignos e capazes de receber a sabedoria (Orígenes). A melhor introdução à teologia consiste em abordar essa tarefa com eles, como seus discípulos, e com eles fazer teologia.

Ofereço ao leitor esta introdução ao exercício da teologia, uma introdução que visa construir uma ponte entre a pessoa ousada que quer hoje nela se iniciar e os grandes mestres que ainda são nossos contemporâneos: Justino, Irineu, Tertuliano, Orígenes, Basílio, Hilário, Agostinho, Anselmo, Bernardo, Abelardo, Tomás de Aquino, Eckhart, Boaventura, Lutero, Melchior Cano, João da Cruz, Schleiermacher, Barth, Rahner, Balthasar... Embora provavelmente, de modo mais preciso, seja uma introdução *para* seu exercício. Ou simplesmente uma apresentação inicial, por meio de instrumentos e de um ponto de partida, das diferentes realidades que devem ser postas em jogo, de suas regras mais elementares, das figuras mais importantes em seu desenvolvimento. Em uma palavra, uma contribuição com a bagagem necessária e indispensável para sua realização.

Só me resta dizer àqueles que abriram estas páginas: Exercitem-se na teologia! Ousem crer, tendo a coragem de pensar! Ousem pensar, tendo a coragem de crer! (B. Welte).

A teologia nasce da força desses imperativos, sem ser um ou outro isoladamente. Ela é o esforço de buscar as razões últimas das coisas, de se abrir para aquele mistério que nos excede e ultrapassa infinitamente, que nós, cristãos, chamamos de Deus, e assim nos entregarmos a Ele em obediência e adoração. Uma introdução à teologia, hoje, é um convite a ter coragem para a fé e para o pensamento. Ouse pensar! Ouse acreditar! Exercite-se na teologia!

Também gostaria de expressar uma palavra de agradecimento àqueles que me iniciaram nessa bela tarefa e àqueles com quem compartilho diariamente esse emocionante exercício.

Por fim, gostaria de mencionar as pessoas que leram o rascunho e de cujas sugestões e correções, sem dúvida, me beneficiei: Alejandro Labajos, Jesús Romero e Antonio J. Ordóñez.

I

O que é teologia?

Consagra-os na verdade; tua palavra é verdade.
Consagro-me por eles, para que também eles
possam ser consagrados na verdade.
(Jo 17,17.19)

1 O significado da pergunta

a) Sobre a questão em si

Pode nos surpreender que, nesta etapa da vida da Igreja e da prática da teologia, ainda tenhamos que fazer uma pergunta tão elementar: Sabemos realmente o que é teologia? Ou é antes uma pergunta retórica, acerca da qual não há um interesse real, seja na pergunta, seja na resposta?

Não sabemos realmente o que significa teologia e o que ela é. Talvez por isso tal questão seja a manifestação concreta de nosso progresso na compreensão dessa atividade humana na qual Deus e o homem estão envolvidos em sua totalidade e em seu mistério. Precisamente na medida em que essas duas realidades se sobrepõem, a questão de sua natureza e significado torna-se plenamente válida. É uma pergunta que nunca pode ser totalmente respondida; uma pergunta que cada geração deve enfrentar se deseja avançar em seu entendimento de Deus e do homem, ou se deseja entender como as duas realidades relacionam-se entre si.

b) A necessidade de uma resposta pessoal

Com essa pergunta não pretendemos de forma alguma questionar as diferentes respostas dadas no passado, como se fôssemos os primeiros a iniciar este exercício, ou como se sua realidade pudesse ser inventada em cada momento histórico e eclesial. Entretanto, assumindo essa história e aprendendo com ela, precisamos ser capazes de enfrentar a questão diretamente. Cada época está em uma relação imediata com Deus (cf. Ranke, 1984, p. 77)[1]. Além disso, tem a responsabilidade de dar sua própria resposta à Palavra pela qual Ele se revela pessoalmente e expressa a plenitude de nós mesmos. Portanto, cabe a cada um de nós responder diretamente a essa pergunta, na imediatez da realidade, sem delongas, digressões históricas que acabam se tornando justificações científicas e que, no entanto, nos afastam tanto da realidade de Deus quanto de nossas vidas.

De nossa parte, tentaremos responder a essa pergunta em seu sentido mais simples e imediato, como se fosse uma resposta motivada pelo simples som daquela Palavra dignamente pronunciada; uma resposta na qual temos que nos envolver pessoalmente. Acredito que, dessa forma, a resposta também pode servir como uma apresentação de seu conteúdo e um convite para seu exercício, mesmo para os não iniciados.

Em todo caso, vale a pena ter em mente que as perguntas mais simples, que vão à raiz de algo, são as mais difíceis de responder, pois quando nos perguntamos sobre o significado geral e imediato de algo, estamos ao mesmo tempo nos perguntando sobre os próprios fundamentos dessa realidade e, nesse caso preciso, sobre a condição de possibilidade da própria teologia. Portanto, responder a perguntas como essa pressupõe a capacidade de unir simplicidade e profundidade (cf. Gilbert, 1992), adquirindo uma visão capaz de apreender o essencial e fazer um esforço para alcançar uma síntese[2].

c) Um simples olhar sobre a história dessa questão no século XX

Ao longo da história, a questão da identidade da teologia tem estado permanentemente presente no campo da reflexão. Ela retorna sempre de novo em sua teimosia nua. Os seres humanos precisam dizer a si mesmos, com suas próprias palavras e de forma imediata, quem Deus é para

---

1. Leopold von Ranke (1795-1886) é considerado o pai da historiografia moderna. A expressão que cito de forma implícita tornou-se um lugar-comum, dela pode ser encontrada uma explicação e aplicação em Amengual (2006, p. 81).

2. Essas são as duas características que, segundo Romano Guardini (1986, p. 107), qualquer bom teólogo deve ter.

eles e quem eles são para Deus. Somente no século passado – talvez um dos mais teologicamente frutíferos – podemos apontar um grande número de autores significativos que colocaram expressamente a questão: Rudolf Bultmann (1884-1976), Karl Barth (1886-1968), Erik Peterson (1890-1965), Anselm Stolz (1900-1942), Karl Rahner (1904-1984), Yves Congar (1904-1995), Hans Urs von Balthasar (1905-1988), Jürgen Moltmann (1926), Gustavo Gutiérrez (1928), Adolphe Gesché (1928-2003), Olegario González de Cardedal (1934)... Cada um deles tem enfatizado um aspecto particular dessa complexa realidade, não tanto para negar o resto, mas para destacar aquela característica que era particularmente necessária por causa de seu esquecimento ou redescoberta.

Nesse sentido, Rudolf Bultmann salientou que a verdadeira teologia só existe quando há um envolvimento pessoal e existencial entre o sujeito que faz teologia e a realidade sobre a qual ele trabalha. O argumento é simples: Deus não é apenas mais um objeto de nossa razão, que pode ser conhecido a distância e de uma aparente neutralidade, mas uma realidade viva na qual, abrindo-se a ela ou rejeitando-a, o homem aposta seu destino e o significado último de sua existência. Assim, para que haja teologia, é preciso haver uma existência teológica (Bultmann, 1993, p. 26).

Karl Barth, por outro lado, enfatizou a centralidade da revelação de Deus em sua Palavra, o que provoca um julgamento e uma crise no homem pecador. A teologia só é possível como Igreja, porque é o lugar onde essa Palavra pode realmente ser ouvida, aceita e pensada. É responsabilidade da comunidade eclesiástica assegurar que tal Palavra seja respeitada em sua origem (teologia bíblica), em seu conteúdo (teologia dogmática) e no significado último para o qual ela se destina (teologia prática) (Barth, 2006).

Para Erik Peterson a teologia não é um simples falar de Deus, nem mesmo na forma de pregação (apóstolos), testemunho (mártires) ou ensino (mestres) do Evangelho, mas a ratificação concreta do que o Logos de Deus encarnado tem falado concretamente de Deus. Teologia é o desenvolvimento daquela porção da revelação divina que tem sido expressa em dogma. Um desenvolvimento que é realizado em formas concretas de argumentação e que na verdade pressupõe uma revelação que inclui sua recepção na fé e obediência concreta, mas não apenas como uma forma dialética que coloca toda capacidade humana de aceitar essa revelação em crise (em oposição a K. Barth). A teologia não pode ser decidida com base em sua conexão com uma atividade espiritual do homem, uma vez que apenas a revelação acaba por determinar a essência da própria teologia (Peterson, 1966, p. 15-26)[3].

Anselm Stolz enfatiza que a teologia só é possível se a Sagrada Escritura e, acima de tudo, a encarnação de Deus existirem primeiro. Caso contrário, somente uma conversa *sobre* Deus seria possível, mas não um falar real e verdadeiro *de* Deus (no sentido objetivo e subjetivo). O monge beneditino também sublinha o caráter carismático da atividade teológica. A teologia é um carisma, um dom e uma graça dados a todo cristão no Batismo; é um falar de Deus que provém do Espírito divino que desce à estreiteza de nossa natureza. A ciência teológica se desenvolve como um aprofundamento da graça da fé, que na realidade constitui uma participação na sabedoria eterna de Deus (Stolz, 1937b, p. 17-23)[4].

Karl Rahner, assumindo esse caráter carismático e batismal na origem e na raiz da teologia, sublinhou seu aspecto intelectual e reflexivo. Teologia é pensamento, é pensamento de fé com o objetivo de passarmos de servos a amigos de Deus (Jo 15) (Rahner, 1997a, p. 294-295)[5]. O ato de pensar característico da teologia tem três etapas ou momentos essenciais. Primeiramente, o sujeito crente aceita a realidade que nos é dada e oferecida por fatos, textos e monumentos que testemunham a revelação de Deus. Rahner o denomina de *Wirklichkeitsmoment*, o momento da realidade. Em segundo lugar, há a passagem da percepção e da recepção à pergunta que tenta entender essa realidade em seu significado último e em sua racionalidade interna ou *logos*. Isto é o que Rahner chama de *Verstehensmoment*, o momento de compreensão e racionalidade. Em terceiro e último lugar, é necessário nos questionarmos sobre as condições de possibilidade implícitas na realidade recebida e compreendida em relação ao dinamismo e à estrutura de nosso conhecimento para que essa realidade, além de ser real e verdadeira, seja acessível ao nosso conhecimento

---

3. O autor responde ao artigo de K. Barth (1924). Cf. Nichtweiss (1992, p. 499-721).

4. Uma tradução desse pequeno texto de Stolz encontra-se no capítulo 10 de nosso livro.

5. Uma tradução desse texto de Rahner é oferecida no capítulo 10 de nosso livro, além de um comentário.

hoje (transcendental). Rahner o chama de *Begründungsmoment*, o momento da fundação (cf. Rahner, 1999, p. 199)[6].

Hans Urs von Balthasar enfatiza o ponto de partida ou o primeiro núcleo da teologia. Para ele, teologia significa, antes de tudo, *teologia de Deus* (no sentido subjetivo), ou seja, Deus revelando-se e falando em seu Filho, em sua Palavra feita carne. Essa origem e significado fundamental torna possível uma teologia eclesial cuja característica essencial é a obediência à revelação dada. Assim, ele aponta para a necessidade de que a teologia sedentária e acadêmica seja ao mesmo tempo uma teologia obediente e reverente (Balthasar, 1964a, p. 193-207; Balthasar, 1964d, p. 267).

Jürgen Moltmann acrescenta à questão *o que é teologia?* o advérbio *hoje*, uma chave significativa para entender sua compreensão da teologia (Moltmann, 1992). Dessa forma, ele procura insistir em que a teologia ocorra no tempo e tenha que assumir a aventura humana que se desenvolveu por meio de uma história de pecado e salvação. No centro dessa história está a cruz de Cristo, que constitui a ferida aberta de toda a verdadeira teologia, bem como o fundamento e a crítica da teologia cristã (Moltmann, 2007). É a chave mestra para superar a crise de identidade cristã e a relevância social de que sofrem a fé e a teologia, mas também o centro a partir do qual uma autêntica teologia ecumênica pode ser construída.

Gustavo Gutiérrez continuou essa reflexão sobre o significado do trabalho teológico na situação histórica contemporânea em que vivem e sofrem os pobres da terra. A teologia consiste em falar de Deus a partir do sofrimento dos inocentes; falar do Deus da graça e da gratuidade a partir da situação histórica e concreta em que os pobres existem e a partir do exercício e envolvimento das pessoas na luta pela justiça (*praxis*) (cf. Gutiérrez, 1972, 1986).

Adolphe Gesché nos deixou uma teologia que é verdadeiramente apaixonada pelo ser humano. Ela pode ser resumida na expressão *Deus para pensar*, na qual ao se pensar em Deus é possível conhecer muito mais e mais radicalmente sobre o próprio homem e as realidades fundamentais que o afetam. Portanto, a atividade da teologia consiste em pensar

---

6. Cito a edição alemã porque na tradução espanhola, sempre difícil de produzir, esses três momentos de que estamos falando não são bem distintos (Rahner, 1998, p. 246-247). Cf. Cordovilla (2004b, p. 395-412; em esp., p. 410-411).

com Deus, com o Deus do excesso e de gratuidade, entendendo-o como companheiro do homem, aquele o leva e o conduz a limites insuspeitos; mas também deixando-se provocar pelo Deus que *faz pensar*, que não diz nem se oculta, mas aponta (como o Oráculo de Delfos)[7]. Tal forma de entender a teologia é dirigida ao ser humano. Um homem que vive entre o sofrimento causado pela experiência do mal e o brilho oferecido pela luz do diálogo; um homem que pertence ao cosmos e que é uma liberdade emergente em busca de sentido. Combinando ambas as perspectivas, podemos dizer, com J.M. Sevrin, que o propósito dessa teologia é *pensar a partir de Deus a fim de salvar o homem*. Nesse sentido, é um serviço de caridade; pois ao tratar da relação entre a fé e Deus no que diz respeito à salvação dos outros, ela se torna uma teologia soteriológica. Não em vão, sem o princípio da *salutarité*, a teologia da fé se voltaria sobre si mesma, absorvida em detalhes institucionais, ideológicos ou teológicos, como se pudesse ser entendida como um objeto fechado, o que a levaria a perder seu objetivo salvífico (Gesché, 2004, p. 126; cf. Gesché, 2017).

Olegario González de Cardedal questionou-se sobre o lugar da teologia no espaço público da sociedade e da academia, tentando mostrar que esse *lugar* deve ser entendido como sinônimo de localização e origem, de missão e responsabilidade. Por tal razão, ele primeiro distinguiu um *lugar externo*, físico e social, que tem a ver com o enclave no interior de uma organização mecânica e da vida humana e sua relação social. Considera, então, o *lugar interior*, e o entende como a lei ou as exigências próprias da tarefa teológica. Finalmente, trata do *lugar interno*, relativo à atitude pessoal e à forma permanente de corresponder a essa missão à luz de sua origem e de seus fins (González de Cardedal, 1986, p. 14-18). O trabalho da teologia é então sintetizado em "ouvir, responder, prestar atenção, compreender, interpretar, sistematizar e obedecer ao que Deus diz de si mesmo e do homem por ações e palavras na história" (González

---

7. "Ao inaugurar com este livro (*O mal*) uma série de livros, tentamos formular a hipótese de que Deus ou a ideia de Deus pode ajudar o homem a pensar. A ideia é a seguinte: para se pensar adequadamente, tudo é necessário. Para pensar bem, é preciso chegar ao fundo dos meios à sua disposição. Bem, a ideia de Deus, mesmo como símbolo e abstração, representa, na história do pensamento, a ideia mais extrema, aquela além da qual não existe mais nenhum conceito final, falso ou verdadeiro. De tal modo, a teologia se propõe a *pensar com Deus*, com a única ideia de que um pensamento superabundante (*in mentis excessu*, Sl 67,28) pode ser benéfico" (Gesché, 2002, p. 12).

de Cardedal, 2006a, p. 254). Como ele formulou em uma de suas últimas obras sobre o trabalho teológico: "A particularidade de certos fatos, a universalidade da razão e a transcendência da revelação são os fundamentos da teologia" (González de Cardedal, 2008, p. 13).

2 Significado etimológico da palavra "teologia"

a) O paradoxo: Deus na palavra humana

O significado etimológico de uma palavra nem sempre nos aproxima da própria realidade de que estamos falando, embora, neste caso, nos aproxime. A análise etimológica do conceito de teologia pode ser muito útil para compreender o conteúdo essencial da tarefa teológica ou a realidade por trás da palavra.

A palavra "teologia" é composta de duas palavras gregas: *Theos* e *logos*, Deus e palavra. O que fica claro a partir dessa primeira abordagem? Antes de tudo, o caráter essencialmente paradoxal da teologia, pois, em sua origem e conteúdo fundamental, ela procura unir duas realidades aparentemente contraditórias. Por um lado, aquela realidade que chamamos *Theos*, e que, como Karl Rahner tão bem descreveu, se refere a uma face vazia e sem contornos, ou seja, o Inominável, o Incognoscível, o Incompreensível, o Indefinível, o Mistério que nos transcende, nos transborda e nos ultrapassa. Por outro lado, a realidade chamada *logos*, ou seja, o discurso racional, a razão que busca o sentido das coisas, a palavra que, por sua própria dinâmica, limita, define e dá contornos a uma realidade em relação a outras.

Essa união é possível e legítima ou, pelo contrário, devemos deixar que cada uma dessas duas realidades caminhe a seu modo e com seu próprio dinamismo? Ao responder a essa pergunta, nunca devemos perder de vista o fato de que uma questão central na teologia cristã é a convicção de que o incompreensível e inominável Deus quis se abrir e se manifestar em seu mistério para nos comunicar seu plano para a humanidade, e, nele e a partir dele, entregar-se a nós. Se, além disso, essa revelação foi realizada na história por meio da linguagem humana, não é tão inadequado considerar que nós, humanos, tentamos unir duas realidades que a princípio pareciam contraditórias: Deus e a palavra humana.

b) Unidos em duas direções

A partir dessa primeira abordagem etimológica, a essência da teologia é iluminada. Refere-se a Deus como objeto central e único de seu trabalho e, ao mesmo tempo, ao *logos* humano, que busca e questiona, ama e sofre, crê e espera. Se o primeiro significado do conceito nos oferece o objeto, o segundo propõe o método com o qual abordamos o objeto.

Entretanto, se nesta primeira etapa delimitamos seus dois polos essenciais, ainda não dissemos nada sobre a forma e a maneira de manter essas duas palavras e realidades entrelaçadas. Vamos considerar duas possibilidades:

1. Primeiramente, como *"Logos de* Deus", em que o genitivo que une os dois conceitos é entendido em um sentido subjetivo. Aqui é dada a primazia à palavra que o próprio Deus pronuncia e dirige ao homem. A teologia é, portanto, o próprio Deus em pessoa se comunicando com a criatura. Teologia é *theos legôn*, o Deus que fala, o Deus que em muitas formas e de muitas maneiras falou com nossos pais pelos profetas e que nos últimos tempos, quando chegou a maturidade e a plenitude dos tempos, falou-nos por meio de seu Filho, por meio de sua Palavra, que é o próprio reflexo de seu rosto e o selo indelével de seu ser (cf. Hb 1,1-3).

Além disso, porque Deus é Palavra em si mesmo, porque é diálogo em sua essência e em seu ser, pode haver uma palavra livre e gratuita que Deus dirige ao homem criado à imagem e semelhança de sua Palavra. Nesse sentido, Deus é em si mesmo *teo-logia*, diálogo radical e original que funda e constitui todo o diálogo e teologia posterior na história, tanto na direção de Deus para o homem como na direção do homem para Deus.

2. Em segundo lugar, como *"Logos sobre* Deus", em que o genitivo que une os dois termos é entendido num sentido objetivo. Aqui é dada a primazia à palavra que o homem dirige a Deus e diz sobre ele. Uma palavra que só é possível como uma resposta agradecida (louvor) e responsável (discurso) à primeira palavra que Deus nos dirigiu anteriormente.

É, sem dúvida, por essa razão que o conceito de teologia retém um significado arcano que deriva de suas origens mais remotas, pois está ligado aos hinos e poemas que poetas como Hesíodo e Homero dedicam à divindade. A teologia, desse ponto de vista, é inicialmente doxologia, pois aprendemos não apenas com as composições dos poetas gregos mencionados acima, mas também com os hinos dirigidos a Deus e a Cristo que encontramos ao longo do Novo Testamento. Eles constituem as camadas mais antigas e as matrizes mais significativas do conteúdo de sua teologia e cristologia.

Por essa razão, um dos maiores teólogos católicos do século XX pôde afirmar o seguinte: "Na essência mais profunda da teologia permanece o que era no início, que consistia nos hinos homéricos: louvor à divindade; com a diferença de que o 'louvor à glória de sua graça' já é para sempre uma resposta ao eterno 'antes' de Deus e ao qual nossa palavra é sempre uma resposta" (Balthasar, 1988b, p. 314).

3. Ambas as formas de teologia, embora distintas, são essencialmente unidas. A totalidade da teologia de Deus é Jesus Cristo, que, por um lado, constitui a Palavra exaustiva na qual Ele se dá e se expressa dentro de si como a Palavra eterna e, posteriormente, como a Palavra definitiva dirigida à humanidade; e, por outro lado, Ele é a palavra da humanidade como a resposta que a humanidade tem de dar a essa palavra e provocação de Deus: de forma grata (teologia doxológica), responsável (teologia racional e sapiencial) e testemunhal (teologia apologética e profética). Cristo é o fundamento necessário para que possamos falar de uma teologia entendida como uma teologia de Deus, uma teologia divina em que o próprio Deus é seu sujeito; e como uma teologia sobre Deus, uma teologia eclesial entendida como ação humana, em que Deus constitui seu objeto. Essa é a razão pela qual muitos autores sustentam que somente porque houve encarnação é possível a teologia como uma palavra crente, razoável e verdadeira sobre Deus.

3 Unidade e pluralidade na origem e no significado

a) Deus, sujeito e objeto da teologia

A análise etimológica da palavra *teologia* levou-nos a nos concentrarmos no objeto que ela aborda: Deus na palavra humana, quer tal expressão seja entendida em sentido descendente (de Deus para o homem), quer em sentido ascendente (do homem para Deus). Isso é indispensável para toda forma de teologia. Tomás de Aquino a formulou com sua clareza e sobriedade características no início da *Summa theologiae*: "Na sacra doutrina todas as coisas são consideradas do ponto de vista de Deus, se Deus mesmo é considerado ou as coisas na medida em que são referidas a Deus como seu início e seu fim. Deus é de fato o tema desta ciência". Deus constitui o tema da teologia. Normalmente aqueles que comentam essa declaração de Santo Tomás acrescentam imediatamente que é necessário entendê-la no mesmo sentido em que hoje nos referimos ao objeto de um conhecimento ou ciência específica.

Mas isso é apenas parcialmente verdadeiro. Jean-Pierre Torrell, um dos melhores conhecedores da teologia e da vida de Santo Tomás, nos adverte sobre a importância dessa expressão, que não pode ser traduzida simplesmente como "objeto". O objeto é a realidade externa que a ciência tenta conhecer. Mas isso só é possível na medida em que o sujeito conhecedor consiga apropriar-se internamente de tal realidade e trazê-la à existência em sua inteligência. Deus é uma realidade externa ao conhecimento do homem e, mediante conceitos, o homem pode torná-lo presente em sua razão. E é aqui que Santo Tomás distingue o sujeito, que é a realidade de Deus e o fim último do conhecimento humano, do objeto, que são os conceitos que tornam essa realidade acessível à nossa razão. Ambos constituem o objeto da ciência que chamamos teologia. O conjunto de conceitos e conclusões que estabelecemos em torno do assunto para torná-lo presente para nós é o que chamamos de objeto, mas esses não constituem o assunto, uma vez que o assunto permanece sempre além deles. O sujeito conhecedor deve estar consciente da permanente inadequação entre o objeto conhecido e a realidade a ser conhecida (sujeito), já que o objetivo final do conhecimento não são os conceitos, mas a realidade para a qual eles apontam (*Suma teológica*, II-II, q. 1, a. 2, ad 2; cf. Torrell, 1998b, p. 19).

Deus não é simplesmente o objeto de nosso conhecimento dentre outros objetos, mas o princípio formal que molda e funda a própria capacidade do conhecimento humano. Contudo, por outro lado, isso não significa que Deus possa ser reduzido a um mero horizonte formal ou a uma ideia reguladora que torne possível nosso conhecimento ou nossa ação moral. Deus é a realidade, a realidade mais viva e real, a realidade mais decisiva para a vida do homem, que se entrega e se dá a nós e em cujo dom cria em nós a capacidade de termos acesso a Ele, com tudo o que somos, também com nossa razão e inteligência. Deus é sujeito porque Ele não pode ser reduzido a um mero objeto do conhecimento humano[8], nem um mero princípio formal, ideia reguladora ou horizonte de entendimento sem ser uma realidade viva e verdadeira para o conhecimento do homem. É a realidade para a qual o conhecimento humano tende e se move em direção à sua plenitude e ao seu fim.

b) Concentração no objeto e amplitude do olhar

A concentração em Deus como tema da teologia não significa um estreitamento ou reducionismo da realidade com a qual a teologia lida. De Deus (*sub ratione Dei*), a teologia está aberta a toda a realidade, em toda a sua amplitude e complexidade. Nada poderia estar mais longe da teologia e do teólogo do que uma mentalidade fundamentalista na qual tudo se reduz a uma única realidade, a sua fundação, mas sem respeitar as leis autônomas de cada uma das realidades que nela se baseiam. A teologia, a partir dessa única fundação, acessa todo o edifício, toda a realidade: o homem, o mundo, Cristo, a salvação, o destino do mundo, o sentido da vida etc. A concentração no essencial e a amplitude da percepção e da visão crescem em teologia em proporção direta. Nesse sentido, é legítimo falar de uma teologia escatológica, uma teologia da libertação, uma teologia antropológica, uma teologia histórica, uma teologia salvífica, uma teologia contextual, dependendo da ênfase especial que desejamos colocar na realidade humana. Não se deve esquecer, entretanto, que deve ser e permanecer sempre teologia (*sub ratione Dei*), porque o adjetivo nunca pode diminuir o substantivo.

c) As três formas fundamentais de teologia

Essa dinâmica de unidade e pluralidade pode ser vista a partir de outra perspectiva. O conteúdo essencial do que é teologia é expresso na ideia fundamental que emerge da união entre os conceitos *theos* e *logos*. Essa ideia essencial teve três formas originais e, em princípio, irredutíveis

---

8. "Não faças para ti nenhum ídolo ou uma imagem de qualquer coisa acima no céu" (Ex 20,4).

entre si[9]. Elas nasceram em diferentes contextos a partir de diferentes experiências fundamentais, tipos de linguagem e interesses que se movem e constituem cada um deles.

1) A teologia como proclamação e pregação

Nessa forma encontramos a própria origem da palavra teologia, pois, do ponto de vista histórico, a teologia surge para significar a expressão concreta da linguagem religiosa dirigida aos deuses ou ao divino. A raiz e a origem da teologia está na experiência religiosa; os teólogos, por outro lado, são aqueles que falam de Deus (anunciam e pregam) por meio de hinos, poemas e doxologias. Nesse sentido, Homero e Hesíodo são teólogos, porque mediante suas composições literárias, nascidas da experiência religiosa, eles anunciam e pregam a Deus.

Ligada a essa raiz religiosa, fala-se também de uma teologia mítica[10], que não devemos entender imediatamente num sentido pejorativo, mas num sentido altamente positivo. O mito consiste em uma forma de narração e linguagem ligada a uma experiência radical e primordial que, por ser tal, não pode ser referida por conceitos restritos. O mito carece de uma história para ser contada, um hino para ser cantado ou uma poesia para ser recitada.

A partir dessa forma original de teologia, podemos lançar luz sobre dois aspectos da teologia cristã que podem, a princípio, parecer contraditórios, mas que basicamente têm a mesma origem.

---

9. Para a seção seguinte, sigo Seckler (1983, p. 241-264), resumido em Seckler (2000a, p. 133-140). O autor critica a posição de G. Ebeling no dicionário *Die Religion in Geschichte und Gegenwart*, que fala unilateralmente da teologia exclusivamente como teologia cristã e da busca da inteligência da fé.

10. Agostinho de Hipona (*De Civitate Dei*, VI, 5ss.), citando o filósofo estoico Marcus Terentius Varron, fala de três tipos de teologia que existiam na Antiguidade: teologia mítica, teologia política e teologia filosófica. "*Theologia mythica* é o que fazem os poetas, a *theologia civilis*, o negócio do povo, e a *theologia naturalis*, o negócio dos filósofos ou da física [...]. Assim, à teologia mítica corresponde o teatro, à política a polis, ao 'natural' o cosmos [...]. O lugar da teologia mítica e política é determinado pelo exercício humano do culto; o lugar da teologia filosófica, ao contrário, pela realidade do divino que está diante do homem [...]. A teologia mítica tem por seu conteúdo as várias fábulas dos deuses, precisamente os 'mitos', que juntos são *o* mito; a teologia política tem por seu conteúdo o culto ao Estado; a teologia natural, enfim, responde à questão de saber o que são os deuses" (Ratzinger, 2006a, p. 21-22).

Em primeiro lugar, as reservas dentro do cristianismo sobre a adoção do conceito de "teologia". Como não é um termo bíblico, mas um termo intimamente ligado a mitos pagãos, parecia inapropriado usá-lo e assumi-lo na doutrina cristã, que estava ligada a um acontecimento histórico atestado em sua Escritura Sagrada. Assim, o que hoje chamamos normalmente e sem problemas de teologia foi durante muito tempo chamado de *doutrina sagrada* ("*sacra pagina*"). Orígenes foi um dos primeiros teólogos que começou a cristianizar essa palavra. Nele começa a significar "uma doutrina de Deus digna de Deus". Ele fala da teologia de Jesus, o Salvador enquanto Deus (Orígenes, *Contra Celso*, 6,18), e aplica a palavra teólogo várias vezes ao Evangelista João. Para o alexandrino, "teologizar" é essencialmente reservado a Deus e a Cristo. Mais tarde, durante as disputas trinitárias do século IV, a palavra teologia foi usada para se referir a Deus em seu mistério trinitário em si, em oposição à *oikonomia*, termo usado para indicar a revelação desse Deus trinitário na história da salvação. Posteriormente, a doutrina cristã – desligada dos mitos pagãos graças aos grandes esforços dos Padres da Igreja, fundada sobre a história da revelação de Deus e colocada em diálogo com a filosofia (verdade) – poderia ser chamada de teologia.

Em segundo lugar, assim como a partir dessa forma original de teologia, Hesíodo, Homero e os poetas de sua linhagem podem ser considerados "teólogos", assim também o cristianismo considera *teólogo* antes de tudo a Jesus, que por suas parábolas e dizeres, por suas ações e sua Paixão, falou de Deus de uma forma insuperável. Ele é o Filho que, tendo estado no seio do Pai, pode agora torná-lo conhecido para nós (cf. Jo 1,18). A seguir, Paulo e João podem ser considerados teólogos. O primeiro porque é o apóstolo escolhido por Deus para revelar e anunciar seu Filho aos gentios (Gl 1,16), e João porque é o discípulo amado que, à imagem e semelhança de Jesus, tendo sido posto sobre seu peito nos momentos-chave da vida do Senhor (Jo 13,23; 19,26; 20,2), pode revelá-lo e dá-lo a conhecer em meio à noite e no caminho do seguimento (Jo 21,7.20). Somente muito mais tarde o título de teólogo será aplicado a Gregório de Nazianzo na tradição oriental e a Tomás de Aquino na tradição latina.

2) A teologia como interesse racional em Deus

Esse tipo de teologia pode ser chamado de teologia filosófica. O primeiro a usar a palavra nesse sentido foi Platão, em sua obra *A República*, vinculando-a à busca do bem supremo por meio de um discurso crítico que corrigiria os excessos e insuficiências da teologia mítica:

> – No momento, nem tu nem eu somos poetas – afirma Sócrates –, mas os fundadores de uma cidade. E cabe aos fundadores de um Estado conhecer as diretrizes segundo as quais os poetas devem forjar mitos e das quais suas criações não devem desviar-se; mas não cabe a esses fundadores compor mitos.
>
> – Correto – responde Adimanto –, mas precisamente em relação a esse mesmo ponto, quais seriam essas diretrizes sobre a maneira de falar dos deuses (*typoi peri theologias*)?
>
> – Mais ou menos estes – continua Sócrates –, o deus deve ser sempre representado como realmente é, seja em verso épico ou lírico ou em tragédia.
>
> – Isso é necessário – concorda Adimanto.
>
> – Ora – conclui Sócrates –, não é o deus realmente bom em si mesmo, e desta forma deve ser falado? (Platão, *República*, II, 379a)[11].

A experiência religiosa como fonte do discurso teológico dá lugar à paixão e à busca da verdade que se aninha inata na razão e no coração humano. Pode-se falar de Deus a partir de mitos ou fábulas, mas somente com a condição de que se trate do "Deus que é bom em si mesmo". Essa teologia metafísica ou Filosofia Primeira, como foi pela primeira vez denominada por Aristóteles (*Metafísica*, 1025b-1026a), teve uma importância vital na teologia cristã quando foi unida ao testemunho bíblico que dá conta da revelação de Deus na história da salvação (Escritura). Essa ligação entre a revelação cristã e o *logos* grego não pode ser ignorada. Pois se é verdade que tal teologia filosófica corre o risco de transformar Deus em um objeto ao reificá-lo (Deus dos filósofos) e assim causar um distanciamento do Deus vivo e real (Deus de Abraão, Isaac e Jacó), seu encontro tem sido providencial para não encerrar a teologia cristã em

---

11. Cf. o discurso completo em 377a-383c. "Esse é provavelmente o trabalho mais importante de Platão. Nele é exposta a teoria metafísica das Ideias em alguns de seus aspectos principais e, pela primeira vez, estratificada por meio de uma hierarquia que coloca a Ideia do Bem em seu ápice [...]. Também pela primeira vez são formuladas abordagens teológicas (lembre-se que a primeira aparição literária conhecida da palavra teologia está em *A República*, II, 379a)" (Eggers Lan, 1998, p. 9-10).

sua particularidade histórica e em seus próprios dogmas. Sem esse *logos* ou teologia filosófica, a teologia cristã corre o risco de ser convertida em ideologia. A aliança do *logos* com ela mostra, por outro lado, que a busca da verdade faz parte do núcleo da teologia; verdade que lhe dá o fundamento da realidade e o sentido último da história.

Essa teologia filosófica tem duas funções principais com respeito à teologia: corrigir o discurso sobre Deus baseado na experiência religiosa expressa em mitos, hinos e poemas, "para que os poetas em toda parte representem Deus como Ele é" (Platão)[12], e abrir o discurso teológico à busca radical da verdade, entendida como fundamento mesmo e destino escatológico da realidade.

A crítica que a partir da própria teologia cristã foi feita a essa teologia filosófica (Tertuliano, Lutero, Pascal, Barth, Gesché) e da própria filosofia (Heidegger e sua descrição como ontoteológica, Marion) é tão necessária quanto injusta. Necessária porque é um despertar para qualquer tentativa de fossilizar Deus no pensamento e na razão, a qual – como aponta Balthasar – está sempre à procura de sua própria presa. Mas injusta porque a questão de Deus e a questão do fundamento último da realidade e seu significado último sempre andaram de mãos dadas (cf. Coreth, 2006). Sem essas questões filosóficas, a teologia estaria presa a seu próprio sistema, com grande risco de fideísmo e de supranaturalismo. A teologia estaria em sério perigo de se tornar uma ideologia a serviço de um credo religioso (cf. Ratzinger, 1992, p. 11).

Portanto, a teologia não é ideologia, mas representa uma forma radical de abertura à verdade. Uma verdade não apenas apalpada pelo homem a caminho de Deus, mas revelada por Deus a caminho do homem. Nada

---

12. Deste ponto de vista, o filósofo Richard Schaeffler, seguindo a doutrina clássica dos quatro sentidos da Escritura, estabeleceu vários outros critérios fundamentais para discernir quando estamos diante de uma verdadeira experiência religiosa (religião), que está na base de todo discurso sobre Deus (teologia): 1) o momento do sentido alegórico da experiência religiosa, como expressão do fato de que a realidade vivida está sempre além de nós (*veritas semper maior*) e sua possibilidade de falsificação na idolatria e no fetichismo; 2) o momento do sentido anagógico, como expressão da unidade da realidade numinosa e sua possibilidade de falsificação no politeísmo; 3) o momento do sentido tropológico, entendido como a medida e fonte da vida reta e sua possibilidade de falsificação na magia; 4) o momento do sentido histórico, como a expressão da relação entre eternidade, tempo e história e sua possível falsificação na gnose (cf. Schaeffler, 2004, p. 75-140).

poderia estar mais longe da teologia cristã do que uma redução a um positivismo bíblico ou dogmático, pois nenhum deles dá uma razão para a natureza como objeto e fim da revelação de Deus (DV 2-4), ou o objeto e fim da razão humana (DV 5-6).

3) Teologia como inteligência da fé

De Santo Anselmo provém a compreensão da teologia como uma fé que busca sua própria inteligência, sua própria razão, sua própria compreensão, seu próprio *logos* (*"fides quaerens intellectum"*). A fórmula se refere a outra de Santo Agostinho (*"credo ut intelligam"*), provocada por um mal-entendido fecundo na tradução latina de Is 7,9 na *Vetus latina* (cf. Seckler, 2000a, p. 137). Essa forma de discurso sobre Deus pressupõe a fé como resposta à sua revelação, sendo ambas as realidades – revelação e fé – princípios internos do conhecimento teológico. O *logos* que a fé busca para acreditar e compreender mais e melhor não é um *logos* estranho a ela, mas a luz e o *logos* que a própria fé desperta no crente. Não se trata aqui, portanto, de uma razão racional própria da filosofia, muito menos da razão instrumental própria das ciências experimentais, mas de uma razão crente que oferece uma certeza e inteligibilidade próprias do olhar espiritual e não a certeza racional própria do pensamento discursivo. A luz que a fé concede é antes uma contemplação intelectual e espiritual no contexto do mistério da salvação. Um novo conhecimento é dado, não apenas pelo objeto conhecido, mas também pelo dinamismo que o próprio objeto cria no sujeito cognoscente. Essa é a forma que tem dominado na história da teologia e da Igreja, permanecendo o ponto de referência fundamental para o que é a teologia. Desse ponto de vista, podemos defini-la como fé pensada, fé no ato de buscar sua própria inteligibilidade, suas próprias razões, seu próprio sentido interno, a partir da luz e do *logos* que a própria fé traz ao sujeito crente, expostos de forma sistemática e articulada.

Mas, embora esta última forma de entender a teologia seja a forma que justamente se tornou paradigmática do que ela é como *ciência da fé*, deve, no entanto, incluir em seu trabalho e em sua tarefa os três impulsos originais: doxologia e narração; abertura radical à verdade, como fundamento e significado da realidade; a luz e o *logos* da fé em si.

4 O que é teologia? Definição e características essenciais

a) Uma definição

Começamos nosso primeiro capítulo com essa mesma pergunta. Neste ponto, podemos arriscar oferecer a seguinte resposta: *A teologia é a fé no ato mesmo do pensar, a fé pensada como resposta agradecida a Deus que se revela em sua Palavra e se entrega em seu Espírito, como expressão plena da abertura radical do homem à verdade e à busca crítica da verdade.*

Ao definir a teologia nesses termos, tentamos reunir suas três formas originais, articuladas a partir da terceira. O cerne da definição é a fé pensada (*"fides quaerens intellectum"*), de acordo com Anselmo de Cantuária. Essa fé pensada é uma expressão da resposta do homem em adoração e louvor a Deus, que falou conosco pela primeira vez (doxologia). Ao mesmo tempo, porém, também quer expressar a abertura radical do homem e a busca crítica da verdade (teologia filosófica).

b) A teologia, características essenciais

A teologia como fé pensada deve ser realizada em três esferas fundamentais: na Igreja, ambiente primordial e sujeito último da teologia; na academia, lugar em que a razão e o diálogo interdisciplinar entre as diferentes ciências são essenciais, baseados no rigor e no método; no tempo, a coordenada em que deve ser adquirida a consciência de que a teologia é feita num caminho que estamos percorrendo (*"theologia viatorum"*) em direção a uma plenitude definitiva e escatológica; mas também uma reflexão que deve ser feita sempre com os tempos e no auge dos tempos, de uma forma contemporânea.

Portanto, eclesialidade, cientificidade e contemporaneidade são primordiais para a tarefa teológica. Essas são suas características essenciais.

1) Eclesialidade: a teologia na Igreja

A Igreja é o lugar adequado e o assunto final da teologia. Se a teologia é fé no ato e no pensamento, ela deve necessariamente ser eclesial e comunitária. Eclesial tanto do ponto de vista do sujeito que acredita e faz teologia (*fides qua*) como do ponto de vista do objeto sobre o qual a teologia é feita (*fides quae*). No primeiro sentido da expressão, essa eclesialidade tem a ver com a consciência de pertencer a uma comunidade eclesial na qual, a partir de diferentes carismas e ministérios, a Igreja está sendo construída como Templo do Espírito e realiza sua missão no mundo, até que o Corpo de Cristo atinja a maturidade e alcance sua plenitude.

Em um estudo que se tornou um clássico, o exegeta alemão Heinz Schürmann mostrou que por trás da expressão "e mestres" está a origem do Novo Testamento do atual carisma e ministério do magistério teológico (Schürmann, 1977, p. 107-164; cf. tb. Schürmann, 1978, p. 116-156). A expressão aparece nas listas de ministérios e carismas que pertencem à estrutura fundamental da Igreja (Rm 12,6; 1Cor 12,10.28; 14,1-4; Ef 4,11). O professor é um estado próprio na Igreja, ao lado dos apóstolos e profetas. O apóstolo aparece em primeiro lugar como o fundamento, raiz e recapitulação de todos os carismas. Depois vêm os profetas, que, inspirados pelo Espírito, iluminam o mistério e apontam a vontade de Deus para sua Igreja. O professor aparece depois dos dois carismas anteriores, sob cuja obediência ele vive e realiza sua missão (cf. Stolz, 1937b, p. 17-23).

É óbvio que, sem essa consciência de pertencer realmente à Igreja, que vive da verdade e na verdade ("*sentire cum Ecclesia*") (Congar, 1953, p. 199; cf. Madrigal, 2002), e de exercício real da teologia entre os apóstolos, que asseguram o fundamento da fé e a continuidade com a Igreja apostólica, e os profetas, que nos ajudam a descobrir os novos caminhos da presença de Deus no mundo e a vontade de Deus no tempo presente, é difícil realizar uma verdadeira teologia. O tema final da teologia, no fundo, não é o teólogo no singular, nem a soma dos teólogos no plural, mas a Igreja como um todo, à qual a teologia pertence como uma de suas funções vitais.

Dessa eclesialidade radical da teologia vem o carisma particular ou o dom concreto da teologia (*donum veritatis*) para cristãos específicos[13]. É um carisma dado ao povo santo de Deus na medida em que o dom da verdade é dado principalmente a eles. Daí deriva e encontra sua raiz o fato de que os membros desse povo de Deus têm como vocação específica esse

---

13. Essa é a abordagem da instrução da Congregação para a Doutrina da Fé *Donum Veritatis – sobre a vocação eclesial do teólogo* (24.5.1990).

trabalho teológico, que nunca pode ser entendido como uma ação individual e isolada, mas como parte da comunhão do povo de Deus. Por esse motivo, a relação com o sentido de fé dos fiéis (LG 12; DV 8) e com o magistério dos pastores (LG 25; DV 10) é essencial para o exercício da teologia. Ambas as relações não são externas, mas pertencem à sua essência.

Entretanto, a eclesialidade não pode ser entendida apenas a partir do sujeito que faz teologia, mas a partir do objeto da própria teologia. A fé eclesial é a realidade sobre a qual é feito o trabalho teológico. A fé da Igreja é o conteúdo *sobre* o qual se trabalha e *no* qual a teologia é feita. Essa relação essencial entre o sujeito e o objeto da teologia torna possível que a teologia seja o lugar interno e adequado da teologia. O tema da teologia é a Igreja. Somente a partir dela e nela o teólogo pode estabelecer uma relação de presença e confiança com o objeto; somente a partir dela e nela é possível fazer a verdadeira teologia (Barth, 2001b, p. 10).

Se a Igreja é o sujeito da teologia, onde está a liberdade de pesquisa? Um teólogo que está sujeito ao sentido de fé de todo o povo de Deus e ao magistério que garante que esse sentido de fé é o original e autêntico dado pelo Senhor à sua Igreja pode ser livre? Ele não perde sua liberdade de ação e pesquisa quando tem que contar com a fé como *a priori* de seu conhecimento? O teólogo e a teologia são verdadeiramente livres quando para o exercício público de seu magistério ele depende da autoridade apostólica?

Embora a função do magistério vá ser tratada longamente mais tarde[14], vale a pena dizer aqui que o magistério é a estrutura dentro da qual a teologia é exercida. Uma estrutura que não é apenas formal, mas que pertence ao próprio conteúdo da teologia. Ambos os magistérios (o da Igreja e o da própria teologia) não podem ser colocados no mesmo nível, nem podem ser reduzidos um ao outro. No sentido moderno, o magistério é apenas o primeiro, e na medida em que dá testemunho de continuidade com a fé apostólica, ele é essencial e fundamental para a vida da Igreja. Sua autoridade não deriva da capacidade intelectual de seu raciocínio, não se baseia nela, mas no Sacramento da Ordem (graça) e na comunhão hierárquica. Entretanto, não é necessário colocar essas duas realidades em contradição. A teologia é outro tipo de magistério, mas, como já

---

14. Cf. capítulo 7: "A moldura da teologia: o magistério na Igreja".

dissemos, não é comparável ao primeiro. Não se trata de um magistério apostólico, mas de um magistério científico, cuja autoridade vem da competência e perícia no campo em que cada teólogo trabalha ou no qual se situa uma reflexão teológica. Os dois tipos de magistério não estão em competição, mas convergem, pois servem, em níveis diferentes, à mesma fé, sob a mesma Palavra de Deus e no único povo de Deus[15].

A relação entre teologia e magistério é um problema que só pode ser resolvido, por um lado, dentro de uma compreensão mais profunda da relação entre verdade e liberdade; e, por outro lado, da relação entre liberdade e comunhão. O homem é livre para aceitar a verdade, e é essa verdade que nos torna cada vez mais livres. Se a teologia consiste na abertura radical à verdade, a liberdade de pesquisa também pertence ao seu trabalho. No entanto, uma liberdade de pesquisa que não pode ser entendida apenas como uma falta de restrição, mas como uma capacidade de aderir totalmente a essa verdade descoberta e revelada na investigação (Tremblay, 1993, p. 161)[16]. Além disso, é também essencial considerar a relação entre liberdade e comunhão, pois é de inestimável ajuda para compreender este problema, quando dentro da Igreja há um conflito entre a liberdade pessoal do teólogo e a comunhão eclesial. Todo exercício de liberdade na Igreja deve ser compreendido em uma Igreja que é comunhão, em que nem liberdade nem autoridade podem ser entendidas em um sentido absoluto, mas em relação uma à outra.

A relação entre a teologia e o magistério às vezes se torna complicada e dificultosa. Entretanto, não é fácil falar disso em teoria, quando não foi vivido na prática. De fato, refletindo sobre a vida dos grandes teólogos que, em algum momento da história da Igreja, tiveram dificuldades doutrinárias, percebe-se qual deveria ser a reação pessoal e eclesial a esse fenômeno: humildade em submeter a doutrina teológica ao discernimento eclesial, silêncio como forma de espera paciente pela maturação das consciências até que com uma nova luz talvez possam perceber os aspectos verdadeiros e legítimos que a doutrina proposta tinha, e, claro, seus limites.

---

15. Aqui sigo as palavras precisas e plenas de bom-senso de Torrell (1998a, p. 105-108; em espec., p. 107).

16. Cf., *infra*, p. 95-97.

Finalmente, deve ser observado que, na atualidade, é muito significativo notar que esse caráter eclesial da teologia deixou de ser considerado como um elemento negativo que minou e prejudicou a legitimidade do caráter científico da teologia. Hoje, há um retorno a uma compreensão mais positiva dessa eclesialidade, que inclui a relação essencial com o magistério, embora, como já vimos, não se possa limitar a esse aspecto. A eclesialidade da teologia é uma dimensão muito mais ampla e pode contribuir com elementos decisivos e únicos em nossa sociedade, porque "a vinculação eclesial da teologia bem como a vinculação eclesial da fé não representam uma ameaça em nossa cultura pluralista, mas sim seu enriquecimento, e, em certas circunstâncias, também sua libertação" (Niewiadomski, 1999, p. 112 *apud* Seckler, 2000a, p. 172).

2) O caráter científico: a teologia na academia

De forma problemática, mas decisiva, a teologia se definiu no século XIII como uma ciência. Karl Barth descreve cada ciência como "uma tentativa de compreensão e representação, de pesquisa e ensino, com referência a um determinado objeto e campo de investigação" (Barth, 2001b, p. 15). Ao situar a teologia como uma ciência de fé no mundo das ciências, afirmamos implicitamente que ela é um esforço humano e, como tal, sua ação é finita e limitada. Definir a teologia como uma ciência ao lado de outras ciências tem vantagens e desvantagens.

Quando a teologia foi definida como uma ciência de fé na Idade Média, foi a ciência hegemônica, a partir da qual as outras foram medidas e compreendidas. A partir do século XVI, e especialmente a partir dos séculos XVIII e XIX, a situação mudou radicalmente. A teologia sofreu tal descrédito social e subvalorização acadêmica que foi forçada a justificar seu próprio *status* como ciência e sua razão de ser na universidade[17]. Nesse novo marco ocorrem duas tentações e perigos: 1) Trata-se de ajustar-se ao estatuto epistemológico das ciências dominantes, a teologia acabará esquecendo seu objeto e método próprios; deixará de ser teologia e se tornará na melhor das hipóteses uma glória arqueológica ou um capítulo eminente na história das religiões, da literatura antiga ou da

---

17. Um exemplo claro dessa evolução pode ser visto em Kant (1999).

sociologia da religião. 2) Se tentar fechar-se sobre si mesma e evitar o verdadeiro diálogo com outras ciências, pensando que assim está sendo fiel à sua própria missão, corre o risco de se tornar uma ideologia pura a serviço de um credo religioso ou de um magistério eclesiástico.

A cientificidade da teologia não vem de uma razão positivista que, de maneira puramente formal, é aplicada a um conteúdo de fé. Isso é na realidade uma pseudociência (K. Rahner). A cientificidade da teologia vem de se conseguir uma articulação adequada entre fé e *logos*, entre fé e razão; de uma razão aberta à fé e de uma fé aberta à razão.

O caráter científico de qualquer teologia deve ser julgado por sua capacidade de expressar a realidade de Deus na linguagem humana. O valor da teologia deve ser medido por sua capacidade de trazer para a linguagem a realidade da qual fala, tornando-a contemporânea e presente ao destinatário que escuta e aceita a palavra teológica.

Tudo o que foi dito deixa claro que a teologia é ciência sendo e permanecendo teologia. Somente quando se concentra rigorosamente em seu tema e sua realidade, renunciando mesmo a se justificar de forma apologética diante das outras ciências, é que começa então ser de real interesse para os outros. Sua justificação diante de outras ciências será mais válida e segura quanto mais realizar seu próprio trabalho, observando suas próprias leis segundo as quais deve caminhar, sem parar para dar explicações e justificações excessivas (cf. Barth, 2006, p. 33-34). A teologia deve ser valorizada e respeitada pelo que ela é e pelo que ela lida, não por glórias vãs ou pela fama acrescida. Portanto, a teologia deve banir o complexo de culpa por um passado deslumbrante ou o complexo de inferioridade por um presente obscuro. Sua cientificidade e seu lugar ao lado das outras ciências vêm de sua atenção ao seu objeto por meio de seu próprio método que surge do objeto singular com o qual lida. Mas com um *logos* razoável que pode ser compreendido e criticado (diálogo) por outras ciências e outras esferas.

A teologia não é o único *logos* sobre Deus, sobre o homem e sobre o mundo, mas tem seu próprio *logos*, que só ela possui como glória e dignidade, como peso e tarefa. Ela assume a missão sagrada e a pesada responsabilidade de pronunciá-lo no mundo com ousadia e coragem, com simplicidade e humildade, dentro da sinfonia da verdade e em diálogo com as outras ciências.

3) Contemporaneidade: teologia no tempo

Como qualquer outra ciência, a teologia é uma ação humana. Como tal, está sujeita ao tempo; é limitada. Não é uma palavra definitiva e eterna, mas uma palavra que pronunciamos humildemente ao longo do caminho com nosso Deus através da história.

Que a teologia acontece necessariamente no tempo significa que temos de levar em conta o caráter histórico de nossos *logoi* e sua necessária abertura à presença atual do Espírito. Estamos caminhando para uma plenitude definitiva guiados pelo Espírito. Ele nos conduz à Verdade completa, da qual fomos consagrados e para a qual nos consagramos. Ele realiza em nós aquele trabalho de interiorização, atualização e universalização da Verdade revelada em Cristo.

Mas não devemos ser ingênuos. O caminho revela e esconde a altura, largura e profundidade do mistério de Deus revelado em Jesus Cristo. A teologia dos séculos XVIII e XIX não foi mais profunda do que a teologia do século II, nem nos ajudou a penetrar mais claramente e de forma mais significativa no mistério de Deus. Na história há avanços e retrocessos que não dependem do simples progresso ou do acontecimento do tempo histórico. Da mesma forma, nem o caráter científico depende de uma linguagem que em sua formalidade nos pareça científica, mas da capacidade da linguagem, ou seja, de sua capacidade de tornar presente e atual em nossa vida pessoal e social a realidade de Deus. Este, então, é o progresso da teologia.

Na verdade, Irineu de Lião é mais contemporâneo com a aparente simplicidade e ingenuidade em sua interpretação da Escritura e em sua teologia do que muitas obras intermináveis da exegese atual, cujo resultado final é fraco. Tais trabalhos tendem a deixar o texto inacessível, afastando-nos do conteúdo do assunto de que tratam. O mesmo pode ser dito das grandes obras dogmáticas que, com suas inúmeras citações e linguagem pseudocientífica, em vez de tornar o mistério de Deus transparente e razoável, o escondem.

Por outro lado, é o mesmo Espírito que nos conduz e guia em nossa história e em nosso mundo, para descobrir neles a presença de Deus (sinais dos tempos). A partir dela temos que proclamar novamente ao homem de hoje de uma forma nova, significativa e sugestiva as velhas palavras de sempre, que nunca podem ser definitivamente banidas do coração humano.

Essa contemporaneidade da teologia, portanto, tem menos a ver com uma adaptação da teologia aos tempos modernos, ou com a moda atual e passageira, do que com uma obediência filial ao Espírito de Deus que nos torna contemporâneos a Ele, com o melhor de nossa tradição teológica e eclesial e com os desejos e anseios profundos do povo de hoje. A contemporaneidade da teologia deve nos tornar contemporâneos ao coração de Deus, ao coração da Igreja como uma Tradição viva e ao coração do mundo.

5 As dimensões da teologia

"Desta maneira podereis compreender, com todos os crentes, a amplitude, o comprimento, a altura e a profundidade do amor de Cristo" (Ef 3,18). Esse famoso texto, utilizado pelos Padres da Igreja para mostrar a dimensão cósmica e universal da nova religião cristã, pode ser de grande ajuda para mencionarmos brevemente quais são as dimensões ou características que a teologia deve enfatizar no presente e no futuro.

a) A altura da teologia: rumo a uma teologia teológica

Em primeiro lugar, se olharmos para o apogeu do amor de Deus, a teologia deve ser uma verdadeira teologia teológica, construída e fundada sobre o mistério trinitário de Deus (entre outros, cf. Kasper, 1998, p. 321). Temos visto que Deus é o sujeito e o objeto da teologia. E Ele terá que continuar assim. Mas não um Deus abstrato ou impessoal, mas precisamente o Deus e Pai de nosso Senhor Jesus Cristo que, em seu Filho e em seu Espírito, se revelou e se entregou a nós como amor absoluto. A teologia trinitária adquiriu mais uma vez seu legítimo lugar central na reflexão teológica. E é chamada a ser a pedra angular da compreensão do cristianismo e da realidade. O tratado sobre Deus deve converter-se na gramática para o resto dos tratados teológicos; pois esse tratado é o fundamento e a condição de possibilidade de uma verdadeira compreensão da criação, do ser humano, de Cristo, da Igreja, da salvação definitiva. Sem tal fundamento, essas realidades seriam fundamentalmente incompreensíveis para nós em seu elemento último e em seu caráter mais radical.

Assim, o *mistério da criação* só pode ser afirmado em toda sua radicalidade a partir de um Deus trinitário, pois só um Deus que em si é relacionamento e alteridade pode constituir a realidade, o mundo em sua estrutura fundamental de alteridade-liberdade e comunhão-dependência com respeito a Deus.

Somente a partir desse mistério trinitário é que a *cristologia* adquire seu *status* definitivo. Sem ela, estaríamos apenas em um capítulo das manifestações de Deus na história das religiões, ou na enumeração de homens emblemáticos e exemplos de moralidade para todos os homens. O mistério da encarnação e o mistério pascal são inteligíveis somente a partir do fenômeno original: o mistério trinitário de Deus. A capacidade de Deus de poder tornar-se no outro (encarnação) reside no fato de que em si mesmo Ele é comunicação e alteridade.

O *mistério da Igreja* se tornaria um paradoxo incompreensível se não fosse compreendido a partir dessa origem trinitária, como o faz o Concílio Vaticano II. E o mesmo se aplica à compreensão dos *sacramentos-liturgia* como momentos fundamentais em que, por meio de sinais celebrados e realizados em ação, essa vida trinitária nos é comunicada, transformando radicalmente nossas vidas (teologia da graça) e as ações que realizamos no mundo para que este seja um reflexo e uma imagem da vida trinitária (teologia moral).

Toda essa "trinitarização" do mundo só será consumada quando o Filho anular definitivamente o poder do pecado e da morte e entregar toda a realidade ao Pai, para que Deus seja tudo em todos (*escatologia*) (cf. Greshake, 2000).

b) A profundidade da teologia: rumo a uma teologia histórica

Em segundo lugar, a partir da profundidade do amor de Deus, temos que realizar uma verdadeira teologia histórica que tem no centro a profundidade do mistério pascal, como expressão suprema e realização concreta da inserção de Deus na história humana, em sua ambiguidade e até mesmo em seu pecado. A teologia não pode contentar-se em ser teológica (Deus em seu centro), mas deve ser salvífica (o homem em seu fim). Deve colocar no centro de seu *logoi* a salvação que oferece e o homem concreto que necessita ser salvo. Todas as grandes épocas da história da Igreja e da teologia desenvolveram sua própria teologia da história: Irineu no século II, Agostinho no século V, Boaventura no século XIII... a partir de uma perspectiva trinitária. Também temos que elaborar a nossa, a partir da história concreta em que vivemos, com seu passado que deve ser lido e interpretado, e das chaves fundamentais que encontramos nas Escrituras como uma norma viva e fonte permanente.

c) A largura da teologia: rumo a uma teologia dialógica

Finalmente, a partir da amplitude do amor de Deus, devemos elaborar uma verdadeira teologia dialógica, em serena comunicação tanto com outras ciências, especialmente com a filosofia, como com a pluralidade das teologias existentes na Igreja, em outros credos e religiões. Um diálogo que deve ser estabelecido com base no que alguns chamam de método de integração; algo semelhante ao que acontece em uma sinfonia, na qual diferentes tonalidades são integradas em uma estrutura principal que produz um conjunto harmonioso de semelhanças e contrastes (cf. Balthasar, 1979)[18].

O pluralismo é uma realidade na cultura e na Igreja de hoje e está sendo justamente enfatizado e defendido. Mas essa pluralidade só faz sentido em uma unidade que não a anula, mas a integra e a preserva em si mesma. Essa é a unidade relacional que constitui supremamente o próprio ser de Deus (Trindade) e que está subjacente e ilumina o caminho para a plena unidade de todo gênero humano (cf. Hemmerle, 2005; Gunton, 2005b).

Conclusão

Com a profunda expressão do Evangelho de João que usamos para iniciar este capítulo, podemos considerar o exercício da teologia como uma forma de consagração à verdade (Jo 17,17.19).

Nesse sentido, a teologia constitui uma *vocação divina* que tem sua origem na doação de Cristo por nós e no dom de seu Espírito, separando-nos de tantas palavras vãs que nos apartam do verdadeiro Deus e de nossa mais autêntica realidade como seres humanos.

---

18. Sou grato a Alejandro Labajos por essa descrição do que é uma sinfonia.

A teologia é uma *graça* que alcança nosso ser no dinamismo de sua liberdade, amor e inteligência. Uma graça na qual a busca inata da verdade que habita em cada ser humano se torna a aceitação de uma verdade oferecida como amor e santidade. Uma graça cujo exercício nos introduz no Reino de Deus, que nos leva a existir e viver nele e a partir dele.

A teologia é, finalmente, uma *missão* no mundo. Uma missão que exige a dedicação total do sujeito à busca da verdade que veio ao nosso encontro, guiado pelo Espírito. Porque fomos chamados a ser discípulos e apóstolos, somos chamados a ser teólogos; pois o teólogo é o apóstolo e o amigo de Deus[19].

---

19. Cf. o capítulo 10.

II

O objeto da teologia:
Deus em sua revelação e em seu mistério

> Segundo a revelação do mistério.
> (Rm 16,25)

Introdução

A análise do termo "teologia", realizada no capítulo anterior em busca do significado fundamental do trabalho teológico, nos referiu a Deus como o tema central dessa humilde ciência e atividade humana. Deus é o centro irredutível de sua ação, o objeto não objetivável de seu conhecimento. Toda a teologia é determinada por ele. Assim, a definição de teólogo proposta por Karl Barth no início de sua dogmática eclesial, na qual ele cita Johannes Coccejus (1603-1669): "Teólogo é aquele que fala de Deus, em nome de Deus, em sua presença e para sua glória" (Barth, 1986, p. 1)[20], é ainda hoje relevante.

O título deste capítulo é inspirado no texto de Paulo já citado: "segundo a revelação do mistério" (Rm 16,25). A inteligência e a linguagem da fé (teologia) vivem no paradoxo que se abre entre a obediência à revelação de Deus e a experiência dele como mistério. No espaço entre as duas realidades, entre a revelação e o mistério de Deus, dá-se o essencial do que chamamos de teologia. O objeto da teologia é o próprio Deus em

---

20. Barth cita o trabalho de J. Coccejus, *Summa theologie ex scripturis repetita*, I, 1 (1669). Nesse sentido, a definição de teólogo que Evágrio Pôntico (346-399) oferece pela imagem do discípulo amado ainda é relevante e necessária: "Aquele que repousa sobre o peito do Senhor conhece a sabedoria de Deus; portanto, ele será teólogo [...]. Se és teólogo, orarás verdadeiramente; e se orares verdadeiramente, serás teólogo" (*Tratado sobre a oração*, PG XL, 1179).

seu movimento de abertura para conosco, que consiste na revelação do mistério, ou melhor, de si mesmo como mistério. Aqui por "mistério" não entendemos principalmente aquela realidade que está além de nosso conhecimento e experiência, mas antes de tudo – e de acordo com a perspectiva oferecida pelas cartas paulinas – o propósito salvador e o desígnio de Deus para o homem, que revela, no curso de sua realização (*oikonomia*), o próprio ser de Deus (*theologia*) (cf. Ef 1,3-14).

Essa relação entre revelação e mistério tem o objetivo de destacar o caráter paradoxal da manifestação de Deus em ocultação (Balthasar). Portanto, é obrigatório afirmar que Deus é um *objeto não objetivável*. Nem por sua transcendência absoluta, ou seja, sua altura infinita que sempre nos ultrapassa, nem por sua imanência radical, ou seja, sua proximidade íntima ou sua profundidade que sempre nos ultrapassa, podemos pensar em Deus como apenas mais um objeto de nossa razão, apropriando-se dele como se Ele fosse uma "coisa". A melhor teologia sempre repetiu que o que nós podemos entender não é Deus[21].

No entanto, Deus falou. Deus se revelou. Deus se manifestou e continua a se fazer conhecido permanentemente para nós. É por isso que podemos falar da revelação como origem e fundamento da teologia. Nesse sentido, a teologia, antes de ser a ciência da fé, ou seja, uma ação nascida da dinâmica e do movimento do coração do homem fundado na graça, é a ciência da revelação. Não é em vão que sua ação é sempre em resposta ao movimento e dinâmica anterior do coração de Deus, que por puro amor se abre e a nós se manifesta.

Entretanto, é essencial unir os momentos objetivos (revelação) e subjetivos (fé) do evento salvífico: a revelação em sua objetividade e primazia como princípio objetivo do conhecimento teológico; a fé como princípio subjetivo ou como um momento de aceitação dessa revelação. Não podemos colocar as duas realidades e perspectivas em oposição[22], embora

---

21. A chamada teologia negativa ou apofática, caracterizada pela consciência de que podemos saber mais sobre Deus pelo que Ele não é do que pelo que é, tem sido uma constante na história da teologia: Gregório de Nazianzo (330-390), Gregório de Nissa (330-394), Agostinho de Hipona (354-430), Pseudo-Dionísio (século V), Anselmo de Cantuária (1033-1109), Mestre Eckhart (1260-1328), Tomás de Aquino (1225-1274), Lutero (1483-1546), João da Cruz (1542-1591), Karl Rahner (1904-1984).

22. Esse equilíbrio necessário entre a dimensão objetiva e a dimensão subjetiva da revelação cristã foi magistralmente exposto por Balthasar (1985a).

devamos ter em mente que a primazia é sempre a da revelação, da iniciativa de Deus, de suas palavras e ações, do evento de sua manifestação pela qual Ele se torna acessível, palpável e audível para nós (1Jo 1,2-3)[23].

Podemos agora delinear o itinerário concreto que seguiremos a fim de falar da revelação do mistério de Deus como objeto central da teologia. Antes de tudo, proponho uma abordagem do vocabulário bíblico e das línguas modernas que falam dessa manifestação de Deus na história. Em segundo lugar, indico a partir de uma perspectiva mais sistemática os três núcleos fundamentais que nos aproximam de Deus em sua revelação e mistério: Deus como Palavra, como Mistério e como *Persona veritatis*. A partir desta última perspectiva, esboço a maneira pela qual a revelação de Deus assume as características de novidade, historicidade, diálogo e encontro. Finalmente, como conclusão deste capítulo, sugiro uma proposta para uma teologia trinitária da história que inclui a criação como base necessária para qualquer teologia da revelação.

1 Termos para falar de Deus em sua revelação e em seu mistério

Não há uma única palavra na Escritura para expressar o que o termo revelação atualmente abrange. De fato, parece não haver palavras equivalentes na Antiguidade para falar da história comum entre Deus e o homem, história na qual se revela a verdadeira natureza e imagem de Deus e a verdadeira natureza e imagem do homem. Nesse sentido, o termo revelação, assim como o termo teologia, tem sido acolhido lentamente e tem uma aplicação tardia (cf. Latourelle, 1967; Pié-Ninot, 2001, p. 239-330; Fisichella, 1992, p. 77-105; Rodríguez Panizo, 2013, p. 47-62).

a) Perspectiva filológico-exegética

1) No Antigo Testamento

A fim de nos referirmos ao que entendemos hoje como revelação, a literatura do Antigo Testamento usa acima de tudo a expressão *palavra*

---

23. É precisamente esse texto que serve de proêmio à constituição dogmática do Concílio Vaticano II *Dei Verbum*. Cf. o excelente comentário de H. de Lubac sobre o capítulo I em Dupuy (1970, p. 287-327).

de Yahvé. Por intermédio de sua palavra, Deus se faz conhecer a nós e nos revela seus desígnios. Ela se manifesta como o caminho de salvação para o povo de Israel na Aliança e na Lei. Anunciada e oferecida por meio dos profetas, é meditada pelos sábios como luz e guia na vida da humanidade sob o nome de *Sabedoria*.

Dessa primazia da *palavra de Yahvé*, é compreensível que em cada canto das Escrituras o convite de Deus a seu povo para ouvir sua vontade e preparar seus corações para a adoração e obediência apareça: "Escuta, ó Israel, Yahvé nosso Deus é o único Deus. Amarás o Senhor, teu Deus, com todo o teu coração, com toda a tua alma e com todas as tuas forças" (Dt 6,4).

A soberania da palavra reveladora de Deus e a correspondente vocação do povo de Israel para escutar fielmente essa palavra nos ajudam a entender a outra perspectiva da fé do Antigo Testamento. Nela, a transcendência e soberania de Deus é insistentemente enfatizada pela proibição de modelar qualquer imagem de Yahvé (Ex 20,4) e a impossibilidade de ver seu rosto (Ex 33,18-20). Ambas as expressões negativas são apenas o oposto da afirmação fundamental do Antigo Testamento: "Escuta, ó Israel".

Essa atitude de escuta não é necessária apenas no início do encontro entre Deus e seu povo, no início da fé. Também é necessária ao fazer a escolha fundamental para se tornar o povo de Deus e permanecer assim para sempre. No entanto, não podemos esquecer que Deus só pode nos dirigir o seu comando para que o escutemos se Ele mesmo tiver decidido entrar em diálogo e comunicação conosco.

2) No Novo Testamento

Ao longo das páginas do Novo Testamento descobrimos três diferentes campos semânticos para expressar o que entendemos hoje por revelação (cf. Fisichella, 1992, p. 81). Em cada um deles é enfatizado um aspecto diferente da plenitude dessa revelação em Jesus Cristo, em quem o sujeito e o objeto da revelação são identificados.

O primeiro campo semântico encontra-se nos *Evangelhos sinóticos*. A atitude de escuta que encontramos no Antigo Testamento é correspondida pelo chamado urgente à conversão que ouvimos no início do ministério de Jesus. Suas palavras, suas ações e sua própria pessoa deixam claro que o reino e a soberania de Deus chegaram à humanidade. Nesse contexto, os autores do Evangelho usam verbos – proclamar, evangelizar e ensinar – que revelam o surpreendente e inesperado evento transmitido pelas palavras, pelas ações e pela pessoa de Jesus, ou seja, a presença misteriosa do Reino de Deus no meio da humanidade. Essa presença se assemelha à semente espalhada por toda parte ou a um grão de mostarda semeado entre as ervas daninhas, germes que, no entanto, possuem uma força interior capaz de se desenvolver por si só (Mt 13). Esse mistério do reino é dado e realizado precisamente onde ninguém o esperava ou previa (Mt 5,1-11).

O segundo campo semântico pode ser traçado no *corpus* paulino. O Apóstolo Paulo usa verbos como desvendar, manifestar, iluminar e saber para referir-se ao mistério de Deus e ao evento salvífico realizado em Cristo. A revelação é o plano escondido antes dos tempos, mas revelado e tornado conhecido nos últimos tempos com a morte e ressurreição de Jesus Cristo. A fé é a luz que ilumina nossos olhos para podermos contemplar e compreender o mistério da vontade salvadora de Deus (Ef 1,10), seu amor em toda sua altura, comprimento, largura e profundidade (Ef 3,17-18).

O terceiro campo semântico se refere à linguagem típica do *corpus* joanino. Nele, termos como palavra, glória, verdade, dizer, testemunhar são empregados para expressar a ação fundamental de Jesus como o exegeta e revelador do Pai. O Filho revela o Pai, assim como o Espírito revela o Filho aos homens. A revelação é realizada por intermédio do outro.

Essa estrutura de revelação que nos é mostrada no Evangelho de João é extremamente importante, pois nos permite pensar sobre a relação entre revelação e alteridade. Nenhuma das pessoas divinas é revelada de si mesma, mas pela revelação mediada pela realidade de outra pessoa. Assim, o Pai, a quem ninguém jamais viu, revela-se somente pelo Filho, que é seu rosto e sua glória (Jo 1,17-18) e a única maneira de alcançá-lo (Jo 14,6). De sua parte, o Filho se faz conhecido no Espírito, pois somente Ele pode conduzir os discípulos à verdadeira identidade e missão de Jesus. O Espírito, finalmente, se revela em sua natureza e propriedade pessoal quando revela o Filho aos homens, fazendo de Cristo o princípio da vida pessoal nos crentes (Jo 14–16).

No Evangelho de João, revelação e alteridade andam de mãos dadas. A autorrevelação é, na realidade, heterorrevelação: o Pai pelo Filho, o

Filho pelo Espírito e o Espírito por si mesmo na medida em que revela o Filho e o Pai.

3) Nas línguas modernas

Já no campo semântico dos idiomas modernos, temos que ter em mente os termos usados nas famílias linguísticas germânica e românica.

Dada a influência decisiva do pensamento humanista alemão na teologia, começamos nossa análise com a palavra *Offenbarung*. Etimologicamente, significa abrir uma intimidade. Esse conceito nos coloca em relação direta com a tradição filosófica e teológica alemã, e especialmente com o idealismo alemão, que colocou a questão da possibilidade da revelação do absoluto na história no centro de sua reflexão[24].

Revelatio é a tradução latina do termo grego *apocalypsis*. Significa literalmente remover um véu para ver uma realidade com clareza (*des-velar*). Na teologia contemporânea essa palavra começou a ser escrita separada por um hífen: *re-velatio*. Dessa forma, o paradoxo no caso da revelação de Deus deve ser sublinhado. Pois ao revelar-se na história e na pessoa de Cristo, Ele simultaneamente se des-vela, tanto revelando-nos sua intimidade e seu ser mais íntimo quanto velando-se e escondendo-se, mantendo assim sua incompreensibilidade e seu mistério.

Em contraste com a tradição idealista, que foi capaz de colocar o evento trinitário da revelação no centro da teologia e da filosofia, mesmo correndo o risco de aprisionar Deus em seu próprio pensamento ou sistema filosófico, Bruno Forte tentou recuperar a estrutura paradoxal do ato revelador de Deus. Para esse pensador, Deus sempre se manifesta em ocultação (Forte, 1995)[25], tornando esta a única maneira possível de defender a revelação de Deus da razão humana ou de qualquer tipo de sistema filosófico e teológico – que é sempre tentado a introduzir a novidade da revelação de Deus em esquemas preconcebidos (Mt 8,27-30).

---

24. Em sua obra, B. Forte (2005) estabeleceu um diálogo com essa tradição, mostrando seus sucessos e fracassos.

25. "A revelação do Filho, Jesus, seria, segundo B. Forte, *Offen-bären*: manifestação do mistério a partir do seio paterno que o mantém oculto no silêncio eterno" (Rovira Belloso, 1996, p. 6).

Essa perspectiva tem raízes profundas na história da teologia. No Antigo Testamento ela se expressa na impossibilidade de ver Deus ou de fazer uma imagem dele. No Novo Testamento ela se expressa na estreita relação entre revelação e mistério.

Além disso, na reflexão teológica foi feita uma tentativa muito cedo de combinar uma autêntica teologia apofática (negativa) e catafática (positiva). Inácio de Antioquia cunhou a bela expressão para Jesus Cristo: "A palavra que veio do silêncio", pois é nesse silêncio que nossa vida pode se tornar uma autêntica revelação de Deus (Inácio de Antioquia, *Aos magnésios*, 8,2; cf. *Aos romanos*, 3,2).

No entanto, essa forte convicção não se faz sentir apenas nos estágios iniciais da teologia cristã. Pelo contrário, ela é defendida pelos pais capadócios (Gregório de Nazianzo e Gregório de Nissa) contra o racionalismo excessivo de Eunômio, quando afirmam a incompreensibilidade de Deus (Gregório de Nazianzo, *Discursos teológicos*, 29,5-6); ou por Agostinho de Hipona, que, após ter feito um dos maiores esforços para pensar em Deus como Trindade, não tem nenhum problema em afirmar que Deus não é aquela realidade que chegamos a compreender com nossa razão. Deus certamente é conhecido, mas não pode ser "apreendido" (Agostinho de Hipona, *Sermão* 117,3.5, PL XXXVIII, 663); além disso, insiste o bispo de Hipona, o que passamos a entender não é Deus (Agostinho de Hipona, *Sermão* 52,16, PL XXXVIII, 360).

Essa mesma linha é continuada pelo autor do século V, Dionísio o Areopagita, em quem, entre todos os nomes de Deus que podemos usar para falar dele, o mais recorrente é Inominável (Pseudo-Dionísio Areopagita, *Os nomes divinos*, I, 6). O mesmo ocorre com Anselmo de Cantuária, que, a partir de seu programa teológico de fé que busca suas próprias raízes e sua compreensibilidade, postula a incompreensibilidade de Deus (Anselmo de Cantuária, *Monologion*, 64). Por fim, podemos citar o próprio Tomás de Aquino, que emprega os esforços mais impressionantes para construir um sistema teológico ordenado e afirmativo (*Summa theologiae*), e na *Summa contra gentiles* não tem dúvidas em afirmar que podemos vir a saber sobre Deus mais o que Ele não é do que o que Ele é (*Suma teológica*, I, 30)[26].

---

26. Nesse capítulo ele comenta sobre os possíveis nomes de Deus, os três caminhos do conhecimento de Deus (afirmativo, negativo e da eminência) em clara referência a Pseudo-Dionísio.

Esse brevíssimo panorama histórico nos mostra a necessidade de manter as duas perspectivas de revelação e teologia em equilíbrio. Não podemos enfatizar a revelação de Deus a tal ponto que caiamos em uma teologia excessivamente racionalista, na qual tentamos integrar Deus em nosso próprio sistema filosófico e teológico a ponto de até mesmo acabar com ele. É por isso que aqueles que colocam Deus como mistério no centro da reflexão teológica estão certos. Deus é transcendente.

Ainda assim, não podemos afirmar a incompreensibilidade e o caráter *misterioso* de Deus a ponto de sermos levados ao apofatismo radical (não podemos saber nada sobre Deus), pois acabaríamos preenchendo tal vácuo com nossa própria imagem projetada sobre o divino (ídolo). Deus também é imanente. Mas de uma forma dupla: em nossa história, ligado ao espaço e ao tempo (Filho encarnado), e em nossa interioridade, ligado à nossa vida pessoal e ao processo do mundo (Espírito). Como aponta Balthasar: "É somente porque Ele é superior que Ele é interior. Mas, sendo superior, não perde o direito, o poder e a palavra de se revelar para nós como amor eterno, de se dar e de se fazer entender em sua incompreensibilidade" (Balthasar, 2004, p. 137).

b) Perspectiva teológico-sistemática

Os três núcleos essenciais que nos ajudam a compreender o significado do evento da revelação são: a palavra de Deus, o mistério da salvação e a pessoa de Jesus Cristo.

1) A palavra de Deus

Essa categoria tem a vantagem de expressar imediatamente que a revelação é uma comunicação. Não é, no entanto, uma comunicação de "algo", mas de "alguém". Quando um sujeito pronuncia uma palavra, está dizendo a si mesmo nela. Ao dizer, ele se entrega pessoalmente na palavra. Por meio da palavra pronunciada, ele está se colocando totalmente em jogo. Assim, quando nos referimos à palavra de Deus, não estamos aludindo a uma comunicação qualquer, mas a uma *autocomunicação*[27].

---

27. K. Barth e K. Rahner enfatizam a importância dessa categoria para a teologia em geral e para a teologia fundamental em particular. O teólogo de Freiburg faz dela a categoria-chave de toda a sua teologia.

Salvador Pié-Ninot sintetizou em três dimensões principais as perspectivas a serem consideradas quando falamos da palavra de Deus. Em primeiro lugar, a *dimensão dinâmica*, já que a palavra de Deus é uma palavra criativa e eficaz, como podemos ver claramente na história da criação (Gn 1) ou nos relatos dos milagres de Jesus, nos quais sua palavra tem um poder re-criativo (nova criação). Em segundo lugar, a *dimensão noética*, pois a palavra se comunica e ensina, como é destacado na Lei e na Sabedoria, com seus mandamentos, preceitos e conselhos, ou na nova Lei e Sabedoria delineada no Novo Testamento. Finalmente, a *dimensão pessoal*, como toda a história da revelação se desdobra a partir da Palavra que esteve no seio do Pai antes dos tempos e a Palavra que falou e se comunicou a nós, tornando-se carne (Jo 1,1-18) (Pié-Ninot, 2001, p. 241-242).

Que vantagens a teologia ganharia se a expressão "palavra de Deus" fosse usada para falar da revelação divina? Em primeiro lugar, ajudaria a estabelecer uma profunda relação entre o Antigo e o Novo testamentos, entendida como uma unidade dupla ou dualidade unitária. Em segundo lugar, favoreceria o diálogo entre o judaísmo e o cristianismo. Em terceiro lugar, poderia favorecer o diálogo ecumênico entre o catolicismo e o protestantismo, já que este último fez da Escritura e da palavra de Deus o centro de seu entendimento. Finalmente, ajudaria a garantir que dentro da teologia e da vida da Igreja Católica se desse a devida importância à Sagrada Escritura, venerando-a da mesma forma que ocorre com o Corpo (DV 21).

Por sua vez, o Concílio Vaticano II deu especial destaque à expressão "palavra de Deus". E o fez a ponto de iniciar a constituição dogmática sobre a revelação divina com as palavras *"Dei Verbum"*. Tal expressão é ambígua, pois não está claro se ela se refere à palavra de Deus como Escritura Sagrada ou à palavra de Deus como uma realidade pessoal: o Filho de Deus Pai. De acordo com Henri de Lubac, especialista na época do Concílio, os padres conciliares quiseram preservar essa ambiguidade para manter uma perspectiva ampla ao falar da Palavra divina. Ela abrange toda a história da salvação como palavra de Deus para a humanidade e como Jesus Cristo, a Palavra de Deus em pessoa, na qual todas as palavras do Pai se concentram e alcançam sua plenitude (Hb 1,1-3).

Isto evita dois perigos dos quais a teologia nunca está isenta. Primeiro, um biblicismo estreito que identifica a palavra de Deus com o texto escrito em sua dimensão histórica e filológica. Pois embora não haja nada a opor a uma exegese que mergulhe nessa perspectiva por fidelidade à encarnação de Deus na história e na palavra humana, ela permanece na superfície quando é incapaz de ir além dos contextos históricos e culturais em que o texto nasceu ou quando é incapaz de alcançar o Espírito e a vida a partir da carne das palavras[28]. Em segundo lugar, um cristocentrismo estreito que concentra de tal forma a realidade de Deus e do homem na pessoa de Jesus que dá a impressão de que quaisquer palavras de Deus ditas de antemão ou palavras do homem que não aparecem explicitamente dentro do universo cristológico carecem da verdade para nos dizer algo sobre Deus e o homem. Uma coisa é que tais palavras encontrem em Cristo seu centro e cume, mesmo seu fundamento último, e outra coisa muito diferente é dizer que sem serem explicitamente referidas a Ele, não podem ter nenhum significado[29].

2) Mistério

a) *Duas tendências complementares*. O termo "mistério" está sendo redescoberto atualmente a fim de repensar a realidade de Deus (Amengual, 2006, p. 85-86; Rodríguez Panizo, 2005, p. 241-251; Cordovilla, 2012, p. 27-35). No entanto, é ambíguo, pois tem uma dupla orientação. Para o filósofo austríaco Ludwig Wittgenstein, o mistério é aquela realidade sobre a qual não podemos dizer nada, e é por isso que é melhor permanecer em silêncio. Nessa perspectiva, estamos diante de uma orientação negativa, que pode ser descrita como apofática ou teologia negativa. Pelo contrário, para o poeta alemão Goethe, o mistério é o que existe para ser revelado com alacridade. Essa perspectiva nos coloca diante de uma orientação positiva, também chamada teologia catafática ou afirmativo-manifestativa (cf. Jüngel, 2001, p. 340-347). Ambas as orientações se encontram e devem estar presentes em cada uma das perspectivas que adotamos a fim de falar bem de Deus. A primeira tem sido enfatizada pelas religiões místicas e teologias fortemente influenciadas pelo neoplatonismo; a segunda tem caracterizado a teologia bíblica e a reflexão patrística (cf. Bornkamm, 1942, p. 809-834; Prümm, 1928, p. 1-225; Solignac, 1980, col. 1861-1874).

---

28. Cf. o capítulo 5: "A alma da teologia: a Sagrada Escritura".

29. K. Rahner já alertava para esses dois perigos (Rahner, 1998, p. 30-31).

b) *Mistério como plenitude e excesso da realidade*. Sempre que usamos ingenuamente a palavra mistério para nos referirmos a Deus, somos perigosamente arrastados para uma interpretação insuficiente. Esta consiste em compreender Deus por defeito, ou seja, pela limitação de nosso conhecimento, mas não pela grandeza e excesso de realidade que Ele representa. Entretanto, as duas declarações estão mutuamente relacionadas. Se definimos Deus como mistério pensando que o homem não é capaz de compreendê-lo em sua totalidade porque sua inteligência e conhecimento são limitados, estamos basicamente definindo Deus a partir do próprio homem e de uma forma negativa. Entretanto, se Deus é um mistério incompreensível em si mesmo por causa do excesso e da plenitude da realidade, então Ele é vida plena e inesgotável.

Nesse sentido, Deus é mistério não só e principalmente como uma realidade que está além de nosso conhecimento, mas como uma realidade que nos sustenta e nos funda. É também um mistério porque é uma realidade que nos abraça e nos abriga (*Ge-heimnis*: aquela realidade que nos oferece e nos dá um lar); além disso, é um mistério porque nos supera permanentemente e nos transborda[30]. Entender Deus como mistério significa colocá-lo no centro da existência humana como a realidade fundadora da vida, aquela realidade que nos ultrapassa (imanência) e nos supera (gratuidade e transcendência) (cf. Amengual, 2006, p. 85-86).

Mistério, portanto, não pode significar o que não sabemos agora, mas o que poderá vir a ser conhecido. Se isso fosse o que determina a realidade do mistério, significaria que a razão humana constitui o critério final e a medida decisiva para sua compreensão; além disso, a compreensão e a definição seriam dadas a partir de uma perspectiva negativa que limitaria tanto a natureza de Deus quanto a natureza do homem.

Ao contrário, "mistério" se refere a uma realidade que nos é dada e que nos funda. Nesse sentido, mais do que um objeto de conhecimento dado junto com outros, tem a ver com a própria condição da possibilidade de saber. É, de fato, a realidade que sempre temos diante de nós para contemplar (um mistério que nos ultrapassa) e também o próprio fundamento de nosso conhecimento e de nossa contemplação (mistério que nos sobrepuja). É a peculiaridade que caracteriza Deus (mistério santo) e nos caracteriza a

---

30. Cf. Greshake (2000, p. 38-39), referindo-se a J. Splett e E. Jüngel.

partir dele, já que a essência do ser humano consiste em ser referido ao mistério absoluto que o funda e o sustenta (Rahner, 1964b).

c) *O mistério de Deus: revelação no ocultamento*. O mistério de Deus é o próprio Deus em seu princípio sem origem (Pai) que se comunica conosco na criação e na história como uma palavra encarnada (Logos), e se entrega a cada um de nós em nossos corações como graça e glória (Espírito) (Rahner, 1964b). É uma manifestação e um dom que não esgota o caráter inacessível e incompreensível de Deus, mas o manifesta mais radicalmente para nós. Deus se mostra a nós e se entrega a nós precisamente em sua incompreensibilidade. A revelação não revela o mistério, mas o torna mais evidente e nos confronta com ele de uma forma mais radical. É a radicalidade do dom de si mesmo que nos evidencia a incompreensibilidade do mistério de Deus (Ladaria, 2000, p. 8-11).

É precisamente o *Deus semper maior* que se manifestou como maior e mais incompreensível quanto mais Ele se tornou pequeno e menor[31]. Nem por sua transcendência absoluta, ou seja, sua altura infinita que sempre transborda e nos ultrapassa, nem por sua imanência radical, ou seja, sua proximidade íntima ou sua interioridade profunda que nos invade, podemos pensar em Deus como apenas mais um objeto de nossa razão, apropriando-nos dele como se Ele fosse uma "coisa". Deus não pode ser totalmente integrado em um sistema. E se nenhum sistema pode "esgotá-lo", muito menos um sistema teológico!

Nesse ponto, deve ser enfatizada a tensão entre sua transcendência e sua imanência ou a dialética entre a radicalidade da comunicação de Deus e a incompreensibilidade de seu mistério. Pois quando Ele se revela, se entrega a nós e está lá para nós, acessível em toda a sua radicalidade; e ainda assim Ele permanece ao mesmo tempo incompreensível e inacessível. A revelação de Deus está em ocultar-se. A revelação de Deus não esgota seu mistério, mas nos comunica e nos entrega o mistério que Ele mesmo é.

d) *Mistério como singularidade irrepetível*. A categoria de mistério também pode ser estudada como singularidade absoluta, e mesmo sob a

---

31. Aqui devemos lembrar a expressão do jesuíta flamenco que, em homenagem a seu mestre e fundador Santo Inácio, escreveu como epitáfio: "*Non coerceri maximo, contineri minimo, divinum est*" ["Não ser limitado por aquilo que é maior, e ser contido naquilo que é menor, isto é divino"]; cf. H. Rahner (1964, p. 422-440) e Cebollada (2010, p. 247-252).

perspectiva da figura (*Gestalt*) (Balthasar, 2005, p. 25-38)[32]. À primeira vista, essa ligação pode parecer contraditória, pois ao conceber instintivamente o mistério como uma realidade obscura sem contornos definidos, a característica de singularidade com a qual tentamos associá-lo expressa uma realidade única e concreta.

Neste último sentido, vale a pena ressaltar que o mistério é a realidade que ali está presente e que se manifesta para nós. Mas em sua presença e manifestação transborda e nos supera, não por sua ambiguidade e seu caráter difuso, mas precisamente por sua unicidade e singularidade, que se refere à plenitude e totalidade (cf. Balthasar, 1990). Além disso, o mistério é aquela realidade absolutamente singular que de forma inesperada, surpreendente e gratuita aparece diante de nós em sua singularidade e irrepetibilidade. Uma realidade que não só não pode ser deduzida *a priori* de nossa experiência ou de nossa razão, mas à qual devemos nos abrir obedientemente.

Para chegar a este entendimento de absoluta singularidade e sua relação com o mistério, Balthasar parte da experiência humana. Na vida humana existem realidades singulares que nos são reveladas em seu mistério porque somos incapazes de explicá-las de forma completamente racional; além disso, elas são inexplicáveis e indiscutíveis a partir de nossa experiência anterior. Referimo-nos àquelas realidades que são irredutíveis ao conceito, abstração ou sistema, e que possuem tal evidência e capacidade de exibição que, em vez de prendê-las em um determinado sistema, temos que deixá-las ser dadas e narradas a nós em toda sua irrepetibilidade e incompreensibilidade. Exemplos dessas *singularidades relativas* são a experiência de uma obra de arte, a experiência do amor pessoal e a experiência da morte. No domínio teológico, essa realidade absolutamente singular ocorre de uma forma suprema na revelação, na qual o *Logos* de Deus vem de modo kenótico [descendo] e se manifesta como amor, como *agape* e como glória (cf. Balthasar, 2004, p. 53). O mistério de Deus deixa assim de ser uma realidade difusa e é revelado como uma realidade pessoal, ou seja, como um mistério trinitário.

e) *Mistério e história da salvação.* Se não formos mais a fundo na categoria de mistério, não poderemos entender o significado bíblico da

---

32. Em termos análogos se expressa Pascal Ide: "Em *Gloria*, Balthasar prefere falar de figura em vez de mistério, mas fundamentalmente o significado é o mesmo" (Ide, 1995, p. 74).

revelação[33]. Nas cartas paulinas o termo mistério é teológico e é usado para designar toda a história da salvação. Essa *historia salutis* tem sua origem na vontade do Pai, em seu beneplácito (mistério), foi realizada no curso da história (criação) e atingiu sua plenitude na pessoa de Jesus Cristo (encarnação). Esse mistério se desdobra e continua na história pela mediação de seu corpo, que é a Igreja (comunhão), e caminha para sua consumação final no Reino (recapitulação).

No Novo Testamento, a melhor explicação do que o mistério significa é encontrada nos grandes hinos de Efésios e Colossenses. Eles serviram de base, e não por acaso, para as quatro constituições do Concílio Vaticano II. Assim, de Ef 1,3-14 podemos compreender melhor o significado do mistério da Igreja e de sua missão (*Lumen Gentium*); também a liturgia, em que este mistério salvífico de Deus é atualizado e se realiza a própria essência da Igreja (*Sacrosanctum Concilium*) e a Palavra de Deus, que ela escuta com obediência e transmite com fidelidade (*Dei Verbum*). Por sua vez, tomando Cl 1,12-20, podemos compreender em unidade de desenho o mistério da criação e da encarnação, o mistério do homem e o mistério de Cristo, uma afirmação essencial para compreender a relação da Igreja com o mundo moderno e sua missão dentro dele (*Gaudium et Spes*).

Uma vez realizada essa ampla visão da categoria do mistério, torna-se mais claro que a perspectiva para uma compreensão adequada da revelação não é tanto a dos dogmas e verdades expressas em fórmulas, mas a histórico-bíblica e teológico-antropológica. Pois o cristianismo não é, antes de tudo, um conjunto de mistérios sem ligação a serem acreditados por uma fé cega e ignorante, ou a serem revelados por uma inteligência arrogante, mas um mistério fundamental que nos abraça, nos sustenta e no qual devemos entrar.

Nesse sentido, o mistério da encarnação é o mistério fundamental (profundidade), pois nele nos é esclarecido o mistério da Trindade (altura), o mistério da Igreja e nossa participação na vida divina é antecipada

---

33. Cf. Schlier (1991, p. 47-96, 200-201), em que, comentando Ef 3,8-13, trata da categoria de mistério. Da estrutura, forma e conteúdo do hino da Carta aos Efésios e da categoria de glória, tentei fazer uma leitura unitária da teologia em seus principais tratados teológicos. Uma leitura unificadora do mistério da salvação e da existência cristã (cf. Cordovilla, 1997).

como um germe (comprimento), e representa também o início do mistério da consumação do cosmos no Reino (largura). "O cristianismo, em seu sentido pleno e original, não é uma filosofia com um fundo religioso, nem é um sistema de doutrina religiosa ou teológica ou um código moral, mas um mistério no sentido paulino da palavra. É uma revelação de Deus para a humanidade. É Deus revelando-se em atos e gestos teândricos, cheios de vida e ricos em vigor, em atos e gestos que, por essa revelação e comunicação de graça, tornam possível o acesso da humanidade à divindade" (Casel, 1953, p. 55).

Quais são, então, as vantagens de usar a categoria de mistério para se referir à revelação de Deus? Em primeiro lugar, sublinhar o caráter histórico e progressivo da revelação, que é muito importante para o diálogo inter-religioso. Em segundo lugar, enfatizar o caráter sacramental da revelação, ponto essencial para estabelecer um diálogo fecundo com a teologia da Igreja Ortodoxa (cf. Andía, 2006, p. 473-508). Em terceiro lugar, estar consciente da unidade de toda a teologia. Como assinala Rahner: "No cristianismo existem esses três mistérios, nem mais nem menos, assim como existem três pessoas em Deus, e esses três mistérios dizem uma e a mesma coisa: que Deus se comunicou a nós por meio de Jesus Cristo em seu Espírito, tal como Ele é em si mesmo" (Rahner, 1964b, p. 95). Em quarto e último lugar, destacar a permanente tensão que deve existir entre a transcendência e a imanência de Deus, ou a dialética necessária para a teologia entre a afirmação da *radicalidade* da comunicação de Deus e sua *incompreensibilidade*. Pois a revelação de Deus não esgota seu mistério, mas se entrega a nós no mistério que Ele mesmo é.

Em meados do século passado, o Concílio Vaticano II também pôs em relevo essa compreensão da revelação (DV 2). Esse fato representou uma mudança decisiva na concepção da revelação em relação ao Concílio Vaticano I (*Dei Filius*) (DH 3000-3045). Se na constituição *Dei Filius* a revelação era compreendida sobretudo a partir de um esquema abstrato e formal, a constituição *Dei Verbum* o faz descrevendo a revelação a partir de um compêndio da história da salvação, em que salienta a perspectiva pessoal e sacramental.

Sirva de síntese de tudo o que foi dito até agora a afirmação de Joseph Ratzinger em seu comentário teológico à *Dei Verbum*. Esse autor considera como conceito-chave do primeiro capítulo da constituição conciliar sobre a revelação precisamente o de *mistério*. Um conceito tomado da teologia paulina, especificamente da Carta aos Efésios, que põe em destaque o universalismo da salvação (Ef 1,10). E tudo isso sem deixar de lado a dimensão cósmica do cristianismo (Cl 1,12-20), o caráter histórico da revelação (Hb 1,1-3) e o lugar central de Cristo na história da salvação e da humanidade (Jo 1,1-18; Cl 1,12-20) (Ratzinger, 1969, p. 507).

3) A "*Persona veritatis*"

Ao falar da revelação do ponto de vista teológico, temos que olhar especialmente para a pessoa de Jesus Cristo. Tanto a palavra de Deus quanto o mistério da salvação se cumpriram e se realizaram em sua pessoa. Ele é a face, o rosto, o aspecto e a realidade concreta na qual se manifesta o próprio ser de Deus (Clemente de Alexandria). Ele é a Verdade (*persona veritatis*, segundo Agostinho) e o Reino em pessoa (*Autobasileia*, segundo Orígenes); a última e definitiva Palavra do Pai, em quem tudo nos é dito (São João da Cruz)[34]. A partir dele devem ser compreendidas cada uma das palavras que Deus pronunciou anterior e posteriormente, pois ainda que Jesus Cristo não as suprima nem as extinga, Ele as interpreta e as consuma, dando-lhes maior profundidade e sentido (Hb 1,1-3).

A totalidade do mistério de Cristo torna-se a revelação completa do mistério de Deus e do mistério do homem. Por isso, ao falarmos da pessoa de Cristo e de seu mistério, estamos nos referindo à sua preparação no Antigo Testamento, à totalidade de sua vida e Paixão (com suas palavras, suas ações, seus sentimentos e sua consciência), à sua morte e ressurreição; e finalmente à sua presença ininterrupta no coração da Igreja e na consciência dos crentes mediante o Espírito (GS 22).

Afirmar que Cristo é a verdade, a justificação e o reino em pessoa não significa reduzir a verdade, a justiça e o Reino de Deus a uma perspectiva exclusivamente cristológica. As dimensões histórica, social, antropológica e institucional estão claramente envolvidas. Nesse sentido,

---

34. Clemente de Alexandria, *El Pedagogo*, I, 57,2; Agostinho de Hipona, *Confissões*, VII, 19,25; Orígenes, *Comm in Math.*, XIV, 7 (comentário sobre Mt 18,23, en GCS 40,289. "O Filho de Deus é rei do céu, e como Ele é a sabedoria, a justificação e a verdade em pessoa, assim também é o reino em pessoa." Cf. Balthasar, 1991, p. 429. Um texto que deve ser considerado em um contexto escatológico, no qual se fala da unidade definitiva em Deus). E, por último, João da Cruz, *Subida*, II, 22,3-7 (1988, p. 286-289).

uma simples identificação poderia trazer o risco de esquecer essas outras realidades que pertencem ao Reino de Deus. Entretanto, uma separação entre o mediador da revelação e a salvação, ou entre o mediador e o conteúdo da revelação, é impensável. Cristo é o mediador e a plenitude da revelação (DV 2 e 4).

À luz desta concentração do fato da revelação na pessoa de Cristo, quatro características essenciais da revelação de Deus vêm à tona: novidade, historicidade, diálogo e encontro.

a) *Novidade*. Dessa perspectiva pessoal, a novidade da revelação e da experiência cristã é enfatizada. Onde está a fonte de sua eterna e permanente novidade? Sem dúvida, na pessoa de Cristo. Irineu de Lião teve que afirmar, em seu diálogo e controvérsia com os gnósticos, a continuidade radical entre o Deus criador do Antigo Testamento e o Deus redentor do Novo; mas ele também teve que manter contra todas as probabilidades a novidade da vinda de Cristo em comparação com as manifestações de Deus no Antigo Testamento:

> Se assim é [que o *Logos* falou pela boca dos patriarcas e profetas], então o que a vinda do Senhor nos trouxe de novo? Sabei que Ele nos trouxe todas as coisas novas, dando-nos Ele mesmo [trazendo-nos sua presença], aquele que outros anunciaram [...]. Os servos que o rei envia adiante anunciam sua vinda, a fim de que seus vassalos se preparem para receber seu Senhor. Mas uma vez que o Rei tenha chegado, uma vez que seus súditos gozam da alegria que havia previsto para eles, uma vez que receberam sua liberdade, uma vez que viram seu rosto, uma vez que o ouviram falar, uma vez que apreciaram seus dons, ninguém com nenhum sentido pode pensar em perguntar: O que mais o Rei nos trouxe que seus arautos ainda não nos entregaram? (Irineu de Lião, *Adversus haereses*, IV, 34,1).

b) *Historicidade*. Ao lado da novidade, devemos ressaltar o aspecto histórico, pois a revelação cristã refere-se sempre a um evento concreto, particular, estabelecido no tempo e no espaço. Ela não é uma simples revelação da verdadeira natureza do homem e do mundo que nos remete à nossa mais profunda experiência interior. A revelação de Deus remete à história. Essa revelação é "sempre maior do que qualquer compreensão possível da nossa parte. Ela deve sua origem a um ato livre e gratuito do Deus Trinitário" (Fisichella, 1992, p. 98-105). Essa revelação "não é determinada pela subjetividade" ou pelo sujeito que a recebe na fé. A ele é destinada, mas sua forma concreta é algo que depende exclusivamente da bondade, liberdade e gratuidade de Deus.

Nesse sentido, temos que entender a sensibilidade especial da teologia francesa para sublinhar a dimensão histórica do cristianismo. O dominicano Yves Congar o expressou de forma definitiva ao afirmar inequivocamente que "o cristianismo é um fato". Por essa razão, "a historicidade de Jesus de Nazaré é um princípio essencial e constitutivo para o conhecimento da fé". Romano Guardini sublinha isto de outra forma quando aponta que a essência do cristianismo é a pessoa de Jesus:

> [Jesus Cristo é] a única resposta possível para a questão da essência do cristianismo. Essa resposta diz: não há uma determinação abstrata dessa essência. Nenhuma doutrina, nenhuma atitude religiosa, nenhuma ordem de vida pode ser separada da pessoa de Cristo. O cristão é ele mesmo, o que vem ao homem por seu intermédio e a relação que o homem pode manter com Deus [...]. Ele, a pessoa de Jesus Cristo, em sua singularidade histórica e glória eterna, é a categoria que determina o ser, a atuação e a doutrina do cristão (Guardini, 1984, p. 103; cf. González de Cardedal, 1997, p. 219-224; Ruster, 2000, p. 97-113).

Entretanto, devemos aceitar que, junto com essa liberdade e gratuidade da revelação na forma concreta que Deus livremente escolheu para se dar e se comunicar ao homem, Ele mesmo teve que criar o homem, em sua essência e estrutura fundamental, como o destinatário dessa possível revelação e comunicação divina. Portanto, parece-me plenamente legítima a busca por essas "condições de possibilidade" no homem, para que ele possa receber a revelação de Deus. Isto não significa que o homem seja a norma e a medida da revelação, mas que ele foi criado e destinado pelo próprio Deus a ser o ouvinte de sua própria revelação e autocomunicação na história. "E, portanto, na própria criatura foi depositada, desde seu fundamento essencial mais profundo, a possibilidade de ser assumida, de ser o material de uma possível história de Deus: Deus sempre projeta criativamente a criatura como a gramática de um possível ditado de si mesmo. E mesmo se ele fosse silencioso, não poderia projetá-lo de nenhuma outra forma. Pois até mesmo o calar-se-a-si-mesmo pressupõe sempre os ouvidos que ouvem a mudez de Deus" (Rahner, 1964a, p. 151).

c) *Diálogo*. Esse caráter personalista da revelação destaca sua dimensão *dialógica*. A revelação de Deus é um diálogo, pois Ele mesmo é *palavra e comunicação*. Deus quer se comunicar para *se encontrar* e estabelecer um diálogo de graça e salvação com o homem. Se Deus, em seu mistério trinitário, é comunhão, diálogo e comunicação, o homem, criado à imagem e semelhança de Deus, é essencialmente um diálogo chamado à plena comunhão e comunicação com o Criador.

E como a palavra é essencialmente aquela que vem de outro e tende para outro, é pura referencialidade. Assim, de um ponto de vista bíblico, a palavra se refere àquilo que é capaz de gerar, oferecer e criar vida.

Além disso, como a Palavra se encontra ao lado de Deus – como nos assegura o prólogo do Evangelho de João –, o próprio Deus pode entrar em diálogo com o que está fora dele de forma livre e responsável (isto é, gerando resposta), porque Ele está em si mesmo no diálogo e na comunicação interna. Nesse sentido, ao entrar em diálogo com esse homem criado como ouvinte da Palavra, Ele o faz a partir de sua Palavra imanente (o próprio Filho). Pois Deus não nos comunica algo a seu respeito, mas a si mesmo nessa Palavra que ouviu tudo do Pai. Por essa mesma razão, a história da salvação e da revelação é a história de sua *autocomunicação*[35].

Por meio dessa Palavra, Deus projetou e realizou a criação. Jesus, o Filho encarnado, não só nos revela a face do Pai ou a essência íntima de Deus, mas o significado último de toda a realidade, assim como a vocação intransferível do ser humano (GS 22). O homem foi criado como ouvinte da Palavra a fim de receber dentro de si a Palavra comunicativa e gratuita de Deus. Ele foi criado à imagem de Cristo a fim de poder chegar à participação plena com Deus na semelhança, e assim possa manifestar-se plenamente aquilo que todo homem já é nos desígnios de Deus antes da fundação do mundo: um filho no Filho (Rm 8,29; Ef 1,3-6).

Contudo, não nos é possível falar de revelação plena até que haja um sujeito histórico que aceite e responda a essa palavra anterior e fundadora de Deus. A revelação de Deus conclui-se na resposta do homem. No

---

35. Essa é a perspectiva fundamental da teologia de K. Rahner, tal como foi retomada na constituição *Dei Verbum* 2.

entanto, afirmar esse caráter dialógico da revelação não significa dissolvê-la na subjetividade daquele que é chamado a aceitar e responder a essa palavra divina com a obediência da fé, nem a nivelar com os elementos de verdade e graça (revelação) que existem em outras tradições religiosas. Cristo é o mediador e a plenitude da revelação (DV 2)[36] – o homem encontra nele a verdade plena de Deus e a verdade última do próprio ser humano. Essa verdade, por outro lado, não se impõe violentamente sobre todas as outras realidades e formas pelas quais o homem busca ardentemente a verdade e a salvação, mas as sustenta afirmando-as, cumpre-as purificando-as e as consuma transbordando-as.

Nessa apropriação pessoal e histórica da verdade de Deus e do mundo, o Espírito desempenha um papel fundamental. É o Espírito que interioriza a revelação de Deus na consciência de cada pessoa e a universaliza na diversidade das culturas. Isto não é porque Cristo não está em si mesmo íntimo do homem e universal no mundo, mas porque a participação na vida de Cristo só é possível pela comunhão com seu Espírito (1Cor 12,3) (cf. Balthasar, 1997, 1998b). Pois nisto, e em nada mais, está a resposta à revelação e à sua palavra: na comunhão com Deus.

d) *Encontro*. Todo diálogo é uma forma de encontro pessoal. A revelação de Deus ao homem também foi compreendida a partir da realidade antropológica do *encontro* (Martín Velasco, 1997)[37]. Se a receptividade, reciprocidade e intimidade são características essenciais de qualquer encontro de amizade e amor entre as pessoas, por analogia podemos aplicar essas mesmas características ao encontro entre Deus e o homem. Assim podemos compreender o relacionamento entre Yahvé e Moisés, com quem Deus esteve face a face, amigo a amigo (Ex 33,11). Tal relação de amizade entre Deus e o homem se manifesta em toda sua profundidade

---

36. Sobre essa questão, cf. Congregação para a Doutrina da Fé (2000, § 5-8); Bordoni (2001); Ladaria (2006, p. 223-243).

37. A partir de sua fenomenologia da religião, da tradição personalista (M. Blondel, G. Marcel, M. Buber) e da filosofia ética de Levinas, o autor utiliza a realidade antropológica do encontro como a "categoria menos inadequada para simbolizar a relação original do homem com o Mistério que constitui o centro bipolar do fenômeno religioso". O autor deseja enfatizar que Deus é absolutamente transcendente; embora não seja um objeto de nosso conhecimento, um encontro com Ele é possível em nossa história. Para Martín Velasco, a expressão suprema de tal encontro é a experiência mística. Cf. essa mesma ideia, a partir de uma perspectiva teológica, em González de Cardedal (1993).

no relacionamento que Jesus tem com seus discípulos. Jesus não se dirige a eles como servos, mas como amigos; precisamente porque lhes comunicou tudo o que ouviu do Pai. Por meio do conhecimento da intimidade paterno-filial e da inserção na relação que o Filho tem com o Pai, Jesus traz seus irmãos e irmãs da servidão à amizade (Jo 15,14-15). Amizade, comunicação e companheirismo tornam-se assim categorias fundamentais para falar da revelação de Deus ao homem[38].

2 A revelação como problema atual

Essa compreensão da revelação, que tem seu ponto de partida na constituição dogmática *Dei Verbum* e na afirmação de que Jesus Cristo é o centro e a plenitude da revelação, tornou-se altamente problemática na atualidade.

A compreensão de Cristo como a *plenitude da revelação* trouxe uma verdadeira revolução no pensamento teológico. Com essa afirmação, os padres conciliares quiseram ampliar o horizonte sobre essa questão crucial. Dessa forma, a revelação não é mais entendida fundamental e quase exclusivamente como um conjunto de verdades doutrinárias, mas é compreendida a partir de uma perspectiva mais histórica, dinâmica, cristológica, pessoal e trinitária.

É, portanto, um tema que tem tido um enorme impacto tanto na vida da Igreja quanto no trabalho da teologia. De fato, a liturgia, a catequese, a oração, a experiência da Igreja como povo de Deus e comunidade de fé, esperança e caridade, assim como a teologia cristã como um todo, não podem mais ser compreendidas hoje sem esse aprofundamento da compreensão da revelação de Deus. A consequência é óbvia: se esse ponto muda, o cristianismo muda em sua totalidade.

Chegou, portanto, o tempo de se abandonar tal perspectiva? É possível evocar outra percepção e compreensão da revelação de forma unilateral, sem entrar e deixar-se questionar pela comunhão e pelo magistério da Igreja? É legítimo evocar o Concílio Vaticano II para ir contra ele?

Deixemos tais questões em suspenso por enquanto e demos um passo adiante. Não há dúvida de que a aplicação do termo *plenitude* à revelação

---

38. Essa perspectiva também é sublinhada pela *Dei Verbum* 2.

de Jesus Cristo – um termo bíblico ligado à Carta aos Efésios e à Carta aos Colossenses e recuperado pelo Concílio Vaticano II de forma positiva – tornou-se um sinal de contradição. Falar de Cristo como a plenitude da revelação de Deus e da verdade do homem parece significar escravidão e opressão. Além disso, dá a impressão de que não se respeita o caminho e a verdade que outros homens seguem para alcançar a felicidade e a realização da vocação humana.

Por ser um termo bíblico, parece obrigatório mantê-lo. Mas um enorme esforço é feito imediatamente para adoçá-lo com vários adjetivos para qualificar o significado de tal plenitude excessiva. Falamos então de uma plenitude que é apenas constitutiva para os cristãos, mas relativa para os não cristãos; uma plenitude qualitativa, mas não absoluta. E, ainda assim, o magistério da Igreja procurou especificar e reforçar essa plenitude, caracterizando-a com expressões tais como "plenitude e definitividade", "o caráter definitivo e completo da revelação de Jesus Cristo" (cf. *Dominus Iesus* 5-8)[39], "o caráter específico e absoluto de revelação cristã" (cf. *Teología y secularización en España* 6).

Na verdade, quando se afirma que a revelação de Cristo é *específica*, isso significa que ela traz uma novidade radical. Ele não é a expressão de uma religiosidade abstrata e difusa que pertence a toda a humanidade, seguindo o argumento de que em Cristo a própria humanidade atinge seu estado de maior exemplaridade. Pelo contrário, Cristo é a novidade de Deus na história humana. Por outro lado, quando se afirma que a revelação de Cristo é *absoluta*, está sendo feita uma tentativa de enfatizar que essa revelação não pode ser superada ou completada por outras revelações. Cristo é a revelação da verdade de Deus e da verdade do homem, pois cada homem e toda a história têm um relacionamento com Ele; além disso, Cristo é o lugar de sua recapitulação, plenitude e consumação. Nesse sentido, o evento de Cristo, mesmo sendo um evento preparado pela história anterior, e esperado e desejado por cada ser humano, adquire uma total novidade, especificidade e ultimidade (Cordovilla, 2007, p. 449-474).

---

39. Desta forma, a afirmação ambígua de J. Dupuis de que a revelação de Cristo, apesar de ser uma plenitude qualitativa, não é absoluta, mas permanece relativa (Dupuis, 1997, p. 336-343, especialmente p. 338; trad. cast.: Dupuis, 2000).

Então, por que essa afirmação revolucionária se tornou tão problemática hoje em dia? Não é fácil dizer. A acusação fundamental feita é que tal afirmação provoca uma compreensão extrínseca e supranaturalista (mágica) da revelação. E o faz porque coloca a exterioridade e a alteridade da revelação (Cristo) em primeiro lugar diante da consciência subjetiva (imanência); mas também porque, de uma forma ou de outra, esse cristocentrismo é a causa de um exclusivismo inaceitável na relação entre o cristianismo e todas as outras religiões.

Entretanto, os dois problemas não são novos. Eles foram criados com plena virulência no início do século XX na crise modernista e devido ao surgimento do estudo da história, da filosofia e da fenomenologia das religiões. A diferença é que hoje esse debate não se limita a um pequeno grupo de intelectuais e teólogos, mas faz parte da *mentalidade pluralista* comum.

Em todo caso, as duas questões fundamentais aqui levantadas podem ser vistas sob uma nova luz se for estabelecida uma relação adequada entre criação e salvação e entre religião e revelação. Desapareceram as teses católicas, que *de facto* separavam a criação da salvação, a fim de poder afirmar a gratuidade da encarnação de Cristo; mas também a tese protestante, que estabeleceu uma ruptura radical entre a religião da humanidade (fosse ela qual fosse) e a revelação de Deus. Nesse sentido, a melhor teologia do século XX foi capaz de integrar ambas as posições teológicas a fim de distinguir as duas realidades da afirmação de um *cristocentrismo* radical. Refiro-me a um cristocentrismo que, por um lado, integra toda a realidade em um único projeto salvífico de Deus e encontra em Cristo sua plenitude e consumação; mas, por outro lado, não só não anula, mas também fundamenta a liberdade e autonomia da criação humana, valorizando os elementos de verdade e graça que existem em outras tradições religiosas.

Ao lado desse cristocentrismo, uma necessária reflexão *pneumatológica* foi acrescentada mais tarde; ela sublinha a dimensão universal e subjetiva desse projeto único de Deus para toda a humanidade. Uma universalidade e subjetividade que não estão em contradição, mas surgem da particularidade e da historicidade da pessoa e do próprio fato de Cristo.

Chegou o momento de abandonar essa teologia da história? A unidade alcançada na teologia do século XX, que trouxe a melhor teologia da história da Escritura e as primeiras reflexões teológicas de padres como

Justino ou Irineu, reclama ser superada mediante uma identidade? Na origem da criação está qualquer salvação e qualquer graça? Qualquer religião é simplesmente revelação de Deus? Todas essas afirmações formuladas como perguntas me parecem errôneas. E não principalmente por serem contrárias à doutrina católica, mas porque são ingênuas em relação à realidade antropológica e histórica. Será que poderiam se sustentar em uma análise rigorosa da natureza histórica do homem (e não uma natureza idealizada e abstrata), de ritos, textos e práticas de outras religiões? Não me parece.

Em todo caso, está claro que a teologia do século XX centrou-se excessivamente no conceito e desenvolvimento temático da revelação. Ocorreu uma certa inflação do termo. Talvez como pura reação contrária a uma época anterior na qual essa "realidade central da experiência cristã havia, por muito tempo, se tornado um conceito marginal" (Lacoste, 1998, p. 1004)[40]. Sem deixar de lado esse caráter central, há que se dar razão ao teólogo inglês Colin E. Gunton quando defende que a teologia da revelação deve ser situada no conjunto da teologia para que não se converta em uma questão puramente formal. Essa integração da teologia da revelação no *corpus* teológico não faria com que perdesse seu papel central, antes a fortaleceria. Pois a teologia da revelação somente é compreensível e defensável a partir do conteúdo da totalidade da teologia; e mais concretamente a partir de uma autêntica teologia cristã da criação enraizada na cristologia, na pneumatologia e na teologia trinitária (cf. Gunton, 2005a).

3 Deus como mistério trinitário

a) Ponto de partida: testemunho bíblico e prática litúrgica

A reflexão teológica atual está centrada em pensar Deus a partir do paradigma ou da imagem da comunhão, entendida como o âmbito de relações pessoais totalmente simétricas entre o Pai, o Filho e o Espírito (cf. Greshake, 2000; Zarazaga, 2004). Dessa forma, se distancia da teologia clássica, que junto a essa comunhão considerava uma ordem intradivina, na qual o Pai é origem e fonte do Filho e do Espírito. Nas novas propostas

---

40. Esse artigo é uma grande síntese sobre o sentido e o conceito da *revelação* ao longo da história da teologia.

há uma intenção verdadeira que deve ser valorizada: o destaque dado à igualdade das três pessoas e a forma que cada uma é em relação às outras. No entanto, dessa maneira se produz também uma ruptura, que não é alheia a consequências importantes na vida eclesial, com o entendimento da tradição bíblica, litúrgica e eclesial a respeito dessa comunhão. Mais ainda, nessa linha de reflexão se percebe um perigo antigo que se renova: separar a reflexão do Deus trinitário da história da salvação.

Considero que a reflexão sobre a teologia trinitária deve estar estreitamente vinculada ao testemunho bíblico e à ação litúrgica. Não é à toa que ambos sempre se referiram a Deus a partir de sua ação na história como salvação e a partir da experiência religiosa que o revela ao homem.

A partir dessa perspectiva bíblica e litúrgica, a teologia não pôde senão descrever e confessar o Pai como origem sem origem, fonte inesgotável de amor, em quem se inicia o projeto da salvação (Ef 1,3-14), em comunhão íntima com o Filho e o Espírito. O Filho é sua imagem perfeita (Cl 1,15), enviado por Ele para revelar sua face (Jo 1,18) e realizar o propósito de sua vontade (Ef 1,3-5). O Espírito é o seu sopro e seu amor, derramado no coração daquele que crê (Gl 4,6; Rm 8,16) e do mundo para conduzir a criação à sua plenitude consumada (Rm 8,23-30). Essa é a glória de Deus e a salvação do homem. E nisso precisamente consiste a comunhão de Deus. A partir daí se deve pensar Deus como Deus trinitário.

b) A ancoragem antropológica

Essa perspectiva bíblica e litúrgica não impede que o discurso teológico busque uma ancoragem antropológica. A teologia trinitária atual deve ter presente a maneira da experiência de Deus no mundo, para que possa inserir-se na razão e na experiência humanas. Dessa forma, não aparecerá como uma superestrutura. A análise de tal experiência pode constituir um ponto de partida significativo para o diálogo inter-religioso.

Nesse sentido, segundo percebo, a experiência de Deus no mundo é motivada por três características fundamentais que encontram sua expressão máxima na doutrina trinitária: a transcendência, a historicidade e a imanência. Em outras palavras, a alteridade, a relação e a comunhão (Kessler, 2006, p. 28-51).

1. O divino como *fundamento transcendente originário*. A experiência que o homem faz de Deus é uma experiência de transcendência, de uma realidade que o excede e supera por completo. Deus é o mistério incompreensível que surpreende e ultrapassa infinitamente toda realidade humana. Em termos mais filosóficos, Deus aparece como o fundamento transcendente do mundo, como o Incondicionado, o fundamento abissal. Portanto, não surpreende que diferentes religiões tenham representado a Deus por imagens e metáforas naturais como o horizonte infinito, o céu, o oceano, o abismo, a fonte, a noite. O que, segundo a Bíblia, tem a ver com a experiência da *santidade* de Deus, em cuja presença esconde-se o rosto por medo de perder a vida. Ou, segundo a tradição mística, alude à subida ao Monte Carmelo, onde, após passar pela noite, alcançamos o cume em que se dá a experiência de Deus como Nada e como Tudo. Diante dessa experiência de Deus ou do divino, a atitude humana é a do *silêncio*.

A teologia cristã, assumindo e purificando essa perspectiva, vinculará essa dimensão da experiência do divino ao Pai.

2. Em segundo lugar, o ser humano vivencia uma *experiência pessoal* de encontro com o divino. O divino surge sob um aspecto pessoal que possibilita a relação e suscita o encontro. Nesse sentido, é possível falar de uma experiência dialógica, pois o divino pode ser conhecido por meio de acontecimentos históricos, sonhos, vozes interiores, mediadores. Além disso, ao ser representado por imagens provenientes do mundo social e familiar (pastor, guerreiro, senhor, pai, mãe, amado, voz etc.), torna-se possível a relação pessoal com o divino mediante a oração, o sacrifício, o louvor e a súplica.

A teologia cristã, assumindo e purificando essa perspectiva, vincula a experiência do divino ao Filho.

3. Encontramo-nos, por último, com a experiência de Deus, denominada de forma geral *experiência mística e imanente*. Trata-se da experiência da presença de Deus no mais íntimo do homem e em todas as criaturas (panenteísmo). A imediatez com Deus e a comunhão de Deus com as criaturas são, com efeito, o destino último de toda experiência religiosa. Nas palavras da Escritura, "que Deus seja tudo em todos" (1Cor 15,28).

A teologia cristã, assumindo e purificando essa perspectiva, vincula a experiência do divino ao Espírito Santo.

c) História de Israel e vida de Jesus de Nazaré

A experiência do divino deve ser reinterpretada a partir da história de Israel e da pessoa de Jesus de Nazaré. A tríplice experiência humana do divino, na dialética insolúvel da relação entre transcendência e imanência, atravessa a forma e a estrutura da revelação de Deus conforme aparece no testemunho do Antigo Testamento e, de maneira definitiva, na própria consciência de Jesus. Por meio de sua particularíssima experiência de Deus, manifestada em suas ações e palavras, Jesus de Nazaré nos revela o próprio Deus. Em sua consciência se cruzam as linhas da transcendência e da imanência de Deus na história dos homens. Ou dito segundo a terminologia do Antigo Testamento, a soberania e santidade de Deus e sua proximidade e intimidade. A transcendência do Pai e a imanência do Espírito devem ser interpretadas a partir da história particular de Jesus.

A vida de Jesus enraíza Deus na história concreta da humanidade. Somente a partir da história de Jesus se dá a passagem da transcendência de Deus à imanência do Espírito. As filosofias da religião e as teologias que querem pensar Deus (ou o divino) a partir da dialética transcendência-imanência têm razão quando sinalizam que é aqui que entra em jogo a relação entre Deus e o mundo. Entretanto, considero que não acertam de todo quando não integram de forma satisfatória a história como mediação necessária entre as duas. Ora, a história é sua liga e seu elo necessário, embora sem nos fecharmos em sua positividade nua. Ela nos abre à transcendência e à imanência. As raízes históricas da experiência de Deus (em Cristo) nos possibilitam compreender a profundidade radical contida no Alfa, origem criadora a partir do amor absoluto (Pai), em busca do Ômega da história (Espírito), esfera integradora e consumadora de toda a criação.

d) Trindade e mistério pascal

No centro do testemunho sobre Deus dado pelo Novo Testamento está o mistério pascal. Nele Deus se revela plenamente em seu ser trinitário. Embora não possamos deixar de lado que o centro e ponto de partida do mistério pascal é a história, a liberdade e a consciência de Jesus (sua *kénosis* até a morte e morte de cruz), podemos e devemos afirmar que nesse acontecimento salvífico toda a Trindade está envolvida. Não de uma maneira igual ou indistinta, mas cada pessoa segundo sua propriedade. Esse acontecimento nos revelou o próprio ser de Deus; isto é, um Deus radicalmente solidário com a história humana, que não só a criou como sinal de amor e liberdade supremos, mas a assumiu para, a partir de seu interior, curá-la e conduzi-la à sua plenitude e consumação, o fim para o qual foi criada. O mistério pascal nos revela em plenitude e definitivamente o mistério de Deus (mistério de comunhão trinitária), que integra e assume em seu ser toda a história humana, ainda que em fragilidade e pecado, para introduzi-la na comunhão da vida divina (cf. as obras clássicas de Moltmann, 2007; Jüngel, 1986; Balthasar, 2000; cf. tb. Hunt, 1997).

De sua parte, a comunidade cristã refletiu, à luz do mistério pascal, sobre o significado da pessoa de Jesus (cristologia), sobre a compreensão da salvação dos homens (soteriologia) e sobre a imagem e realidade de Deus (teologia). Assim, em continuidade e descontinuidade com o Antigo Testamento, pôde realizar o necessário aprofundamento em sua experiência e compreensão de Deus a partir de uma tripla perspectiva:

Em primeiro lugar, a comunidade dos crentes experimentou a imagem do Deus transcendente e incompreensível (mistério santo). Esse Deus revelado no Antigo Testamento, que constantemente nos supera e ultrapassa, e que se refere ao Pai. Ele é o Deus sobre nós, infinitamente transcendente: *Deus extra nos* (Rm 11,33-36; Ef 3,18-21).

Em segundo lugar – e junto a essa primeira experiência de transcendência –, a comunidade primitiva experimentou em Jesus Cristo a absoluta proximidade e companhia de Deus (Emanuel). Esse Deus veio em arriscada solidariedade a favor do povo de Israel, mas agora se fez radicalmente imanente à história humana (encarnação) e solidário com a vida dos homens até a morte (e morte de cruz). A experiência não é tanto do Deus que está acima de nós, mistério incompreensível e santo, mas do Deus próximo, que tomou partido a nosso favor de uma maneira decidida e eterna: *Deus pro nobis* (Rm 8,31-33).

Por último, a comunidade cristã pôde experimentar que esse Deus não se conformou em ser imanente à nossa história vivendo *conosco* e *por nós* por um tempo determinado. Ao contrário, é imanente à história porque nela existe ao fazer-se contemporâneo a cada um de nós. Imanente a cada homem no mais profundo de sua consciência pessoal (intimidade) e a todos os homens em sua diáspora e universalidade (extensão). Trata-se do Deus que é comunicação e comunhão no Espírito Santo: *Deus in nos* (Rm 8,9-17).

A comunidade primitiva expressou em sua vida litúrgica semelhante experiência de Deus em toda a sua altura (Pai), profundidade (Filho) e largura (Espírito) por meio de diferentes textos bíblicos, pois é na liturgia que se atualiza e se realiza sacramentalmente o encontro com esse Deus transcendente, histórico e imanente (2Cor 13,13; Mt 28,19; Ef 1,3-14).

e) Trindade e história

Grande acerto fizeram as teologias que vincularam estreitamente a história da salvação e o mistério trinitário. Trindade e história não podem se separar. Temos acesso a Deus, Pai de nosso Senhor Jesus Cristo, somente por meio de sua revelação na história. Pois a história tem seu fundamento último no mistério de Deus.

Por essa razão, são plenamente atuais as teologias de Irineu de Lião, Gregório Nazianzeno, e mesmo Joaquim de Fiore, autores que compreenderam a história da humanidade a partir de um ritmo e uma dialética trinitária.

O próprio símbolo da fé relaciona o Pai à criação, o Filho à redenção e o Espírito à consumação, constituindo assim os marcos fundamentais da história da salvação. O Pai cria o mundo por meio de suas duas mãos, o Filho e o Espírito. O Filho realiza a obra da salvação em obediência à missão recebida do Pai na força e no âmbito do Espírito. Finalmente, o Espírito conduz à plenitude e consumação a obra do Pai, universalizando e atualizando a salvação que se deu em Cristo.

Portanto, nada se deve opor à perspectiva histórica do mistério do Deus trinitário, ainda que um esclarecimento seja necessário. As três pessoas estão vinculadas a cada um dos três momentos nos quais normalmente se divide a história da salvação. Não podemos pensar em uma época do Pai (criação e Antigo Testamento) separada da do Filho (redenção e Novo Testamento) e concluída na época do Espírito (consumação e Evangelho eterno). O Pai é origem ao ser fonte, fundamento e futuro da criação e da história. A partir de seu ser compreendido como amor em pura doação, expresso no Filho e comunicado ao extremo no Espírito, podemos entender a criação como a obra de Deus, saída de suas próprias mãos, para nela comunicar seu amor e seus benefícios[41].

O Pai cria o mundo por meio do Filho e do Espírito. A criação e a história têm sua origem no amor criador do Pai, que fazendo todas as coisas à imagem de seu Filho e plasmando-as mediante o sopro e a água do Espírito, as sustenta e as conduz à sua plenitude consumada. Se o Filho é a imagem do Deus invisível e o modelo em quem tudo foi feito (especialmente o homem), ninguém melhor do que Ele para revelar o Pai na plenitude dos tempos, assumindo nossa condição humana (encarnação) e mostrando-nos ao mesmo tempo a plena vocação para a qual fomos criados: a filiação divina. O Espírito está presente na história da salvação desde sua origem (Gn 1,2), lhe dá alento com seu sopro e calor até a consumação escatológica e se une à voz da Igreja como sacramento da humanidade para pedir a vinda definitiva do Senhor. Ele é o protagonista invisível de toda a salvação na história.

f) Trindade e doxologia

Não é possível concluir a teologia trinitária sem ao menos uma menção à ontologia trinitária que foi elaborada a partir de uma perspectiva doxológica. Essa teologia da glória se encontra exposta de uma maneira genial no Evangelho de João, especialmente no capítulo 17, assim como em dois grandes teólogos: Irineu de Lião e Gregório de Nissa[42].

A glória, como *kabod* e como *doxa*, é o ser mesmo de Deus em sua essência (peso) e em sua manifestação (resplendor). A glória do Pai é o

---

41. A teologia trinitária de Irineu de Lião situa-se nessa perspectiva histórica. Com razão tem sido valorizada e tomada como fonte de inspiração em diversas teologias contemporâneas (cf. Gunton, 1997, 2003, 2005).

42. Irineu a partir de uma perspectiva mais histórico-salvífica, e Gregório a partir de uma perspectiva mais ontológica, ainda que sem se excluírem mutuamente. De fato, ambas devem ser somadas e postas em contínua relação (cf. Cordovilla, 1997, p. 69-80).

Filho, por quem, por sua vez, o Pai é glorificado. A glória do Filho é o Pai, por quem o Filho é glorificado. A glória comum a ambos, como nexo e união, como plenitude e excesso, é o Espírito, que glorificando a ambos também recebe a sua própria glória. Uma glória que, derramada sobre a humanidade, nos introduz no Reino de Deus, ou seja, no mistério da Trindade (Evágrio Pôntico) (Lossky, 1976, p. 217). Aqui acontece em plenitude consumada a revelação de Deus, quando Ele será definitivamente tudo em todos (1Cor 15,28).

III

O tema e o lugar da teologia: a Igreja como uma comunidade de fé

> Dado a conhecer a todos os homens para a obediência da fé.
> (Rm 16,26)

Introdução

Deus, na revelação de seu mistério, é o fundamento e o objeto da teologia. Em outras palavras, a revelação é o princípio objetivo do conhecimento teológico. Juntamente com essa dimensão objetiva, temos de falar da fé como um princípio subjetivo. Se a revelação se refere ao fundamento e ao objeto da teologia, a fé se refere ao sujeito. Portanto, é somente a partir do estabelecimento de uma relação adequada entre objeto e sujeito que a questão do lugar da teologia é iluminada.

Para desenvolver esse aspecto fundamental, primeiro tentaremos abordar uma compreensão global da fé a partir de cinco imagens usadas nas Escrituras, imagens que também podem ser usadas para se referir à teologia. Pois, embora a fé não seja identificada com a teologia – de modo que pode haver fé sem teologia –, não pode haver teologia sem fé. Nesse sentido, a fé sempre precede o coração do crente porque é um dom de Deus, mas também porque é uma entrega radical do homem àquele Deus que se manifesta previamente a ele. Deus se dá a conhecer aos homens pela obediência da fé (Rm 1,16; 16,26), uma obediência filial que é exercida pelo homem em sua plena liberdade, em sua capacidade de conhecer, esperar e amar.

Essa liberdade necessária como pressuposto da fé é expressa e exercida no movimento que constitui o próprio trabalho da teologia. Em segundo lugar, portanto, devemos abordar a teologia como uma ação humana que nasce necessariamente da liberdade da fé e que se manifesta como fé em movimento, ou seja, no ato de pensar, crer, amar e esperar. Desdobrado no tríplice horizonte da verdade, do amor e da esperança, esse movimento que é a teologia discerne suas próprias razões, sente-se impelido pelo amor e busca razões para continuar a esperar.

Por fim, nos perguntaremos sobre o lugar da fé e da teologia, que só pode ser a Igreja como uma comunidade de fé, esperança e amor. Ela constitui o autêntico sujeito da teologia, pois foi ao povo de Deus que o Pai se revelou como Verdade e se entregou como Amor. A Igreja é, portanto, o lugar hermenêutico, heurístico e vital onde o teólogo desenvolve sua vocação e missão específicas. Da mesma forma que o sujeito da fé não é um indivíduo isolado e separado dos demais, mas o indivíduo dentro de um *nós* (a comunidade da fé), assim também o sujeito da teologia é o teólogo dentro desse mesmo *nós* crente que é a Igreja, à qual ele serve em seus três ministérios fundamentais: o profético, o sacerdotal e o real (cf. Kasper, 2000, p. 187-188; Congregação para a Doutrina da Fé, 1990).

1 Imagens complementares da fé e da teologia

As Escrituras fornecem cinco imagens para nos ajudar a entender a realidade da fé. Cada uma delas destaca uma ideia central que pode muito bem servir para aprofundar nossa compreensão da teologia. À imagem da rocha corresponde a ideia de estabilidade; à imagem do caminho, a de dinamismo; à imagem da luz, a de conhecimento; à imagem do amor conjugal, a de relacionamento; à imagem da meta, a de destino.

A fé nos é revelada, portanto, como a rocha sobre a qual nos apoiamos e nos sentimos seguros, o alicerce em que construímos nossa vida. A fé é o caminho pelo qual nos arriscamos e nos aventuramos em uma nova terra, cheios de sua confiança inicial. A fé é uma luz que nos dá o conhecimento de uma nova realidade (à luz de Deus, vemos a Luz, vemos Deus), e a partir dessa luz todas as coisas se tornam novas. A fé é o amor em um relacionamento pessoal que nutre e alimenta. A fé é o que nos impulsiona em direção a uma meta de realização que nos aguarda e que consumará nossas aspirações e nossos desejos, além deles. A fé é rocha, caminho, luz, amor e meta. E a teologia, como ciência da fé, possui essas mesmas características fundamentais.

a) Rocha

Como ponto de partida, escolhemos a imagem da rocha. É uma figura que aparece sobretudo no Antigo Testamento e se encaixa muito bem no significado etimológico da raiz hebraica *aman*, da qual derivam o substantivo fé e o verbo crer. A ideia básica da raiz hebraica é a de firmeza (Vanhoye, 1998, p. 470-472). Nesse sentido, a fé crente se refere a uma confiança radical em alguém, a partir da qual é possível viver com segurança e proteção. E como essa tem sido a experiência fundamental do povo de Israel em seu relacionamento com Yahvé, os salmos repetem várias vezes que o Deus de Abraão, Isaac e Jacó é a rocha e o refúgio para Israel, o lugar firme onde esse povo frágil e pequeno pode colocar sua base e sua confiança.

Essa relação entre a fé e o fundamento da vida é claramente expressa em um texto que se mostrou decisivo para a história da teologia: "Se não crerdes, não podereis subsistir" (Is 7,9). É importante ressaltar que essa afirmação, transmitida pela *Vetus latina* em uma forma ligeiramente diferente do original hebraico ("se não crerdes, não compreendereis"), teve uma imensa fecundidade para a própria identidade da teologia cristã. De fato, é com base nisso que ela tem sido entendida como inteligência e razão que nascem no ato de crer ("*credo, ut intelligam*") (Agostinho de Hipona, *Sermão* 43; *In Joan Ev.*, 27,6; cf. Geerlings, 1987, p. 5-12) e também como inteligência da fé ("*fides quaerens intellectum*") (Anselmo de Cantuária, *Proslogion*, 1).

A fé, em sua dupla dimensão objetiva (*fides quae*) e subjetiva (*fides qua*), bem como em seu caráter pessoal e comunitário, oferece à teologia uma rocha firme a partir da qual pode realizar seu trabalho e sua tarefa. A teologia não inventa seu objeto, mas o aceita e o recebe com confiança, com base na fé.

Toda ciência trabalha em uma determinada realidade que deve aceitar com alegria e paixão, como um lugar firme e seguro no qual exercitar seu senso crítico e suas perguntas pertinentes; não em vão, essa é a única maneira de penetrar adequadamente na realidade e conhecê-la em maior profundidade. Sem essa base e esse fundamento, toda ação posterior permanece vazia e absurdamente estéril.

A fé, como uma resposta à revelação de Deus que chega até nós por meio de um testemunho garantido pelo Espírito e pelos apóstolos, é a base e a rocha sobre a qual o trabalho da teologia é fundamentado. O exercício dessa ciência deve assentar-se em fundamentos sólidos, sem se prender a um fundamentalismo paralisante. Se toda obra teológica é, essencialmente, uma construção real, semelhante à construção de uma catedral[43], ela precisa de bons fundamentos. Por essa razão, a teologia tem como ponto de partida a revelação de Deus aceita e acolhida na fé. Um fundamento que, em nenhum sentido, pode ser entendido como um impedimento para a livre-elaboração de sua tarefa, mas como sua própria condição de possibilidade.

b) Caminho

A imagem da fé como rocha e fundamento, que é traduzida na teologia como um ponto de partida seguro, estável e gerador de confiança, necessariamente nos abre para a imagem complementar do "caminho". Essa, por sua vez, é acompanhada pela ideia teológica de dinamismo e abertura radical à verdade.

A Carta aos Hebreus afirma que a fé é um fundamento e uma hipóstase, ou seja, uma realidade estrutural que funda, enraíza e sustenta. Mas se tivéssemos que destacar uma característica entre todas as outras, seria a de ser o fundamento das coisas que se esperam e das coisas que virão (cf. Hb 11,1). Nesse sentido, o fundamento da fé nos abre para um caminho novo e vivo a ser percorrido como uma bela e emocionante aventura.

Por sua vez, a teologia é a fé que busca e se abre para novos horizontes e paisagens. A teologia é a fé que questiona a si mesma e provoca o crente e o teólogo a sempre ir mais longe. A fé é uma resposta ao chamado anterior de Deus. Uma resposta que se traduz em um êxodo, uma partida da terra conhecida para um lugar ainda desconhecido. Portanto, a fé envolve risco e ousadia, um salto do conhecido para o desconhecido, do que temos sob controle para o que nos transborda e ultrapassa.

Na mesma linha, a rocha com a qual a fé pode ser comparada não é um fóssil que nos fala de um passado distante e fechado, mas aquela rocha viva

---

43. Assim foram consideradas as sumas teológicas. O que uma catedral gótica é para a arte e a arquitetura, é uma suma para a teologia. O pequeno livro com o qual Hans Urs von Balthasar (1998a) dá razão e conclui sua trilogia teológica (composta por 15 volumes) baseia-se na imagem de uma catedral, com seu pórtico, o limiar e o mistério que abriga em seu interior.

que nos convida a trilhar um novo caminho (cf. 1Cor 10,1-13). A teologia aceita essa rocha da fé como o fundamento e o ponto de partida para um caminho específico. E como *fides quaerens*, é uma fé que busca e questiona, uma fé que, a partir de seu próprio dinamismo, se lança para a frente.

No entanto, não podemos perder de vista o fato de que a fé é o convite feito por Jesus às pessoas para trilharem um caminho com Ele, junto com Ele e atrás dele. Se a fé é caminho, a teologia é seguimento[44]. Por esse motivo, nada mais distante do pensamento teológico do que um sistema fechado em si mesmo, que acredita estar protegido e a salvo em sua própria segurança.

O teólogo protestante Jürgen Moltmann enfatizou que toda teologia é, de fato, uma teologia da esperança. Dessa forma, ele tentou superar o reducionismo que vê a esperança como um aspecto da teologia relacionado às realidades últimas. Para Moltmann, por outro lado, a esperança é uma característica fundamental de todo trabalho teológico (Moltmann, 1969; 2004).

Muitos séculos antes, Orígenes havia expressado maravilhosamente em seu comentário sobre o Evangelho de João que a teologia, por lidar com o mistério incompreensível de Deus, deve estar em um êxodo constante ou em uma passagem permanente da sombra para a imagem, da superfície para a profundidade, da imagem para a verdade. Para o autor alexandrino, a teologia tem a tarefa de aprender a expressar cada vez melhor aquela palavra que Maria Madalena disse quando o Senhor rasgou o véu e se deixou ver em seu mistério: "*Rabunni*, Mestre" (Orígenes, *In. Joh.*, 32,1; cf. Pelland, 1993a, p. 83-94; Pelland, 1993b, p. 626-627).

Agostinho de Hipona, em sua grande obra sobre o mistério da Trindade, afirma também que a fé é um certo princípio de conhecimento que nos leva a seguir a autoridade da Sagrada Escritura e a buscar sempre a verdade. A fé e o conhecimento, partindo de uma certeza, possuem um dinamismo imanente que leva o crente a uma busca permanente. Comentando o famoso texto de São Paulo na Carta aos Filipenses (3,13-15), o Bispo de Hipona diz:

---

44. Expressão cara a K. Hemmerle, recordando a teologia de São Boaventura (cf. Hemmerle, 1975).

A perfeição nesta vida, de acordo com o Apóstolo, nada mais é do que esquecer o que ficou para trás e tender para a frente, por meio de uma tensão do eu, em direção à meta que está à frente. Essa tensão na busca é o caminho mais seguro até chegarmos àquilo para o qual estávamos tendendo, que se estende além de nós mesmos. Mas somente a tensão que vem da fé é correta. E a certeza da fé, que de certa forma é um princípio de conhecimento. Entretanto, a certeza do conhecimento só será completa fora desta vida, quando nos virmos face a face (Agostinho de Hipona, *De Trinitate*, 9,1)[45].

Nessa fé e nessa teologia feitas caminho e seguimento, o crente e o teólogo devem saber combinar bem os três tempos fundamentais da vida humana: o passado, o presente e o futuro. A teologia é economia, ou seja, atenção à história da salvação e obediência à jornada histórica empreendida por Deus para se tornar aquele que se encontra com a humanidade. Pois Ele deseja dialogar com todos como um amigo e procura convidá-los para sua companhia e comunhão (DV 2). A teologia, como ciência da fé, olha para o passado, para o caminho de Deus em Jesus Cristo (memória), a fim de torná-lo crível e acessível a todas as pessoas neste mundo atual (anamnese), mas sem esquecer que tem o compromisso inevitável de abrir esse caminho para um novo futuro sob a orientação do Espírito (epiclese).

c) Luz

A partir da certeza de estarmos alicerçados em um fundamento sólido (1Cor 15,1-2), podemos nos lançar corajosamente na estrada à nossa frente em busca da meta que nos aguarda (Fl 3,8-14). No entanto, para percorrer essa estrada com sucesso, precisamos ser guiados e iluminados pela única luz que pode nos capacitar a alcançar a esperança para a qual fomos chamados (Ef 1,18).

---

45. A *intentio*, a *distentio* e a *extensio* são termos característicos da antropologia agostiniana. A *intentio* é a concentração e a unificação do espírito humano em seu interior (para dentro de si); a *distentio* é o movimento oposto, ou seja, a dispersão ou o desvio no sentido pascaliano (para fora de si); a *extensio* é, no entanto, o retorno à unidade e à concentração no mais íntimo do homem; ou, em outras palavras, é a saída e o caminho do homem em sua busca em direção ao Deus transcendente e incompreensível, sempre além de nossa razão (transcende-te) (cf. Madec, 2000, p. 91-93).

A Escritura geralmente concebe a fé como uma luz que proporciona conhecimento. Ao contrário do que podemos pensar, a fé não se opõe à luz, ao conhecimento, à razão. A fé e a gnose são realidades que estão intimamente relacionadas. É verdade que a tentação do gnosticismo (salvação por meio do conhecimento) é permanente no cristianismo e fora dele. Entretanto, contra a falsa gnose não devemos opor a *sola fides*, mas a verdadeira gnose. A ordem adequada para entender a profunda relação entre os dois é a seguinte: a fé é o fundamento, enquanto a gnose é o que é construído sobre o fundamento. De fato, o movimento interior da fé que leva à verdadeira gnose está fundamentado em uma perspectiva trinitária: "Assim como o Pai é inseparável do Filho, a *gnose* é inseparável da *pistis* e a *pistis* da gnose" (Clemente de Alexandria, *Stromata*, V, 1,3). Aqui reside a diferença com a falsa gnose. Não em vão, a falsa gnose tenta tornar-se o fundamento e o critério da fé, seja quando busca um conhecimento do Pai sem passar pelo Filho (gnose sem fé), seja quando considera que o querigma do Filho é suficiente (fé sem gnose) (cf. Balthasar, 1985a, p. 123-131).

Sobre a compreensão da verdadeira gnose, vale a pena ler o seguinte texto de Clemente de Alexandria:

> A gnose é, por assim dizer, um aperfeiçoamento do homem como homem, que se realiza plenamente mediante o conhecimento das coisas divinas, conferindo às ações, à vida e ao pensamento uma harmonia e coerência consigo mesmo e com o *Logos* divino. Por meio da gnose, a fé (*pistis*) é aperfeiçoada, de modo que somente por meio dela o fiel alcança a perfeição. Pois a fé é um bem interior, que não indaga sobre Deus, mas confessa sua existência e adere à sua realidade. Por essa razão, é necessário que, partindo dessa fé e crescendo nela pela graça de Deus, a pessoa se esforce para obter o máximo de conhecimento possível sobre Ele. A gnose, entretanto, difere da sabedoria que é adquirida por meio do ensinamento porque, na medida em que é sabedoria, certamente não é gnose. Pois o nome sabedoria se aplica somente àquilo que se relaciona com a Palavra manifestada (*Logos prophorikos*). Entretanto, não duvidar de Deus, mas crer, é o fundamento da gnose. Mas Cristo é ambas as realidades, o fundamento (fé) e o que é construído sobre Ele (*gnose*): por meio dele está o princípio e o fim. Os extremos do princípio e do fim (refiro-me à fé e à caridade) não são o objeto

do ensinamento: a gnose é transmitida pela tradição, como um depósito, àqueles que se tornaram, segundo a graça de Deus, dignos de tal ensinamento. Pela gnose brilha a dignidade da caridade, "de luz em luz". De fato, está escrito: "A quem tem, lhe será dado ainda mais" (Lc 19,26); àquele que tem fé, será dada a gnose; àquele que tem gnose, será dada a caridade; àquele que tem caridade, será dada a herança (Clemente de Alexandria, *Stromata*, VII, 10,55,1)[46].

O conhecimento concedido pela fé está situado em duas direções intimamente relacionadas. Em primeiro lugar e acima de tudo, é o conhecimento de Deus, que é dado ao homem como uma nova realidade. Não se pode negar que Deus é sentido e desejado nas profundezas do coração humano, mas assim que o dom gratuito da fé acontece, Ele se revela a nós como uma realidade nova e surpreendente. A fé é a luz de Deus que nos permite ver a própria luz. Ou, como diz o salmo, somente na luz de Deus é que vemos a luz (Sl 36,10). Seguindo essa mesma lógica, o Apóstolo implora que os olhos do nosso coração sejam iluminados para que possamos saber qual é a esperança para a qual fomos chamados, a riqueza da glória que nos será dada como herança e a eficácia do seu grande poder (Ef 1,18). Por sua vez, a tradição da Igreja sempre falou sobre os olhos da fé e a luz da fé. Olhos que estão enraizados no coração, como símbolo do centro pessoal e mais íntimo de todo ser humano. É somente a partir daí que é possível ver e conhecer a Deus[47].

Em segundo lugar, e intimamente ligado ao primeiro, a fé não é apenas a luz que o próprio Deus nos dá para que possamos participar de sua vida e glória. A fé também é a luz que nos permite ver todas as coisas com novos olhos, como uma nova criação. A luz da fé dá ao nosso olhar a profundidade e a perspectiva necessárias para olhar mais profundamente e não permanecer na superfície das coisas. E como a fé não

---

46. Comentando esse texto, J. Moingt diz: "Se a fé é o germe divino colocado na alma, sua perfeição consiste em crescer até completar toda a conduta da vida. Se ela consiste inicialmente em aderir firmemente ao Deus verdadeiro graças a Cristo, seu objetivo deve ser conhecer melhor a Deus, dedicando-se a compreender o ensinamento que Cristo deu de si mesmo e a receber o conhecimento que Deus comunica de si mesmo a todos aqueles que o buscam por meio de seu Filho" (Moingt, 1950, p. 199).

47. Agostinho de Hipona, Pierre Rousselot, Romano Guardini, Hans Urs von Balthasar, para citar apenas alguns, escreveram páginas belas, profundas e decisivas a esse respeito.

anula a história e as experiências cotidianas das pessoas, vicissitudes e aventuras, alegrias e sofrimentos, ela pode muito bem trazer aquela luz que ilumina todos esses eventos e essas circunstâncias, sucessos e fracassos, esperanças e tristezas, colocando-os em uma nova dimensão e dando-lhes um novo significado.

O crente também sofre com sua própria dor e com a dor dos outros, com a doença e a morte; ele sofre com a falta de sentido que tantas vezes aparece no meio da história humana. No entanto, a fé nunca pode ser a varinha mágica que facilita nossa existência a seu bel-prazer, mas a capacidade de viver todas as realidades, tanto positivas quanto negativas, a partir da profundidade do mistério de Deus. Um mistério divino que nos associa à vida de seu Filho por meio do poder e do dom de seu Espírito.

Por todas essas razões, como já vimos no primeiro capítulo, a teologia não se ocupa apenas do mistério de Deus em si mesmo considerado, mas de toda a realidade humana contemplada à luz do mistério de Deus ("*sub ratione Dei*"). A partir da concentração em seu único objeto, ela se amplia e se abre a horizontes insuspeitados. Nada do que é humano é estranho ao teólogo e à teologia. Mas a teologia tem que contribuir com sua própria luz indispensável.

Deus não é nem uma simples ideia reguladora da razão prática necessária para o fundamento da vida moral, nem é horizonte incompreensível e transcendente a partir do qual o homem pode conhecer o mundo e a si mesmo em uma largura e uma profundidade incomparáveis. Tudo isso é válido e valioso, mas absolutamente insuficiente. Se fosse apenas isso, estaríamos impondo nossos próprios limites a Deus, sem permitir que Ele se revelasse a nós como Ele é. Nesse sentido, é obrigatório afirmar que Deus é um objeto real para a fé e para o conhecimento humano. Um objeto que não pode ser objetivado e do qual sempre nos aproximamos por analogia, ou seja, sabendo que não é possível afirmar tanta semelhança entre o Criador e a criatura sem afirmar simultaneamente a dessemelhança ainda maior que existe entre eles[48].

---

48. "*Quia inter creatorem et creaturam non potest tanta similitudo notari, quin inter eos maior sit dissimilitudo notanda.*" Essa é a fórmula de analogia cunhada pelo Concílio Lateranense IV (DH 806) e que foi empregada profusamente por Erik Przywara e Hans Urs von Balthasar com grande fecundidade.

d) Amor

A fé é a entrega confiante e amorosa do homem ao Deus que primeiro se entregou a ele e o amou. Por essa razão, as Escrituras também usaram a imagem do amor conjugal para falar sobre ela.

A fé não é principalmente acreditar no que não vimos, mas responder ao amor de Deus que já experimentamos e do qual nada nem ninguém pode nos separar (Rm 8,31-39). Talvez, por essa razão, a idolatria tenha sido entendida na tradição bíblica como adultério e, em boa lógica, o adultério como idolatria. Portanto, a fé não é um problema de conhecimento, ou mesmo de boa vontade, mas uma questão de amor. Da mesma forma, o amor não é uma questão de sentimento, mas de fé.

A imagem da fé como amor conjugal e da infidelidade como idolatria aparece sobretudo em admiráveis textos proféticos (em particular Oseias e Jeremias) e especialmente no Cântico dos Cânticos. Não por acaso que esse livro foi comentado de forma ininterrupta ao longo da história da Igreja, legando-nos obras de literatura, teologia e mística. Em todas elas, a beleza da forma escrita (literatura) foi unida ao conhecimento experiencial de Deus (teologia) em uma tentativa de alcançar a união pessoal com a divindade (mística). A título de exemplo, podemos mencionar o comentário de Orígenes de Alexandria, o de Bernardo de Claraval e o *Cântico espiritual* de João da Cruz, que, sem ser um comentário estrito do livro bíblico, é intensamente inspirado por ele. No prólogo dessa obra dedicada a Ana de Jesus, o místico espanhol comenta:

> Porque, embora falte a Vossa Reverência o exercício da teologia escolástica, pela qual se compreendem as verdades divinas, não lhe falta o da mística, que se conhece pelo amor, no qual não só se conhece, mas também se saboreia (João da Cruz, *Cântico espiritual* B, Prólogo, 3).

Essas palavras são uma bela expressão do que significa o conhecimento pela via do amor (mística). Entretanto, elas mostram como um infeliz fato consumado a separação que ocorreu entre a teologia escolástica, na qual as verdades são compreendidas, e a teologia mística, na qual as verdades são conhecidas e apreciadas pelo amor.

Essa separação foi considerada um dos eventos mais dramáticos da história da Igreja. Justamente por isso, Hans Urs von Balthasar tentou retornar a essa unidade original e primordial entre teologia e santidade, mostrando que a teologia consiste em um diálogo permanente entre Cristo e a Igreja. O conteúdo concreto sobre o qual opera é a revelação testemunhada em uma Escritura e uma Tradição. Além disso, ela convida a realizar essa tarefa por meio do diálogo que deve existir entre o Esposo e a Esposa (Balthasar, 1964d, p. 235-268; Balthasar, 1987, p. 486-493).

e) Meta

A fé é uma participação, na esperança, na realidade plena que nos aguarda. Por essa razão, a fé já possui a realidade para a qual aponta ou para a qual caminha. Mas como não se pode dizer que a fé seja uma posse definitiva das realidades em que se acredita, mas sim uma participação antecipada na realidade plena e escatológica, o que essa imagem da fé como meta pode significar para a compreensão da teologia?

Uma das expressões mais famosas de Tomás de Aquino afirma que o ato de fé não termina nas fórmulas, mas na realidade para a qual essas fórmulas apontam. Portanto, se isso é verdadeiro para a fé, deve ser ainda mais verdadeiro para as afirmações teológicas. Além disso, esse dinamismo escatológico da fé e da teologia é corroborado pela estrutura do conhecimento humano. O espírito humano não se satisfaz com fórmulas e palavras que falam da realidade das coisas, mas sim com aquelas que sempre tendem para a própria realidade.

Na *Gaudium et Spes* 62 encontramos um dos textos mais significativos para a compreensão do duplo dinamismo da fé e do conhecimento humano, que determina o próprio dinamismo da teologia. O contexto em que se encontra faz alusão à relação entre a cultura humana e a educação cristã. Uma relação que, mesmo que não seja simplesmente identificada com a relação entre teologia e filosofia ou entre fé e razão, deriva dela.

O texto convida os teólogos a uma "compreensão mais cuidadosa e profunda da fé", precisamente em um momento em que a harmonia entre a cultura (razão) e a educação cristã (fé) parece estar se rompendo. Além disso, para realizar essa importante tarefa, o Concílio apresenta duas razões. A primeira é de natureza externa. O desenvolvimento e o progresso da cultura, seja nas ciências, na história ou na filosofia, colocam problemas desconhecidos para a teologia a partir do exterior, provocando-a a empreender novas pesquisas a fim de buscar a maneira mais adequada de comunicar a fé na sociedade contemporânea. Ao mesmo tempo, "a pesquisa teológica deve aprofundar o conhecimento da verdade revelada e não descuidar do relacionamento com seu próprio tempo".

A segunda razão é, ao contrário, interna, e se situa na natureza da verdade que a teologia tenta compreender. Ela não pode permanecer nas formulações e na linguagem na qual a fé é formulada, "pois uma coisa é o depósito da fé, ou seja, as verdades, e outra a maneira pela qual ela é formulada, preservando seu próprio sentido e significado" (João XXIII, alocução de 11 out. 1962, início do Concílio – *AAS* 54, 1962, p. 792).

De dentro e de fora da teologia, somos instados a não cair em uma repetição puramente mimética das fórmulas de fé; repetição que, no fim das contas, nada mais é do que uma sequência de conceitos vazios que não têm conexão com a realidade que querem expressar nem com a situação existencial da pessoa a quem se quer comunicar. No entanto, tampouco podemos nos abandonar a um relativismo radical que considere impossível conhecer a realidade em razão dessa limitação das fórmulas e da linguagem (cf. Comisión Teológica Internacional, 1990).

2 A fé, princípio interno do conhecimento teológico

a) A fé como apreensão específica da realidade

Se formos sinceros, precisamos confessar que toda forma de conhecimento tem como ponto de partida uma espécie de fé. Trata-se, claro, de uma fé ampla, que pode ser definida como aquela confiança radical na realidade que queremos conhecer, sem a qual tal realidade se tornaria obscura e inacessível a nós. Assim, desde o primeiro momento, a experiência da fé não é algo estranho ao intelecto nem uma interferência na razão humana que se interponha entre o sujeito e a realidade, privando o primeiro da liberdade de pensamento e do rigor científico.

Na teologia, por outro lado, a fé é o princípio interno de conhecimento. Ela é o *a priori* (como pressuposto) e o instrumento (como um dinamismo catalisador) do conhecimento teológico. E não apenas no sentido óbvio de que o teólogo deve ser um homem que crê, porque sua reflexão nasce de um encontro prévio e uma experiência pessoal com o Deus vivo e verdadeiro (Rodríguez Panizo, 2013, p. 62-72).

A fé, além disso, é o princípio interno do conhecimento teológico em um sentido ainda mais preciso. Ela "é um momento constitutivo da teoria científica", tanto do ponto de vista do conteúdo da fé (*fides quae*) quanto do ato de fé (*fides qua*), que nos permite conhecer e compreender seu conteúdo (Seckler, 2000b, p. 145-146). A fé não é algo externo que limita a razão do teólogo, determinando o campo e o conteúdo sobre os quais ele pode pensar, mas sim a condição da possibilidade de fazer teologia. O teólogo não pensa a despeito da fé, mas na fé e a partir da fé. Ela o abre à busca incessante da verdade, a qual se entrega e consagra.

Alguns teólogos enfatizaram que o primeiro modo de conhecimento no homem não é a análise crítica e especulativa, mas a intuição. Ela precede o conhecimento reflexivo. A diferença entre as duas formas de conhecimento é importante. O conhecimento que tem por base a análise crítica parte do sujeito que sai de si mesmo e busca apreender a realidade. O segundo, entretanto, parte da própria realidade, que se apresenta a nós e se permite ser apreendida pelo sujeito. Assim, enquanto no primeiro modo de conhecimento há uma primazia do sujeito e de sua capacidade intelectual e analítica, que, para analisar deve dividir e destruir, no segundo a realidade assume o papel principal, diante da qual o sujeito se relaciona a partir do componente afetivo e abrangente de seu conhecimento (Fisichella, 1993, p. 99).

Levando em conta essa divisão, podemos afirmar que é legítimo o pensamento teológico em que prevalece o momento positivo de análise de fontes, dados, fatos, textos e contextos, e que tenta analisá-los de forma crítica. No entanto, essa forma de pensar deve ser precedida por uma certa passividade por parte do sujeito. Pois se o sujeito não permitir que a própria realidade se manifeste, como ela é, como ela quer se manifestar, o pensamento analítico e positivo da teologia nunca será possível. Uma obra de arte, por exemplo, não é melhor conhecida simplesmente analisando as cores que a compõem, a estrutura que a caracteriza, o tipo de técnica usada, o motivo que ela representa ou o estado de espírito que o artista tinha ao executá-la. Embora todos esses elementos sejam importantes, há algo que os precede e os supera. Estou me referindo à experiência estética, à atitude fundamental, à intuição primordial que o espectador tem diante da obra de arte que se manifesta aos seus olhos. De fato, é a própria obra que se revela e oferece sua beleza sedutora. Pois é somente a partir desse movimento e arrebatamento que ela se torna acessível e pode ser conhecida e compreendida.

Esse exemplo destaca que, além da primazia da realidade sobre o conhecimento humano, o envolvimento de toda a pessoa é necessário no próprio ato de conhecer. Nesse sentido, e enquanto as ciências da natureza partem de uma determinada realidade sobre a qual investigar e experimentar, tentando colocar o sujeito com total objetividade e neutralidade diante dela, as ciências do espírito precisam partir de uma pré-compreensão do sujeito para se aproximar do objeto de seu estudo. Essa pré-compreensão inicial é necessária para que o objeto e o sujeito, ou melhor, os dois sujeitos, possam entrar em um relacionamento, já que na teologia essa pré-compreensão necessária é a fé.

b) Dinamismo em três perspectivas

A fé desenvolve no homem um dinamismo em três horizontes ou perspectivas.

O primeiro é o horizonte da verdade, que tem a ver com o uso da razão e da inteligência. O crente se abre para a verdade a fim de tentar compreendê-la de uma forma cada vez mais profunda. A partir desse horizonte, Anselmo de Cantuária definiu a teologia como a fé que busca sua própria razão e inteligência ("*fides quaerens intellectum*"); é a fé que busca a beleza de suas razões, que ultrapassam a inteligência humana, conduzindo-a a um território novo e insuspeito (cf. Barth, 2001a, p. 59). Essa fé, que busca sua razão, nasce da experiência, é formulada em linguagem inteligível e conduz a um excesso.

É preciso voltar ao texto de Santo Anselmo para perceber que o novo caminho que ele propõe à teologia, inspirado em Santo Agostinho, é o oposto de um intelectualismo ou racionalismo esterilizante. A famosa expressão "*fides quaerens intellectum*", que se tornou um lugar-comum para definir a teologia, faz parte de uma obra que deveria levar o mesmo título. No entanto, ela foi finalmente chamada de *Proslogion* (Anselmo de Cantuária, *Proslogion*, proêmio), por razões de obediência e para mostrar a conexão com uma obra anterior.

Essa exortação fundamentada (*proslogion*) é uma palavra dirigida a outra, uma palavra proferida em diálogo, portanto não fechada em si mesma. É uma oração e razão de fé (Corbin, 1992). "A razão anselmiana é monástica, como a do Areopagita, mas beneditina, isto é, comunitária, dialógica. Como razão monástica, na forma, ela é contemplativa, intuitiva, dócil; como razão beneditina, na substância, ela é uma consciência da liberdade pessoal e de uma vida imbuída de liberdade" (Balthasar, 1986, p. 209).

Anselmo de Cantuária faz teologia diante de Deus, em comunicação orante com Deus (oração) e em diálogo livre e responsável com as pessoas (apologética). Ele não tenta demonstrar ou provar a existência de Deus a partir de uma razão autônoma ou de fora da fé; pelo contrário, sendo fruto de uma experiência mística, ele busca sua própria razoabilidade a partir da verdade da fé. Por tal motivo, Anselmo é capaz de dirigir-se a Deus com esta oração comovente que "confere a inteligência da fé" (Anselmo de Cantuária, *Proslogion*, 2):

> Não tenho a pretensão, Senhor, de penetrar em tuas profundezas, pois não posso de forma alguma comparar minha inteligência com elas; mas desejo compreender em alguma medida tua verdade, que meu coração acredita e ama. Não procuro entender para crer, mas creio para entender. Pois também creio nisto: que "se eu não cresse, não entenderia" (Is 7,9) (Anselmo de Cantuária, *Proslogion*, 1).

O segundo é o horizonte do amor, que tem a ver com a vontade e o mundo da afetividade. Na realidade, não se pode conhecer o que não se ama profundamente. O crente, ao amar aquela verdade que é o objeto de seu conhecimento, compreende-a melhor e busca amá-la mais profundamente.

Essa perspectiva deu origem a uma teologia afetiva (*theologia cordis*) que podemos encontrar na espiritualidade franciscana, sendo São Boaventura de Bagnoregio seu maior expoente ("*fides quaerens amorem*"). Francisco de Assis, em uma famosa carta a Antônio de Pádua, escreve: "Agrada-me que ensines a sagrada teologia aos irmãos, com a condição de que, por causa desse estudo, não extingas o espírito de oração e devoção, como está contido na Regra" (Francisco de Assis, 1985, p. 74).

O doutor seráfico será capaz de realizar a grande síntese entre o espírito de Francisco e as novas necessidades formativas da Ordem. O franciscano prolonga e atualiza uma teologia monástica mais ligada ao que

Pascal chamará mais tarde de "as razões do coração", no momento em que com Tomás de Aquino (e com a ajuda de Aristóteles) a teologia foi inaugurada como uma ciência. Não que Boaventura se oponha à primazia do *logos* e da razão no exercício da teologia – ou, dito de outra forma, à racionalidade da fé (ciência) –, mas acrescenta a ela a experiência cristã. De acordo com esse raciocínio, as coisas não são conhecidas apenas por meio do conhecimento intelectual, mas são sentidas e provadas por meio da experiência (sabedoria).

A teologia é ciência e sabedoria. Nessa união e síntese das duas, Tomás e Boaventura concordam, mesmo que cada um tenha insistido e enfatizado corretamente uma das duas dimensões. A teologia é afetada simultaneamente pelo dinamismo da verdade e pelo dinamismo do amor, ambos existentes no crente. Dessa forma, a teologia, enraizada na vida do povo de Deus, está inserida no desejo da Igreja como um todo, que anseia por conhecer melhor aquele que ama (mística) e, em sua vocação evangelizadora original, busca a razão da fé para oferecê-la como verdade que liberta (missão) (*Donum Veritatis* 7).

O terceiro é o horizonte da esperança, que tem a ver com a memória e o desejo. Com a memória da origem e o desejo do futuro. Como o homem é a memória e o desejo de Deus, Agostinho de Hipona pôde afirmar que o coração do homem não descansará enquanto não encontrar sua plenitude em Deus (*Confissões*, 1,1,1). A teologia como ciência humana será sempre uma *theologia viatorum*, que busca na memória da origem fundante e constitutiva aquela realidade que a impulsiona e a leva a transcender toda imagem, todo conceito e toda categoria em seu caminho para Deus. A teologia não cresce tanto por inovações que possam parecer muito modernas e atuais, mas por sua proximidade e conaturalidade com sua origem e por sua capacidade de expressá-la de forma nova e atualizada com uma linguagem e expressão adequadas. A teologia é a fé que busca razões para entender melhor, amar mais e esperar sempre. A teologia é uma fé pensada que busca razões para o amor e para a esperança.

Essa é a perspectiva de todos aqueles que realizaram uma teologia intimamente ligada à busca pela renovação e reforma da Igreja, bem como pela transformação da sociedade. A teologia da esperança de Jürgen Moltmann, a teologia política de Johann Baptist Metz, a teologia da libertação de Gustavo Gutiérrez, sem esquecer a importância que a perspectiva histórica de Joaquim de Fiore teve na história da teologia. Nesse último sentido, o jesuíta francês Henri de Lubac destacou a ampla influência da visão histórica do religioso calabrês nos diferentes movimentos de reforma ao longo da história da Igreja, bem como na inspiração dos diferentes projetos iluministas, idealistas, ateus e revolucionários que ocorreram na Modernidade (Lubac, 1989).

Em conclusão, vale a pena observar que o dinamismo implantado na tripla perspectiva analisada gera o método teológico. Um método peculiar que, em busca do objeto de seu conhecimento, estrutura o trabalho teológico em três momentos fundamentais: o ouvir (*auditus*), o compreender (*intellectus*) e a ação (*actio*) da fé[49].

3 Teologia e Igreja

a) O objeto da teologia

A Igreja, como povo de Deus e comunidade de fé, é o objeto da teologia. A fé não é algo que afeta a pessoa de forma isolada e individual, mas essencialmente exige comunhão, comunidade, eclesialidade. O binômio "eu creio-nós cremos" destaca a tensão entre o caráter pessoal e comunitário da fé. Se a teologia é a ciência da fé, a Igreja é o sujeito primário de seu exercício, pois é a Igreja que exerce a fé primariamente e, portanto, também sua inteligência.

O documento *Donum Veritatis*, que trata da vocação e da missão do teólogo na vida da Igreja, situou a teologia na vida do povo de Deus (cf. Congregação para a Doutrina da Fé, 1990). A teologia é um carisma dado em primeiro lugar ao povo santo de Deus como um todo. Consequentemente, somente na e da Igreja esse "dom da verdade" é dado àqueles que recebem o trabalho teológico como sua vocação específica; uma vocação, em suma, que nunca pode ser entendida como uma ação individual e isolada, mas dentro da comunhão do povo de Deus. De acordo com essa lógica, a teologia tem uma relação essencial com o sentido da fé dos crentes

---

49. Tratamos desse tópico no próximo capítulo: "O método da teologia".

(LG 12; DV 8) e com o magistério (LG 25; DV 10). Ambas as relações não são externas, mas pertencem à sua essência.

Talvez como uma reação a uma concentração excessiva no indivíduo autônomo realizada pela teologia liberal do início do século XX, Karl Barth destacou de forma clara e enfática o caráter eclesial e comunitário da teologia. De fato, as palavras com as quais ele inicia sua monumental *Dogmática eclesial* se tornaram um clichê: "A dogmática é uma disciplina teológica. A teologia existe em função da Igreja" (Barth, 1986)[50]. No mesmo sentido pode ser lido este outro texto do teólogo suíço:

> O sujeito da ciência só pode ser aquele que mantém uma relação de presença e confiança com o objeto e a atividade em consideração. Quando afirmamos que o sujeito dessa ciência é a Igreja, não impomos à dogmática como ciência uma redução incômoda ou limitadora. A Igreja é o lugar, a comunidade à qual são confiados o objeto e a atividade próprios da dogmática, ou seja, a pregação do Evangelho. Quando se diz da Igreja que ela é o sujeito da dogmática, entendemos que, a partir do momento em que alguém se envolve com a dogmática, seja para aprendê-la, seja para ensiná-la, encontra-se na esfera da Igreja. Quem quiser se engajar na dogmática, colocando-se conscientemente fora da Igreja, deve aceitar o fato de que o objeto da dogmática permanecerá estranho para ele, não devendo se surpreender ao se sentir perdido desde os primeiros passos, ou ao desempenhar o papel de destruidor. Na dogmática, como em outros campos, deve haver familiaridade do sujeito da ciência com o objeto que estuda. E esse conhecimento íntimo tem aqui como objeto a vida da Igreja (Barth, 1998, p. 10).

b) O lugar da teologia

Ao lidar com a questão do sujeito, torna-se necessário confrontar a questão clássica do lugar da teologia. Melchior Cano (1509-1560) não foi o primeiro a aplicar o termo "lugar" à teologia. Entretanto, sua obra *De*

---

50. O próprio título dessa obra, "Dogmática eclesial", deve ser entendido no mesmo sentido e perspectiva.

locis theologicis (1563) entrou para a história da teologia como a primeira e mais importante obra a levantar a questão do método teológico[51].

O teólogo dominicano escreveu essas páginas com base no sentido aristotélico de *topoi* e em resposta ao *De locis communes* (1521) de Melanchthon (1497-1560). Mas, enquanto para Melanchthon os lugares representam o conteúdo específico no qual a teologia se baseia e no qual seu estudo pode ser dividido (Trindade, cristologia etc.), para Melchior Cano não se trata apenas dos lugares onde encontramos a matéria própria e diferenciada, mas da esfera a partir da qual esse conteúdo é corretamente interpretado. Nesse sentido, ele faz alusão aos princípios do conhecimento teológico, aquelas "diversas esferas a partir das quais o conhecimento teológico pode elaborar seu conhecimento" (Michon; Narcisse, 1998, p. 658). O lugar, portanto, é a *auctoritas*, ou seja, a fonte criativa da realidade e do conhecimento.

Jared Wicks demonstrou de forma convincente que, enquanto na teologia reformada a perspectiva e o critério de interpretação estavam concentrados sob o adjetivo *sola* (*sola fides*, *sola scriptura*, *sola gratia*, *solus Deus*), na teologia católica a perspectiva foi preservada em toda a sua amplitude e diversidade – tanto de uma perspectiva formal (interpretação) quanto material (conteúdo), por meio da afirmação dos lugares teológicos como a esfera eclesial e o critério hermenêutico a partir do qual a teologia é realizada (Wicks, 1998, p. 18-24). "Para Melchior Cano, os lugares teológicos são aquelas ordens de realidade, de experiência, de autoridade ou de razão a partir das quais se pode pedir argumentos para demonstrar afirmações teológicas e explicitar o que é a revelação de Deus e a fé da Igreja" (González de Cardedal, 1986, p. 45)[52].

Certamente, nem todos os mencionados por Cano são de igual importância, razão pela qual o teólogo dominicano estabelece uma hierarquia de

---

51. Melchior Cano, de acordo com a edição de J. Belda Plans: "Refleti muitas vezes dentro de mim, distinto leitor, sobre quem contribuiu mais para os homens, se aquele que proporcionou às ciências uma abundância de conteúdos materiais, ou aquele que preparou um método científico pelo qual essas mesmas ciências puderam ser transmitidas de maneira mais fácil e adequada. Pois não podemos negar que devemos muito aos descobridores das coisas, mas é igualmente verdade que devemos muito àqueles que, com método e arte, adaptaram as coisas descobertas ao uso comum" (Cano, 2006, prólogo geral, p. 3).

52. Esse texto foi escrito por ocasião da admissão do autor na Academia Espanhola de Ciências Morais e Políticas (1986).

autoridades. Primeiramente, como lugares fundacionais e constitutivos, ele identifica a Escritura e as tradições de Cristo e dos apóstolos. Depois, como lugares de preservação, interpretação e transmissão, ele identifica a Igreja Católica como um todo, os concílios ecumênicos e o papa como lugares certos; os Padres da Igreja e os autores medievais, tanto teólogos quanto canonistas, como lugares prováveis. Finalmente, como lugares anexos, que vão além da estrutura das autoridades da fé propriamente dita, ele destaca a razão natural, os filósofos e a história humana (Cano, 2006, I, 3, p. 8-10; cf. Sesboüé, 1997, p. 131-137).

Em sua obra *O lugar da teologia*, Olegario González de Cardedal distingue duas esferas de significado para se referir a lugar: uma de ordem física, entendida como localização e origem; e outra de ordem moral, entendida como missão e responsabilidade. Entretanto, quando ele o aplica à teologia, propõe três sentidos: a) o lugar físico ou a esfera social a partir da qual a teologia é feita; b) o lugar interno ou a lei que é exigida pelo trabalho teológico; c) o lugar interno ou a atitude pessoal a partir da qual essa missão e responsabilidade eclesial e cívica é realizada (González de Cardedal, 1986, p. 14-18).

Para Karl Barth, o lugar da teologia não é tanto o lugar externo que a teologia tem de alcançar na esfera das outras ciências humanas, mas sua exigência interna de agir em fidelidade à sua própria norma e identidade ao se apresentar em público. "Por lugar", continua o teólogo da Basileia, "queremos simplesmente dizer aqui a posição inicial necessária que lhe foi atribuída de dentro, por seu objeto, e a partir da qual a teologia deve avançar em todas as suas disciplinas: bíblica, histórica, sistemática, prática. Essa é a norma segundo a qual a teologia deve se apresentar constantemente em público" (Barth, 2006, p. 34).

De minha parte, ao abordar a questão do lugar teológico, gostaria de enfatizar que o sujeito da teologia também deve ser o lugar de sua realização. Nesse sentido, é significativo que a obra de Melchior Cano tenha sido interpretada não tanto de um ponto de vista epistemológico, mas de um ponto de vista eclesial (cf. Klinger, 1978, p. 19-99; Seckler, 1987, p. 37-65; Seckler, 1997, p. 1014-1016). Os lugares teológicos são a esfera da teologia, que pode ser entendida como a fonte e o princípio do conhecimento, como a condição de possibilidade para sua realização e como a esfera concreta na qual a teologia é realizada. Assim, eles são simultaneamente: o lugar heurístico, onde podemos encontrar os dados objetivos dessa tradição de fé; o lugar hermenêutico, de onde são dadas as garantias para poder perceber, pensar e interpretar a revelação de Deus; e o lugar vital, de onde a tarefa teológica é realizada.

Atualmente, o conceito "lugar teológico" sofreu uma inflação considerável. Assim, qualquer nova situação ou acentuação da cultura contemporânea tem sido suscetível de ser qualificada como um novo lugar teológico, mas sem especificar adequadamente o uso dado a esse termo técnico. Não está claro se estamos nos referindo ao lugar heurístico, onde encontramos os conteúdos fundamentais da teologia, ou ao lugar hermenêutico, onde temos os elementos necessários para interpretar a revelação de Deus e discernir a verdade das razões da fé, ou ao lugar vital concreto e histórico, a partir do qual estamos realizando nosso trabalho teológico (cf. González de Cardedal, 1986, p. 47).

E como, em um sentido estrito, o lugar teológico se refere aos dois primeiros significados, não seria bom ampliar excessivamente os dez lugares que Melchior Cano apontou em sua época. No entanto, parece necessário realizar uma atualização permanente de sua compreensão concreta. De fato, essa expressão também tem sido usada em um sentido amplo para falar do lugar específico de onde o teólogo faz teologia. Aqui a diversidade é tão grande quanto a diversidade das formas de vida existentes e das esferas em que elas se desenvolvem (a universidade, a praça pública, o templo). Entretanto, qualquer que seja o lugar específico a partir do qual a teologia é feita, deve-se ter em mente que o lugar e a esfera naturais são sempre a Igreja.

c) Liberdade de pesquisa

Ao insistir no sentido eclesial da teologia, a questão da liberdade de pesquisa no trabalho teológico aparece cada vez mais fortemente. Um teólogo é livre quando está sujeito tanto ao sentido da fé de todo o povo de Deus quanto ao magistério que garante que esse sentido é o original e autêntico dado pelo Senhor à sua Igreja? Ele não perde sua liberdade de ação e pesquisa quando tem a fé como o *a priori* de seu conhecimento? Ele é verdadeiramente livre quando depende da autoridade apostólica para o exercício público de seu magistério?

Sem dúvida, esse é um problema que só pode ser resolvido por meio de uma compreensão adequada da relação entre liberdade e verdade. De acordo com a instrução *Donum Veritatis* (1990), a liberdade de investigação na teologia é identificada com a prontidão para aceitar a verdade. Nesse sentido, Réal Tremblay comentou de forma convincente o seguinte:

> A liberdade de investigação é entendida não como a ausência de restrições na pesquisa, mas como a adesão sem reservas à verdade descoberta e revelada na pesquisa e na investigação. Essa abertura para a verdade revelada pressupõe uma prontidão para aceitar as leis que regulam a ciência prática (aqui a teologia), que também poderia ser chamada de liberdade no sentido de que há liberdade quando se diz sim àquilo que caracteriza um ser ou uma coisa. Como a teologia tem como objeto a verdade revelada, que também é a "verdade" extraída da fé da Igreja, ela é interpretada sob a autoridade do magistério. Isso significa que a subcondição da liberdade, que a teologia diz algo ao objeto da ciência que pratica, também deve se dirigir ao magistério e à sua função eclesial (Tremblay, 1993, p. 161).

A liberdade de pesquisa teológica não é simplesmente a possibilidade de um determinado teólogo afirmar algo que não esteja totalmente de acordo com o que diz o magistério da Igreja. Uma compreensão da liberdade que sempre trabalha unilateralmente na mesma direção corre o risco de se tornar atrofiada. Mas isso também é uma falha na avaliação do significado da liberdade humana.

A liberdade de pesquisa consiste na capacidade do teólogo de se abrir e se dedicar inteiramente à verdade[53], desvendando os falsos ídolos sociais que, sob o disfarce do pluralismo e da tolerância, escondem a verdade com mentiras (poderes da mídia) e os falsos ídolos pessoais que vão cegando nosso olhar e minando nossa verdadeira liberdade (ídolos do autoconhecimento) (cf. Scheler, 2003).

O teólogo, em vez de ficar obcecado pelas censuras que pode receber da autoridade eclesiástica, terá de estar atento às censuras que existem em nossa sociedade, de forma mais ou menos velada, e às censuras que todos nós, seres humanos, inconscientemente colocamos em nós mesmos

---

53. "O homem intelectual é somente aquele que desenvolve radicalmente uma possibilidade humana geral: viver para a verdade e da verdade" (García-Baró, 2006, p. 9).

por medo de assumir a verdadeira liberdade e autonomia. Os maiores medos da liberdade geralmente se aninham em nossos corações. Portanto, a teologia tem uma função crítica e profética inevitável na vida do povo de Deus. Uma função que tem a ver com o desmascaramento de falsos deuses e que deve apontar para o conhecimento da face do Deus vivo e verdadeiro. Mas sempre começando por si mesma. A teologia não consiste em falar de Deus, mas em falar bem de Deus, diante de Deus e para sua glória.

O teólogo é chamado a se dedicar à verdade e à santidade da inteligência. Ele terá de estar pronto para arriscar sua carreira civil e eclesiástica, seu prestígio social e midiático, em nome da verdade. Uma verdade que não é sua e que ele jamais alegará já ter alcançado por meio de sua inteligência ou de sua vontade. Pelo contrário, a verdade o alcançará e sempre o empurrará para a frente, até que finalmente se manifeste e se entregue a ele como liberdade e alegria transbordante para o benefício de toda a raça humana. Fazer teologia é uma imensa alegria e uma grande responsabilidade que deve ser vivida como uma dádiva e aceita com gratidão e humildade.

IV

O método da teologia:
"auditus – intellectus – actio fidei"

Introdução

"Iterum ab ipsa veritate", o caminho nasce da própria verdade, pensa Aristóteles[54]. A mesma ideia é formulada por Walter Kasper nos seguintes termos: "O caminho que conduz à verdade (*methodos*) só pode ser a própria verdade" (Kasper, 1969, p. 17). Porque a realidade em sua verdade é o que nos mostra o caminho para ela e que exige que a razão esteja sempre no caminho da busca.

Nesse sentido, o método teológico é o resultado da confluência harmoniosa entre o objeto e o sujeito da teologia, já que o método a ser empregado para se chegar ao conhecimento de um objeto deve estar em conformidade com a natureza do objeto examinado (cf. Guardini, 1928, p. 24-57; Potterie, 2003, p. 84-88). Deve haver uma profunda conaturalidade entre ambos. Nas ciências espirituais, o método não pode ser algo extrínseco ao sujeito e ao objeto, nem pode ser aplicado de fora com o aspecto de uma aparente objetividade. Na verdade, não pode ser aplicado o mesmo método empregado nas ciências experimentais ou naturais.

Se a teologia tem seu próprio objeto e é uma tarefa humana específica, ela também deve ter seu próprio método. Em nosso caso, o método

---

54. "Constrangidos pela própria verdade" (*Metafísica*, I, 3, 984b). No mesmo sentido, diz Aristóteles anteriormente: "A própria coisa lhes abriu o caminho e obrigou-os a investigar" (*Metafísica*, I, 3, 984a).

apropriado para examinar e contemplar o objeto é a fé que acolhe e escuta, a fé que questiona e procura compreender, a fé que age e transforma.

O método teológico consiste em três momentos fundamentais: a recepção da revelação na fé (*auditus fidei*); a intuição interior da fé, com sua intelecção racional e exposição sistemática (*intellectus fidei*); e, finalmente, a realização histórica e concreta dessa fé na vida da Igreja e da sociedade (*actio fidei*).

1 *"Auditus fidei"*

O primeiro momento consiste em escutar a fé. Aqui a razão crítica e contemplativa toma o centro das atenções. Crítica porque esse *auditus* consiste em um conhecimento objetivo dos fatos, textos e documentos nos quais a revelação de Deus foi depositada na esfera da fé da Igreja. O centro desse momento, como fundamento, fonte e alma, é ocupado pela Sagrada Escritura, aceita, interpretada e atualizada na Tradição. Nesse sentido, Friedrich Schleiermacher (1768-1834) está certo quando afirma que a teologia é uma ciência positiva[55].

Entretanto, apesar de ser realizado da forma mais séria e objetiva possível e de ser auxiliado pelas ciências humanas, o *auditus* é sempre *auditus fidei*. É a fé que abre o acesso à ordem da contemplação e da beleza. O exemplo brilhante de ter compreendido essa verdade está na teologia monástica, que colocou em seu próprio coração a *lectio divina* ou leitura da palavra de Deus (cf. Colombás, 1995). Tudo o que temos dito significa que, nesse momento, não se trata de realizar uma contemplação a-histórica e atemporal da palavra de Deus ou de adquirir um conhecimento histórico ancorado em um passado fechado em si mesmo. A escuta e aceitação da revelação realizada a partir do sentido histórico e literal se atualiza no presente a partir do sentido alegórico e moral, a fim de iluminar o caminho do homem em direção ao futuro, que é inaugurado pelo sentido anagógico.

---

55. "A teologia, no sentido em que a palavra é entendida aqui, é uma ciência positiva, cujas partes se unem num todo somente por meio de sua relação comum a um certo tipo de fé ou a uma determinada configuração da consciência de Deus. A teologia do tipo cristão de fé é uma ciência positiva por sua relação com o cristianismo" (Schleiermacher, 2005, p. 107).

O olhar para o passado nunca pode ser neutro. É sempre baseado em questões atuais e preocupações contemporâneas. A chave consiste em estar ciente disso, tentando não impor seus próprios esquemas (pré-entendimentos) à realidade, nem fingir que os textos ou eventos do passado dizem o que queremos ouvir. Temos que delimitar bem o contexto em que esses textos foram escritos e conhecer bem as circunstâncias históricas em que certos eventos ocorreram. E devemos tentar fazer isso da maneira mais objetiva e sóbria possível. Mas se quisermos penetrar na realidade deles, teremos que chegar à questão decisiva que tiveram que enfrentar e ao caminho que seguiram para resolver os problemas que colocaram (às vezes sob a inspiração do Espírito de Deus – Escritura – e às vezes sob sua iluminação especial em um determinado momento histórico – Pais, concílios, magistério). Se as questões e perguntas que nos fazemos hoje forem verdadeiras, elas sem dúvida se relacionarão com os problemas e perguntas que sempre surgiram na história da humanidade. As formulações podem ser diferentes, mas as questões subjacentes são as mesmas. Em teologia, a pesquisa histórica exige sempre uma razão teológica.

2 *"Intellectus fidei"*

O segundo momento é a fé na busca do *logos*. Aqui a razão especulativa (*intellectus*) desempenha um papel fundamental. Os dados da revelação, aceitos e interpretados na fé, são apresentados de uma forma racional, orgânica, discursiva e argumentativa. É a ordem da verdade e da razão, própria do ambiente universitário. Às vezes seu núcleo é ocupado pela *quaestio* ou pela formulação concisa de uma pergunta, em que a reflexão teológica sobre a questão do homem em uma dada situação histórica tem a primazia, e em outras pela tese ou pela formulação precisa de uma afirmação teológica, na qual a reflexão sóbria e objetiva sobre o mistério da fé tem precedência. A primeira procura dar uma razão de fé e esperança ao povo de seu tempo (apologética); a segunda se esforça para fortalecer e reforçar a fé dos crentes (mistérica).

A tarefa que melhor define o *intellectus fidei* é a busca das razões e da lógica básica encontrada nas afirmações previamente aceitas na fé. Não é suficiente repetir o que ouvimos. É uma questão de perceber sua lógica profunda do ponto de vista de sua integração no todo. Irineu de Lião considerou essa atividade como tocando o corpo da verdade; uma atividade que é realizada pela analogia da fé, como proposto pelo Concílio Vaticano II (DV 24). Nessa linha, a teologia é chamada a ser *hermenêutica* e *sistemática* (cf. Pannenberg, 1992, p. 17-27).

Como ciência hermenêutica, a teologia investiga o significado último das afirmações; como ciência sistemática, ela integra harmoniosamente cada afirmação em um corpo, em um sistema, a fim de encontrar a verdade[56].

A teologia é pensar (K. Rahner). No entanto, para realizar esse exercício não basta narrar o que outros pensaram; pelo contrário, é necessário pensar com eles, como eles e a partir deles (cf. Cordovilla, 2004b, p. 395-412). Por outro lado, há apenas o pensamento em plenitude quando passamos das palavras aos conceitos, dos conceitos às afirmações e das afirmações à sua integração em um sistema coerente, embora nunca fechado em si mesmo. Pois esse sistema não pode pretender esgotar a realidade, nem a realidade humana nem a realidade divina. A teologia é chamada a elaborar um sistema que respeite a incompreensibilidade do mistério de Deus e o dinamismo inerente de nosso pensamento. Um sistema, em suma, que não termina com declarações e conceitos, mas sempre tende e está aberto para a própria realidade (K. Rahner, "Proyecto de una dogmática", *Escritos de teología* 1, p. 26).

Ao longo do exercício da teologia, será necessário estar atento a um positivismo estéril que não seja capaz de ir além da afirmação de um texto ou da verificação de um fato, mas também a qualquer sistema acabado que pretenda explicar toda a realidade. Assim como a pesquisa histórica requer uma razão teológica, que busca uma última intenção metafísica e teológica em contextos, textos e fatos, assim, quando se trata de razão teológica especulativa, uma perspectiva histórica adequada também é necessária. O teólogo Walter Kasper formulou essa ideia com louvável clareza: "O pensamento histórico em teologia, para ser adequado e frutífero,

---

56. Na analogia da fé e não isoladamente (DV 12), as diferentes afirmações de fé adquirem sua verdade e sua hierarquia (UR 11). Do ponto de vista da filosofia, as palavras de Ortega y Gasset (1972, p. 108-109), em que ele fala do duplo princípio de autonomia e pantonomia, são importantes. "Desde Hegel foi esquecido que a filosofia é esse pensamento integral." É a esse pensamento integral que me refiro quando digo que a verdade está na totalidade.

deve ser teologicamente inspirado; o pensamento especulativo deve ser concebido como pensamento histórico concreto" (Kasper, 1969, p. 81).

3 "Actio fidei"

O terceiro momento se refere à fé como ação. Aqui se destaca o momento prático (*actio*), que procura dar vida à verdade e viver a vida à luz da verdade. Em termos bíblicos que são característicos do Evangelho de João e da Carta aos Efésios, trata-se de realizar a verdade no amor.

Estamos, portanto, situados na ordem do bem, uma ordem que é própria da esfera da vida pública em sociedade e no coração da qual está a ação transformadora. A teologia da libertação fez desse momento o princípio fundamental e o critério decisivo de seu trabalho teológico. Se Romano Guardini havia expressado que do espírito e da natureza da liturgia temos que afirmar no cristianismo e na teologia uma primazia do *logos* sobre o *ethos*, a teologia da libertação inverteu essa relação ao defender a necessidade de uma primazia da *praxis* sobre a *doxa*, da ortopraxia sobre a ortodoxia (Gutiérrez, 2004, p. 61-72; González, 1999, p. 71-111). E embora não seja fácil encontrar um equilíbrio na relação entre teoria e ação, como mostra a história da teologia no século XX, é inegável que "a dimensão prática é um momento estrutural da própria verdade" (H.G. Gadamer).

Atualmente, a reflexão teológica, sem estar necessariamente ligada à teologia da libertação, quer mostrar mais claramente a importância dessa dimensão prática da teologia, ligando-a ao seu lugar e missão na Igreja e na sociedade. De fato, quando teólogos contemporâneos afirmam que deve haver uma revisão da compreensão da teologia como ciência, talvez seja necessário entendê-la a partir dessa perspectiva (Wiedenhofer, 1999, p. 90-124)[57]. No entanto, tal opção não significa, de forma alguma, refazer o caminho percorrido pela teologia ao longo de sua história, renunciando à racionalidade e ao "esforço do conceito" exigido por seu método científico (cf. Cordovilla, 2014b). É uma questão de compreender a necessidade de equilibrar essa perspectiva científica com uma compreensão da teologia como sabedoria. Contudo, vale a pena esclarecer, neste

---

57. Ainda que com importantes diferenças, fazem parte dessa mesma sensibilidade a nova teologia pós-liberal norte-americana de Lindbeck (1984), a *Radical Orthodoxy* de J. Milbank (2005) e outros autores (Milbank; Pickstock; Ward, 1999; Smith, 2004).

ponto, que por sabedoria não se deve entender unicamente a inelutável dimensão espiritual que toda teologia possui, mas também a dimensão vital, prática e social. Ou seja, o significado e o impacto da teologia na vida do crente e do cidadão, na vida da Igreja e da sociedade. Como disse Karl Rahner em uma conferência em 1982, dois anos antes de sua morte, é mais necessário do que nunca ter uma teologia "com a qual possamos viver" (Rahner, 2009, p. 101-112).

Portanto, a teologia é tanto ciência quanto sabedoria, mesmo que, segundo o teólogo americano Kevin Vanhoozer, seu futuro dependa de sua capacidade de afirmar o significado prático de sua doutrina. A teologia sem dúvida terá que se esforçar mais para se tornar *sapientia* no contexto atual do que a mera ciência sobre um texto, mais uma sabedoria prática do que um sistema de verdades (cf. Vanhoozer, 2010, p. 375). Devemos sair da falsa dicotomia entre teoria e prática. Pois "aquele que está cansado da doutrina está cansado da vida, pois a doutrina é o produto da vida. A doutrina cristã é necessária para o crescimento humano: somente a doutrina nos mostra quem somos, por que estamos aqui e o que temos que fazer" (Vanhoozer, 2010, p. 14). Além disso, para esse autor, a dimensão prática da teologia se manifesta em sua função terapêutica. Não é em vão que ela tem sido capaz de responder positivamente aos diferentes ataques de ansiedade que surgiram no decorrer da história: ansiedade diante da morte, na civilização antiga; ansiedade de culpa, na Idade Média; ansiedade pela falta de sentido, na Modernidade; e ansiedade pela falta de verdade, na era pós-moderna (Vanhoozer, 2010, p. 18).

A teologia não pode, no entanto, ser reduzida apenas à dimensão prática. Há, portanto, três dimensões que, no mínimo, deve-se acrescentar a ela: a celebrativa, a comunicativa e a crítica. Em primeiro lugar, deve-se ressaltar que para a teologia seu caráter celebrativo é essencial, pois a liturgia é o local de nascimento e o solo fértil onde ela é nutrida. Em segundo lugar, a dimensão comunicativa deve ser apontada, o que enfatiza a necessidade de a teologia explicar o significado de Deus e suas obras para aqueles que vivem dentro e fora da Igreja. Finalmente, é destacada a dimensão crítica, que sublinha o papel desempenhado pela teologia em seu esforço para distinguir o verdadeiro testemunho de Deus do falso testemunho. Nesse sentido, a competência teológica é uma forma de poder fazer julgamentos que manifestem a mente de Cristo (1Cor 2,16) (Willians, 2000 *apud* Vanhoozer, 2010).

Não obstante, é muito significativo notar que naqueles lugares onde a teologia como ciência (*Wissenschaft*) atingiu os mais altos níveis de desenvolvimento, vozes são ouvidas insistentemente apelando para o enraizamento eclesial, a dimensão espiritual e a projeção social da teologia. A teologia deve estar enraizada antes de tudo no húmus eclesial onde se realiza a vida do crente, pois é justamente aí que a proclamação da palavra de Deus (*kerygma-martyria*), a celebração dos sacramentos (*leiturgia*) e o serviço da caridade (*diakonia*) assumem transcendência. Somente a partir dessa base pode continuar sendo teologia e, ao mesmo tempo, oferecer uma palavra verdadeira e diferente para a comunidade eclesial e para a sociedade civil. Certamente uma palavra sobre Deus, dele e nele, mas também sobre cada uma das questões que preocupam e interessam ao povo de hoje.

4 Integração dos três momentos

Os três momentos que compõem o método teológico (*auditus – intellectus – actio fidei*) não seguem necessariamente uma ordem particular. É verdade que, na prática, pode-se privilegiar um deles em relação aos outros dois, porque, na maioria dos casos, o lugar concreto no qual a teologia é praticada (mosteiro, universidade, sociedade) impõe a ordem a ser seguida. Entretanto, qualquer teologia terá que integrar os três para que seja autêntica. Dito isto, devo confessar que é preferível seguir a ordem mais lógica indicada no título deste capítulo, já que é mais coerente com as características internas da teologia.

A vida humana é vivida a partir de três grandes campos ou realidades: da beleza ou experiência estética, da bondade ou realização ética, e da verdade ou fundamento existencial. Em qualquer atividade que empreendamos, essas três dimensões devem ser realizadas em profunda unidade. Entretanto, dependendo da ação que estamos empreendendo, colocaremos uma ou outra em primeiro plano.

Vejamos três exemplos da vida cristã. Na área da oração ou ação litúrgica que celebra o Mistério devemos antes de tudo enfatizar a realidade da beleza e sua capacidade de movimentação. De fato, em uma celebração litúrgica, não consideraremos a questão da verdade como a primeira e única questão para as palavras que são ouvidas nela, nem daremos primazia ao compromisso moral e ético para o qual somos convidados. E isto apesar de saber que ambas as questões são necessárias e devem ser envolvidas; pois sem verdade e bondade, a beleza degenera em esteticismo vazio.

Segundo exemplo. No curso de uma ação pastoral, nos perguntamos antes de tudo como ela tem um impacto prático em nossas vidas, na vida dos outros e nas estruturas sociais, ainda que, naturalmente, desejemos que essa ação governada pelo bem não seja realizada contra a beleza que atrai nem contra a verdade que nos funda. Pois, sem verdade e beleza, a bondade degenera em puro moralismo.

Último exemplo. Com a teologia, ou seja, o ato de pensar a fé, nós nos colocamos preferencialmente no primado da verdade. A questão fundamental não é tanto sobre a validade prática ou a emoção estética que o exercício da teologia produz, mas sobre a verdade que ela transluz; uma verdade existencial e salvadora, que torna possível colocar a própria vida inteiramente em risco por isso. Também nesse exemplo vale notar que "primazia" não significa exclusividade. Se a verdade não é apresentada com a beleza que atrai e não é acompanhada pela bondade que ela gera, ela se tornará opressiva. Reduziríamos a teologia a uma pseudociência estéril. Nesse sentido, os teólogos terão que se esforçar para mostrar o significado vital e pastoral da teologia, ao mesmo tempo que a apresentam de uma forma bonita. Mas o critério final de sua tarefa é a verdade. O teólogo busca a verdade; o resto, disso se seguirá.

A teologia deve ser vivida e exercida com a mesma sinceridade de coração que o mestre dos noviços tenta ver no jovem que deseja entrar num mosteiro sob a Regra de São Bento: "Se ele realmente busca a Deus" (Bento de Núrsia, 2006)[58]. Um exercício perseverante ao qual Platão nos exorta com estas belas palavras: "É belo e divino o ímpeto ardente que te lança nas razões das coisas; mas, enquanto ainda és jovem, exercita-te e treina-te nestas práticas que aparentemente não servem para nada, e que vulgarmente chamam de verborragia sutil; caso contrário, a verdade te escapará por entre os dedos" (Platão, *Parmênides*, 135d). Uma abertura que pode ser comparada à necessária para qualquer outra obra intelectual, segundo as palavras do filósofo Julián Marías: "Não estou interessado na

---

58. Já anteriormente em Basílio (*Regra*, 7,11-13). Cf. Puzicha (2007, p. 487).

originalidade, mas na verdade [...]. A originalidade é algo que vem como um bônus quando não é procurada, quando se pensa ou se cria a partir da própria realidade, que é sempre única e insubstituível" (Marías, [1947]).

5 A linguagem da fé: a analogia

Ligada ao problema do método está a questão da linguagem. O problema da linguagem em teologia é um problema antigo. Desde que os homens têm uma percepção e experiência do divino, do sagrado, do transcendente, do fundamento último de toda a realidade, se perguntaram se e como era possível falar dele. Toda linguagem sobre Deus, toda linguagem de fé é analógica, ou seja, afirma ao mesmo tempo uma semelhança entre Deus e a criatura a partir da maior disparidade (cf. Concílio de Latrão IV, DH 806). A linguagem da fé e da inteligência da fé atinge a realidade que nos é dita e dada nela, mesmo que tal linguagem nunca possa ser considerada idêntica à própria realidade[59].

A problemática em torno ao uso da analogia na linguagem e no discurso sobre Deus traduz para o aspecto intelectual uma atitude típica do crente. Essa atitude consiste em reconhecer-se como uma criatura distante e distinta do Criador, mas ao mesmo tempo entender-se como uma criatura que vive em relação a Ele e é chamada à comunhão com Ele. Essa relação se baseia na afirmação da antropologia teológica de que o ser humano é sua *imagem*, uma imagem da verdadeira imagem de Deus que é Cristo.

A analogia tenta resolver um problema lógico que podemos afirmar como a possibilidade de usar conceitos de experiência finita para se referir a Deus, que, por definição e natureza, é infinito, incompreensível e absoluto. Aqui entendemos a analogia de um ponto de vista lógico e em seu movimento ascendente. Portanto, o movimento é direcionado da realidade criada para a realidade divina.

Entretanto, a analogia implica um problema ou uma questão ontológica, uma vez que contém uma certa compreensão da realidade. Platão

---

59. "A fé se expressa por meio de afirmações que empregam uma linguagem verdadeira, não meramente aproximada, por mais análoga que seja" (*Teología y secularización en España* 14). O texto cita Tomás de Aquino (*Suma teológica*, 1,13).

considerava a analogia como um instrumento indispensável para pensar a *complexidade* do real; Rahner, por sua vez, considerava-a como a forma mais radical e original do conhecimento humano. Para o teólogo alemão, a analogia constitui a forma de existência própria do ser humano, porque o homem está fundamentado no Mistério como a realidade que o sustenta. Em nosso caso, usamos a analogia para poder falar, por um lado, de uma participação da realidade em Deus (criação) sem que isso signifique um panteísmo que não respeite a diferença e a alteridade entre a Divindade e o mundo (univocidade; risco da analogia da atribuição); e, por outro lado, para compreender o mundo sem que haja aquela possível unidade do diverso que nos leva a um relativismo e pluralismo radical (equívoco; risco da analogia da proporcionalidade).

A analogia tenta coordenar a semelhança e a dessemelhança de duas realidades, uma imanente e a outra transcendente. Concretamente, a analogia que usamos para estabelecer uma relação entre a realidade humana e a divina possui uma dialética que, com o Concílio Lateranense IV, podemos definir como uma *semelhança na maior dessemelhança*; ou como Pseudo-Dionísio já havia formulado em seu tratado sobre os nomes divinos, como um paradoxo radical, "pois as mesmas coisas são semelhantes e dessemelhantes a Deus". Essa dialética pode ser preenchida com conteúdo a partir das três etapas que o pensamento clássico mencionou como formas diferentes – embora não mutuamente exclusivas – de conhecer a Deus (teologia afirmativa, teologia negativa e teologia mística). Por sua vez, Tomás de Aquino as descreveu como as fases ou etapas necessárias que nossa linguagem deve seguir quando queremos nomear Deus com nomes ou propriedades aplicáveis à experiência humana. Tudo isso dentro de um contexto no qual Aquino faz um compromisso muito claro de teologia apofática ou negativa, uma vez que "não podemos compreender adequadamente o que Deus é, mas sim o que Ele não é".

Em síntese, o momento triplo que integra e revela a linguagem da analogia expressa simultaneamente afirmação, negação e transbordamento[60].

---

60. Cf. capítulo 8: "A forma católica da teologia".

V

A alma da teologia:
a Sagrada Escritura

> Escolhido para anunciar o Evangelho de Deus,
> o qual Ele havia prometido por meio de seus
> profetas nas Sagradas Escrituras, a respeito de
> seu Filho.
> (Rm 1,2)

Introdução

O objeto e o tema da teologia convergem na Sagrada Escritura. É o documento escrito no qual o povo de Deus e a comunidade crente (Israel e a Igreja) dão testemunho da revelação divina na história (o Deus de Abraão, de Isaac, de Jacó, de Jesus Cristo). Essa dupla referência à revelação de Deus e à experiência de fé da comunidade crente é o elemento fundamental que molda a Bíblia. Sem ela, a verdadeira natureza da Escritura é diluída.

O substantivo de origem grega "*biblia*" significa, porque está no plural, livros. As séries heterogêneas de escritos agrupados nesse único volume muitas vezes levantam uma variedade de questões. Entre as mais controversas estão muitas vezes aquelas relativas à seleção dos livros que compõem a chamada Bíblia cristã. Por exemplo, quem e com que autoridade decidiu, arbitrariamente, reunir certos textos como um único livro que foi posteriormente considerado sagrado e normativo? Por que os livros classificados como canônicos pertencem a essa coleção, enquanto outros rotulados como apócrifos foram excluídos? A Bíblia é um presente de Deus para a humanidade, ou uma criação humana, bela e profunda, mas, finalmente, humana?

Imersos em uma tal quantidade de questões relacionadas, os cristãos insistem que esse Livro Sagrado é a alma da teologia. Ainda assim, também a eles são colocadas questões certamente complexas: Qual é a natureza da Bíblia? Como ela deve ser usada e interpretada para ser verdadeiramente a fonte e o fundamento da teologia como ciência de fé?[61]

"A Bíblia", comenta Ribera-Mariné, "não é uma biblioteca, é um livro escrito ao longo dos séculos", no qual, por meio de diferentes escritos, é dado um testemunho unânime da revelação de Deus e a fé de um povo escolhido é manifestada de forma correlativa. Essa característica essencial lhe confere unidade, homogeneidade e harmonia.

Entretanto, é importante não perder de vista o fato de que a Sagrada Escritura não é um livro dado diretamente por Deus a seu povo[62]. Pelo contrário, é uma obra que tem sua própria história e genealogia. No decorrer de sua jornada, várias tradições culturais de origem milenar foram depositadas nela, a fé de um povo amadureceu e a compreensão da revelação de Deus foi refinada. A Bíblia tem sido e continua a ser reconhecida por muitos crentes como um livro inspirado por Deus, contendo a palavra de Deus para a humanidade. O reconhecimento de tal inspiração levou uma longa elaboração e uma lenta construção ao longo de quase 12 séculos de história até que se possa dizer que é a palavra de Deus no discurso humano.

Por outro lado, não se pode esquecer que a Bíblia é também e ao mesmo tempo um livro homogêneo e plural, divino e humano, teológico e histórico, religioso e cultural. Nisso consiste seu paradoxo inerente, bem como a força irresistível e atraente do mistério que existe dentro dele.

A fim de abordar esse texto sagrado que chamamos Escritura, primeiramente refletiremos sobre sua natureza; depois destacaremos seu lugar na teologia; por fim, nos referiremos aos pontos centrais relativos à sua interpretação na Igreja.

---

61. Para todas essas questões, cf. Artola e Sánchez Caro (1992).

62. Nesse sentido, nem o judaísmo nem o cristianismo podem ser considerados como religiões do livro. A respeito da própria compreensão do cristianismo, diz o *Catecismo da Igreja Católica*, 108: "A fé cristã não é uma 'religião do Livro'. O cristianismo é a religião da 'Palavra' de Deus, não de uma Palavra escrita e muda, mas da Palavra encarnada e viva (São Bernardo, *Hom. Miss.*, 4,11). Para que as Escrituras não permaneçam letra morta, é necessário que Cristo, a Palavra eterna do Deus vivo, pelo Espírito Santo, abra nosso espírito à compreensão das Escrituras (cf. Lc 24,45)".

1 A natureza da Sagrada Escritura

Para compreender corretamente a natureza da Sagrada Escritura do ponto de vista teológico, três perspectivas são propostas: a) em relação à revelação do Pai, isto é, como palavra de Deus; b) em relação ao mistério da encarnação do Filho, como corpo de Cristo; c) em relação à inspiração do Espírito e ao mistério da Igreja, como voz do Espírito e expressão objetiva da consciência e da fé da Igreja.

a) A Escritura como palavra de Deus

A Sagrada Escritura é a palavra de Deus porque dá testemunho da revelação do Pai, que de muitas maneiras e de várias formas se comunica aos homens para falar com eles como um amigo e convidá-los a entrar em sua companhia. A Escritura testemunha a revelação, ela é seu sacramento, mas não pode ser simplesmente identificada com ela. Na verdade, revelação e palavra de Deus transbordam da palavra escrita por todos os lados. O cristianismo não pode ser considerado como uma religião do livro, mas do Verbo feito carne, da pessoa do Verbo que no Espírito nos revela e nos dá Deus, o Pai. Por essa razão, quando dizemos "Palavra de Deus" (*Verbum Dei* ou *Dei Verbum*), não é apenas "uma palavra escrita e silenciosa, mas a Palavra encarnada e viva" (Bento XVI, *Verbum Domini* 7).

Entretanto, também não é possível separar revelação e Escritura, pois não podemos ter acesso a uma revelação independente daquela que nos foi dada pelo texto escrito. Por outro lado, o texto da Escritura não é separável de seu conteúdo, embora não possam ser identificados sem mais. A Escritura é o diálogo e o colóquio permanente de Deus com a humanidade. "Nos livros sagrados, o Pai do céu se dirige a seus filhos com amor e fala com eles" (DV 21).

Em última análise, a própria existência da Bíblia expressa o desejo de Deus de se revelar na história. Uma história concreta (DV 3), que permanece para sempre o lugar sagrado de sua revelação.

b) A Escritura como corpo de Cristo

Em relação e analogia com o mistério da encarnação, podemos dizer que a Sagrada Escritura é o corpo de Cristo. Com essa expressão não pretendemos estabelecer uma identificação grosseira, o que é claramente impossível, mas sim sublinhar o que o teólogo Hans Urs von Balthasar demonstrou a partir de seus conhecimentos de teologia patrística. Para esse autor, o problema da interpretação e significado das Escrituras é basicamente uma questão cristológica, uma vez que a relação entre a letra e o espírito na exegese bíblica é iluminada pela relação em Cristo entre sua natureza humana e divina[63]. Algo semelhante se entende pela constituição conciliar *Dei Verbum* quando comenta: "As palavras de Deus expressas em línguas humanas se tornaram como a fala humana, assim como uma vez a Palavra do Pai eterno, tomando a carne da fraqueza humana, se tornou semelhante aos seres humanos" (DV 13).

Nesse sentido, é possível pensar na Escritura à luz do mistério da encarnação. A Escritura para nós é como a carne do *Logos*; é, em certo sentido, a Palavra feita carne. Entre os Padres da Igreja, Orígenes foi o que mais desenvolveu essa analogia, seguido no Ocidente latino por Ambrósio de Milão. Para o autor de Alexandria, a Escritura é equivalente ao corpo do Senhor (cf. Studer, 1999, p. 397-424; em espec. p. 398-403). Entre os Padres da Igreja, a expressão "corpo de Cristo" tem basicamente dois significados: primeiro, refere-se, como forma fundamental e original, ao corpo de Jesus que nasce de Maria e morre na cruz. Em segundo lugar, ela alude, como forma última e definitiva, ao corpo da Igreja, no qual Cristo, sua cabeça, continua a obra da redenção. Anos mais tarde, Agostinho de Hipona cunhou a expressão "Cristo total".

Entre esses dois significados do corpo de Cristo, e a fim de expressar que são realidades ligadas, duas novas formas de corporeidade emergem com a pretensão de serem mediadoras entre o corpo terreno de Cristo e

---

63. "Por essa razão, a tão falada relação entre o sentido literal e o espiritual das Escrituras é um problema cristológico e deve ser resolvido fazendo com que os dois sentidos se relacionem entre si como a natureza humana e a natureza divina de Cristo. O humano é o *medium* da revelação do divino; o *medium* que é acessível em primeira instância; o *medium* que, escondendo-se, se manifesta; o *medium* que na ressurreição se torna transparente, mas que não pode ser suprimido ou liquidado por toda a eternidade. O sentido espiritual nunca pode ser buscado 'por trás' da letra, mas sempre nela, assim como não encontramos o Pai por trás do Filho, mas no Filho e pelo Filho. Permanecer no sentido literal e desconsiderar o sentido espiritual equivaleria a considerar o Filho como homem puro e seria, em última análise, nada mais que cafarnaitismo. Toda humanidade de Cristo é uma revelação de Deus e palavra de Deus; não há nada em sua vida, sua obra, sua morte ou sua ressurreição que não seja uma expressão, uma explicação, uma exposição de Deus na linguagem da criatura" (Balthasar, 1964b, p. 31).

o corpo eclesial de Cristo. Estamos nos referindo especificamente à Escritura e à Eucaristia[64]. Assim, aquele que é a origem (Jesus Cristo) e o objetivo (o Cristo total), também se torna o caminho. Jesus Cristo não é apenas a fonte e o cume da vida da Igreja, mas também o seu caminho, pois Ele nos comunica a vida do Pai na Eucaristia e a verdade de Deus na Escritura (Jo 14,16).

Cristo está presente e permanece em sua Igreja pela Sagrada Escritura. Ela inteira é um grande e único discurso sobre Cristo. A Escritura forma seu corpo para nós hoje, pois nela os mistérios de sua vida se fazem presentes aos crentes. Dessa estreita relação entre a Escritura e o corpo de Cristo, podemos entender a conhecida expressão de São Jerônimo: "Ignorar as Escrituras é ignorar a Cristo" (Jerónimo, *In Is. prol.*, PL 24, 1713; cf. B. Studer, 1999, p. 399). Por sua vez, o Catecismo da Igreja Católica retomou um belo texto de Agostinho, que resume os sentimentos de toda a tradição patrística: "Lembrai-vos de que é uma e a mesma Palavra de Deus que está espalhada em todas as Escrituras, que é uma e a mesma Palavra que ressoa na boca de todos os escritores sagrados, que, sendo a princípio Deus junto com Deus, não precisa de sílabas porque não está sujeita ao tempo (Sl 103,4)" (CIC 102).

c) A Escritura como a voz do Espírito na e para a Igreja

Da mesma forma que não podemos separar a missão do Filho da missão do Espírito, tampouco podemos esquecer a relação do Espírito com a Escritura. Ele é a esfera em que foi escrita (inspirada) e onde pode ser mais bem interpretada (espiritual). "A Escritura nada mais é do que

---

64. "A Igreja sempre venerou as Sagradas Escrituras como o próprio Corpo do Senhor, nunca deixando de tirar da mesa e distribuir aos fiéis o pão da vida, tanto a palavra de Deus como o corpo de Cristo" (DV 21). Cf. Tomás de Kempis, *Imitação de Cristo*, IV, 4: "Tu me deste, portanto, teu corpo sagrado como alimento para o corpo, como alguém que está doente, e Tu também me deste tua palavra divina, para que ela pudesse ser uma luz para os meus passos. Sem essas duas coisas eu não poderia viver bem; pois a palavra de Deus é a luz de minha alma, e vosso sacramento o pão que lhe dá vida. Essas podem ser chamadas de duas mesas colocadas uma ao lado da outra, como o tesouro da Santa Igreja. Uma delas é a mesa do altar sagrado, na qual está o pão santificado, ou seja, o precioso corpo de Cristo. A outra é a da lei divina, que contém a doutrina sagrada, que ensina a verdadeira fé, e nos conduz com segurança ao véu mais íntimo onde está o Santo dos Santos".

o testemunho da própria Igreja, escrito pelo Espírito Santo, que ali fala e dá testemunho" (Diedro, 1933 *apud* Balthasar, 1998b, p. 321-322). Nesse sentido, a Escritura é incompreensível sem uma relação interna com a Igreja e com o Espírito. Pois o Espírito Santo, unido a Cristo, é ao mesmo tempo o soberano Senhor da Tradição e da Escritura (Balthasar, 1998b, p. 317).

Dessa perspectiva pneumatológica da Escritura podemos compreender melhor suas raízes eclesiais e a estreita relação entre a própria Escritura e a Tradição. A Escritura é a pura objetivação da "autocompreensão reguladora e insuperável da Igreja primitiva" (Balthasar, 1998b, p. 112). A Escritura é a voz do Espírito para a Igreja, mas é também a esfera na qual ela é oferecida e dada à comunidade de crentes como a palavra de Deus e a expressão objetiva de seu ser. A Escritura é "a objetivação pura e configurada, a *norma non normata* absolutamente normativa daquele início escatológico final, ou seja, a Igreja primitiva, que na dimensão acima mencionada é chamada de Escritura" (Rahner, 1969a, p. 108-109).

A Tradição é a consciência viva da Igreja e, portanto, a autocompreensão viva e duradoura das Escrituras. Se Cristo é a revelação definitiva na qual se concentra a história anterior e posterior, a história que vem ocorrendo desde Cristo deve ser entendida como uma anamnese desse evento final e escatológico. Uma anamnese que não é apenas uma lembrança do passado, mas uma ação atualizadora no momento presente e uma criação de novidade que antecipa o futuro.

Como ocorre essa anamnese? Por um lado, é preciso que haja uma realidade objetiva à qual a comunidade atual possa se referir como uma fonte normativa a partir da qual se possa realizar uma releitura ou interpretação correta. Essa realidade é chamada Escritura, pois é a expressão da autoconsciência objetivada da comunidade primitiva e o lugar onde a revelação escatológica e definitiva de Jesus Cristo foi recebida na fé.

Entretanto, para chegar à origem normativa e recriá-la de forma viva no presente, não é suficiente se referir a uma realidade objetiva. Também é necessário que essa interpretação seja feita no Espírito (*epiclesis*), o verdadeiro agente da anamnese, que se recorda atualizando. Como disse Dom Edelby nas discussões conciliares sobre o texto da *Dei Verbum*: "A Santa Tradição é a epiclese da história da salvação, a teofania do Espírito Santo, sem a qual a história é incompreensível e a Escritura é uma letra morta". Assim, da mesma forma que é impossível afirmar a Igreja sem a Escritura, também é impossível defender a Escritura sem a Igreja.

2 A alma da teologia: Sagrada Escritura

a) O retorno às fontes (Escritura) e o distanciamento da exegese

A recuperação das Escrituras tem sido sem dúvida uma das grandes conquistas da teologia pós-conciliar. Tanto na vida da Igreja quanto na prática da teologia. Ela enriqueceu enormemente a teologia, preenchendo com conteúdo real uma reflexão teológica que se perdeu em lucubrações lógicas sem qualquer conexão com a realidade e sem uma linguagem adequada.

O retorno à Escritura, no entanto, não foi totalmente pacífico. Também descobriu e expôs outro conjunto de dificuldades. Enquanto a exegese católica foi a ponta de lança da renovação teológica e a fonte da renovação eclesial e pastoral nos anos imediatamente posteriores ao Concílio Vaticano II, devemos nos perguntar se agora paradoxalmente ela se tornou uma disciplina irrelevante para a teologia, o magistério e a vida pastoral da Igreja (Kügler, 2005, p. 10-37).

Essa falta de significado da exegese na vida da Igreja e da teologia deve-se essencialmente ao desenvolvimento da própria erudição bíblica, embora também possa haver outras causas sociológicas que a expliquem. No decorrer do século XX, a exegese tornou-se cada vez mais distanciada da vida eclesiástica, desenvolvendo-se como uma ciência literária e histórica, sem restrições por parte das autoridades ou normas eclesiásticas. Nesse sentido, ela se esforçou para demonstrar na universidade que era uma ciência com os mesmos direitos e exigências que as demais. Suas publicações têm sido orientadas sobretudo para especialistas em sua própria disciplina, tornando-as praticamente ininteligíveis e inúteis para pregação, catequese e até mesmo para outras disciplinas teológicas. Isso levou a um isolamento da vida eclesial e até mesmo da sociedade em geral, pois a erudição bíblica sofreu a mesma falta de interesse que as chamadas ciências humanistas. Além disso, o imparável processo de especialização seguido por essas ciências levou a um afastamento social ainda maior.

Alguns exegetas tentam resolver esse isolamento e perda de significado convertendo a ciência bíblica em "uma ciência da religião do cristianismo primitivo" (Räisänen, 2000; Theissen, 2005; Luz, 1998, p. 317-339). No final, porém, dá a impressão de levar a um beco sem saída[65].

Portanto, se a exegese quer recuperar sua influência na Igreja e na teologia, tem que mostrar claramente que sua atividade é eclesial e teológica, capaz de se relacionar com outras áreas onde a vida da Igreja tem lugar e com as outras disciplinas teológicas. De alguma forma, ela deve ser capaz de se libertar de sua pretensão de oferecer a interpretação exata do significado de um texto bíblico; mas também deve ajudar a realizar uma leitura mais profunda e correta, criticando toda possível reconstrução fechada dos textos e defendendo a fixação impossível de seu significado definitivo a partir das ciências humanas, incluindo a exegese e a própria teologia. Aqui reside sua função profética, precisamente "na medida em que a exegese critica formas de leitura que são uma simples projeção, defende o valor próprio e a estranheza do texto e, finalmente, seu caráter de revelação" (Kügler, 2005, p. 31). O que está em jogo é uma reconstrução pastoral da ciência bíblica e, no final, de toda a teologia (Kügler, 2005).

Esse diagnóstico do exegeta católico Joachim Kügler pode ser discutível. Algumas de suas teses são sem dúvida mais corretas do que outras, mas creio que ele tem a virtude de trazer à tona os problemas fundamentais que envolvem a exegese da Escritura como exercício da teologia e fonte da vida da Igreja. Se o Concílio Vaticano II falou da necessidade de fazer do estudo das Escrituras a alma da teologia, é porque o método teológico muitas vezes o havia relegado ao puro corolário das afirmações dogmáticas. A Escritura foi usada como um arsenal para justificar afirmações teológicas construídas anteriormente a partir de outros pressupostos que eram estranhos e independentes da Escritura. Hoje, no entanto, o problema é diferente. Eu diria até mesmo que é o contrário. O isolamento da Escritura não é produzido pelo método teológico atual, com sua

---

65. J. Kügler – um autor que estou acompanhando nestas reflexões – refere-se a essa proposta como um convite a uma bela dissolução. Não porque ele despreze os resultados de seus colegas, nem porque ele não veja o diálogo com as ciências das religiões como interessante, mas porque para ele este não pode ser o ponto de referência para o projeto de uma exegese bíblica. O mesmo seria válido para qualquer um que queira reduzi-lo a uma ciência filológica ou literária. Todos eles são importantes e necessários para o trabalho exegético, mas não podem ser o critério de sua epistemologia (cf. Kügler, 2005, p. 21-22).

grande sensibilidade ao pensamento bíblico, histórico e contextual, mas pelo *status* epistemológico da própria ciência bíblica, que se fechou em si mesma, separando-se do lugar eclesial e do método teológico. Ela não é mais considerada como parte da ciência da fé, da teologia.

A exegese tem sua própria autonomia, que deve ser respeitada. Mas se quiser ser novamente a alma da teologia, terá de estar disposta, com humildade, a ser uma disciplina teológica. Ninguém introduz em seu núcleo mais íntimo uma realidade que é fundamentalmente distante e estranha para si (cf. Uríbarri, 2006, p. 547-548; Uríbarri, 2007, p. 253-306). Nesse sentido, Bento XVI afirmou na exortação pós-sinodal *Verbum Domini* que, "quando a exegese não é teologia, a Escritura não pode ser a alma da teologia, e vice-versa, quando a teologia não é essencialmente a interpretação da Escritura na Igreja, essa teologia não tem mais nenhum fundamento. Portanto, é necessário considerar com mais cuidado as indicações da constituição dogmática *Dei Verbum* a este respeito" (Bento XVI, *Verbum Domini* 35).

b) O lugar da Escritura na teologia

"O estudo da Sagrada Escritura [*Sacra Pagina*] deve ser como a alma da teologia sagrada" (DV 24) (cf. Lera, 1983, p. 409-422; Rovira Belloso, 1996, p. 195-220; Fitzmyer, 1994, p. 39-92; Cordovilla, 2015a, p. 355-393[66]). Essa é uma das expressões mais conhecidas sobre a relação entre a Bíblia e a teologia. Mas o que isso realmente significa? A expressão aparece em dois textos do Concílio Vaticano II: na constituição dogmática sobre a revelação divina, *Dei Verbum* 24, e no decreto sobre a formação dos futuros sacerdotes *Optatam Totius* 16. *Dei Verbum* fala da importância da Sagrada Escritura na vida da Igreja e, portanto, na teologia. Na *Dei Verbum* 24, três imagens são delineadas a fim de compreender o papel essencial e a função da Escritura na tarefa teológica. A Escritura deve ser a base perene, a fonte rejuvenescedora e a alma da teologia (cf. Söding, 2007). Por sua vez, o decreto sobre a formação sacerdotal utiliza essa expressão no número 16, um texto decisivo e fundamental para a reforma dos estudos eclesiásticos, especialmente de um ponto de vista

---

66. Reproduzido em "Teología y Sagrada Escritura" (Cordovilla, 2014, p. 108-145).

metodológico. Ele defende um método teológico que é mais bíblico e histórico que dogmático e especulativo, onde as Escrituras não são usadas apenas no final da construção teológica para provar ou rejeitar teses já definidas, mas desde o início, como fonte e alma dos desenvolvimentos teológicos subsequentes. O exemplo mais significativo do que essa renovação no método teológico implicou, ou seja, colocar em primeiro lugar o *auditus* sobre o *intellectus fidei*, fazendo da Escritura a fonte da teologia, é o manual de teologia como história da salvação, *Mysterium salutis* (Feiner; Löhrer, 1971).

1) Fundamento

A primeira imagem vem do mundo da construção. A Escritura deve ser o fundamento permanente da teologia. Fundação é aquela que é colocada na base de um edifício para atuar como um alicerce sólido que apoia, dá segurança e permite sua elevação. Em contraste com o uso da Bíblia como "*dicta probantia*" (corolário e conclusão do que já foi proposto e demonstrado de outras formas), que era frequente nos manuais antes do Concílio Vaticano II, a Sagrada Escritura é proposta aqui como o início, a fundação e o apoio de todo o edifício. Nesse sentido, quando o decreto sobre a formação dos futuros sacerdotes (OT 16) propõe iniciar os estudos teológicos com exegese e teologia bíblica, ele está fazendo uma proposta revolucionária.

Mas como a Escritura pode ser a base para a teologia, quando temos a sensação de que ela fica muito curta para a construção teológica que queremos realizar?

É claro que ele não se refere ao simples uso de textos isolados, mas a uma compreensão da Escritura como testemunha global da revelação, inscrita na tradição viva da Igreja (DV 8). É a alma, o centro e o fundamento da teologia e da vida da Igreja.

No entanto, isso não é tudo. A história da teologia (especialmente o Concílio de Niceia) mostra que em certos momentos a mera exegese filológica dos textos (Ário) não é suficiente. Além disso, ela se torna infiel à própria palavra de Deus quando finge alcançar uma mera objetividade que é basicamente redutora, pois resiste a integrar todos os elementos estrangeiros que não se encaixam em seu esquema. É um puritanismo tão exegético que várias filosofias e teorias estranhas ao significado geral e ao testemunho das Escrituras, geralmente sem que se tenha consciência disso, são introduzidas por meio de uma pré-compreensão.

Devemos estar cientes de que a Escritura oferece ao teólogo um testemunho aberto, que pode parecer frágil e incompleto do ponto de vista da elaboração de um sistema conceitual perfeitamente acabado. Entretanto, esse testemunho aparentemente infantil e imperfeito é o fundamento permanente; não é em vão que ele indica, à sua maneira, que o único acesso à realidade de Deus é sua manifestação na economia da salvação. Essa economia é o caminho e o limite para toda a teologia. Aqui a teologia de Santo Irineu, fiel à sobriedade das Escrituras e relutante às especulações e lucubrações gnósticas, representa para nós um exemplo permanente. Quando a teologia se afasta desse testemunho histórico e pessoal, da simplicidade inerente da Escritura, ela constrói sistemas muito lógicos de dentro de si mesma que paradoxalmente acabam não precisando de Deus.

Um exemplo. No desenvolvimento da teologia trinitária, o Novo Testamento contém um potencial que convida à afirmação dos dogmas e ao aprofundamento da teologia, mas também oferece uma crítica permanente a respeito deles. Por um lado, encoraja o teólogo a buscar conceitos que vão além das Escrituras, mas, por outro, exige que o teólogo não se acomode aos conceitos que encontrou. Os credos eclesiásticos produziram excelentes penetrações da linguagem relacional, narrativa e litúrgica do Novo Testamento. Assim como a mensagem do Novo Testamento proclama que Jesus e o Espírito pertencem ao movimento e ao acontecimento de Deus, também os credos o formulam em categorias de identidade e diferença. Se os credos protegem a mensagem do Novo Testamento da má interpretação, o Novo Testamento impede que o mistério de Deus seja colocado em um sistema fechado que acabaria com a riqueza, variedade e policromia em que o Deus Pai de nosso Senhor Jesus Cristo é revelado e manifestado a nós na Escritura (cf. Karrer, 2001).

2) Fonte

O fundamento bíblico, entretanto, não pode ser entendido como algo estático e fechado, mas como uma autêntica fonte de vida e respiração que rejuvenesce permanentemente qualquer sistema teológico. Se a teologia tem a Sagrada Escritura como base e fundamento, ela nunca poderá ser uma casa acabada e fechada para armazenar a inesgotável e insondável revelação de Deus, pois cada fundação perene exige estar viva e em movimento. Não podemos esquecer que o fundamento da teologia é a palavra escrita de Deus e a tradição viva. E se lermos o texto com atenção, podemos ver que, assim como a expressão fundação é usada para se referir a essa palavra escrita transmitida pela tradição, a expressão fonte de renovação permanente está relacionada à verdade que se encontra no mistério de Cristo e que temos que investigar à luz da fé.

Essa ideia do caráter inesgotável e rejuvenescedor da "doutrina divinamente revelada" já havia sido exposta por Pio XII diante de um pensamento que, retirado do depósito da revelação, era estéril:

> Com o estudo das fontes sagradas, as ciências sagradas estão constantemente sendo rejuvenescidas; no entanto, sabemos por experiência que a especulação que negligencia uma investigação mais aprofundada do depósito sagrado, torna-se estéril (DH 3886).

E embora esse texto tenha sido pronunciado em resposta a uma pergunta diferente, em que o objetivo era evitar que uma teologia positiva desconsiderasse o magistério vivo da Igreja (uma pergunta à qual a DV 10 responde), sua novidade reside em algo bem diferente. Assim, a teologia não deve procurar relacionar-se antes de tudo com a palavra escrita, mas com a verdade contida no mistério de Cristo, pois a palavra escrita de Deus não esgota a palavra de Deus que é o Filho. Certamente, existe uma relação recíproca entre os dois, mas não uma identificação. A palavra de Deus ou o mistério de Cristo não é equivalente à palavra escrita de Deus. Uma é a palavra testemunhada e a outra é a palavra testemunha. O último é o sacramento ou meio expressivo do primeiro:

> A palavra testemunha é, em seu ponto central, Jesus Cristo, a Palavra eterna do Pai, que tomou, como Palavra, a figura da carne, para testemunhar, representar e ser na carne a verdade e a vida de Deus [...]. A palavra testemunha é a série de Escrituras que, do Gênesis ao Apocalipse, acompanha e capta como num espelho a revelação da Palavra na carne; por esta função distingue-se, antes de tudo, a Escritura da revelação (Balthasar, 1964c, p. 19).

Uma diferença que, em última análise, não existe quando se tem um conceito amplo da Escritura. O cristianismo não é uma religião do livro, se por livro nos referimos ao texto material da Escritura. Nela e por meio dela é-nos comunicada a revelação de Deus. É, em última análise, "a única Palavra de Deus, que dá testemunho de si mesma na única revelação" (Balthasar, 1964c, p. 20).

3) Alma

A terceira imagem apresenta a Sagrada Escritura como a alma de toda a teologia. Gostaria de enfatizar que o texto não se refere simplesmente à Sagrada Escritura, mas ao seu estudo como entendido pela *Dei Verbum* quando se refere à interpretação da Bíblia (DV 12) e à forma como ela tem sido exercida pela melhor tradição teológica e eclesial (*Sacra Pagina*).

A imagem da Escritura como alma da teologia tem que ser entendida a partir da imagem paralela do Espírito Santo como a alma da Igreja[67]. Antes de mais nada, deve-se ressaltar que se trata de uma imagem e não de uma aplicação ou definição direta. A constituição dogmática *Lumen Gentium*, retomando o ensinamento de Leão XIII, usa a imagem do Espírito como alma da Igreja (LG 7)[68] quando fala da renovação permanente que nela deve ocorrer. É o Espírito que torna possível essa renovação permanente, pois Ele anima, unifica e move o corpo de Cristo, que é a Igreja.

A aplicação dessa imagem à Escritura sugere acima de tudo uma função nutritiva e vivificadora, pois é a fonte imediata da teologia. O Concílio Vaticano II afirma sem ambiguidade que a teologia não pode ser feita sem cultivar o contato direto e o estudo com a fonte. É ela quem faz da teologia sempre uma realidade viva e não algo que permanece ancorado no passado. É o centro unificador, porque nela a figura e a plenitude da revelação se fazem presentes para nós. Mas é um centro inapreensível, uma verdade transbordante que nos move constantemente e nos leva a compreender toda a verdade.

> O efeito da inspiração não deve ser buscado antes de tudo na inerrância das Escrituras; deve ser buscado em uma qualidade constante, em virtude da qual o Espírito Santo vivo sempre se coloca como *auctor primarius* por trás da palavra, pronto a todo momento para atrair ao fundo da verdade divina qualquer um

---

67. *Divinum illud* (1897); DH 3229: o Espírito alimenta e acrescenta à Igreja.

68. LG 7 é dedicado à compreensão da Igreja como o corpo de Cristo.

que tente compreender esta palavra sua no Espírito da Igreja (que tem o Espírito como seu Esposo). E o conteúdo primário da Escritura permanece sempre Deus […]. É a palavra que abre o acesso a Deus e continua a abri-lo; em nenhum lugar são lançadas fechaduras, mas em todos os lugares são criadas aberturas (Balthasar, 1964c, p. 32, 37).

Na realidade, essa reflexão nos conduz à questão de Deus como "objeto" da teologia (capítulos 1 e 2), ou seja, à concentração teológica da teologia. Entender a Sagrada Escritura e seu estudo como alma, fundamento e fonte do trabalho teológico significa recuperar seu centro e objeto principal. Não é, portanto, um pedido legítimo dos exegetas em oposição aos dogmáticos, mas a necessidade de recuperar o verdadeiro centro e coração da teologia; de recuperar uma teologia que coloque Deus de novo no centro de sua reflexão e, a partir dele, procure integrar o resto das declarações sobre o mundo, o homem e a história.

Essa recuperação do verdadeiro centro da teologia nos convida a uma atitude de abertura permanente na busca daquele que está sempre além de nossas próprias formulações, mesmo além do texto material da Escritura, embora para nós não possa mais dar-se sem ele. Entretanto, a letra da Escritura é essencialmente diferente da letra de nossas formulações dogmáticas, pois enquanto a primeira é inspirada pelo Espírito, a segunda é garantida em sua verdade – no máximo – pela assistência do Espírito, mas sem ser inspirada. Como veremos a seguir, o espírito do texto não é nem imediato nem separado da letra, mas está nele. Por essa razão, sua interpretação é sempre necessária.

3 A interpretação das Escrituras

a) Exegese científica e teológica

Os princípios para a interpretação da Escritura devem surgir da natureza da Bíblia e de seu lugar na vida da Igreja e na teologia. Como diz o exegeta Klaus Berger: "A maneira como uma Escritura é usada já é uma certa interpretação". Se a origem dos diferentes livros da Bíblia está relacionada com a função que desempenhavam na liturgia (hinário, parenética, narrativa, doxológica) para alimentar a vida dos crentes, isso já implica uma certa interpretação[69]. Não é a mesma coisa proclamar a Bíblia na assembleia eucarística, ouvindo primeiro o Antigo Testamento, depois o Novo Testamento e finalmente o Evangelho como culminação, como é ler e analisar um pequeno fragmento de uma parte da Bíblia no silêncio da própria mesa com os métodos científicos disponíveis. Pois embora as duas formas de interpretação tenham estado durante muito tempo ligadas na história da teologia, desde o século XIX desenvolveu-se progressivamente uma profunda separação. Esse desenvolvimento levou a uma separação entre a exegese científica e a vida real da Igreja (Dreyfus, 1976, p. 161-202; Dreyfus, 1979a, p. 5-58; Dreyfus, 1979b, p. 161-193).

O uso da Bíblia na liturgia é um reconhecimento de que essa palavra é de fato a palavra de Deus, que Ele mesmo dirige a uma comunidade e a um povo em um momento histórico particular e específico, a fim de oferecer-lhes salvação e convidá-los a habitar em sua companhia. A Bíblia é interpretada e atualizada como a palavra de Deus na Igreja para a salvação no mundo de hoje. O estudo da Bíblia na academia (exegese), por outro lado, visa à correta interpretação do texto a partir da aplicação de métodos histórico-críticos, a determinação de seu contexto, a composição literária, a estrutura linguística e, finalmente, a história da recepção. Se, por meio da liturgia, a Igreja em oração traz ao presente da forma mais perfeita a palavra de Deus (atualiza), a exegese deve preparar e ajudar essa atualização (Vanhoye, 1997, p. 440-451), pois somente quando os exegetas explicam o significado do texto bíblico como palavra de Deus para hoje, eles alcançam o verdadeiro fim de seu trabalho (Pontificia Comisión Bíblica, 1994). A exegese bíblica deve utilizar todos os meios à sua disposição para investigar o significado do texto, mas somente chega ao sentido de sua ação e missão quando, perguntando-se pela verdade do que é lido, passa a seu significado religioso e teológico. Como Martinho Lutero disse em seus aforismos provocativos: *"Qui non intelligit res, non potest ex verbis sensum elicere"* (Lutero, *Charlas de sobremesa*, n. 5246; cf. González de Cardedal, 1997, p. 744). É uma exegese que alguns chamaram de "integral" (Gilbert, 1991, p. 459-468).

---

69. "Somente transmitindo e vivendo as realidades cristãs a Igreja, os exegetas e os teólogos podem ter uma palavra verdadeira sobre os livros cristãos. Aquele que tem olhos só para a liturgia é cego para a Bíblia" (González de Cardedal, 1997, p. 744).

Na história recente, a leitura e interpretação das Escrituras na Igreja tem corrido dois perigos: 1) a de uma interpretação que enfatiza tanto o aspecto humano da Bíblia que não leva em conta que ela é a palavra de Deus inspirada pelo Espírito Santo (*Providentissimus Deus*, 1893); 2) a de uma interpretação que enfatiza tanto o caráter divino e sagrado da Escritura a ponto de desconsiderar o fato de ela ser a palavra de Deus na linguagem humana (*Divino aflante Spiritu*, 1943)[70].

No excesso da primeira tendência tem sido uma exegese desligada da fé e da Igreja, com o objetivo de desenvolver uma "exegese crítica" e verdadeiramente científica. Essa exegese consegue reconstruir os textos em sua versão mais autêntica, de acordo com a crítica textual; depois os examina, buscando diversas fontes e excertos até sua redação definitiva e abordando a melhor interpretação possível e seu sentido final; ademais, também determina o contexto histórico e cultural em que cada um deles surgiu por meio da arqueologia, da literatura comparada etc., e desvenda seu contexto histórico e cultural. É justo reconhecer que a exegese se desenvolveu de forma admirável nesse campo. Mas, neste ponto, ainda não foi suficientemente radical. Ainda não estamos no campo próprio da exegese e da teologia, cujo objetivo principal não é reconstruir a história de Israel, do Jesus histórico ou das primeiras comunidades, mas aprofundar o significado da Escritura como a palavra de Deus inspirada pelo Espírito Santo. A exegese deve ser ao mesmo tempo crítica e teológica. "O estudo científico da Bíblia não pode ser isolado da pesquisa teológica, nem da experiência espiritual e do discernimento da Igreja" (Pontificia Comisión Bíblica, 1994, p. 106).

No outro extremo está o que tem sido chamado de leitura fundamentalista da Bíblia. Essa leitura "parte do princípio de que, como a Bíblia é a palavra de Deus inspirada e livre de erros, ela deve ser lida e interpretada literalmente em todos os seus detalhes" (Pontificia Comisión Bíblica, 1994, p. 67).

Tal leitura, que não pode ser chamada de exegese, exclui qualquer esforço para compreender a Bíblia que leve em conta seu crescimento e desenvolvimento histórico e se opõe ao método histórico-crítico e a todos

---

70. Discurso de João Paulo II sobre a interpretação da Bíblia na Igreja (Pontificia Comisión Bíblica, 1994, p. 3-11).

os outros métodos científicos. Essa leitura não aceita que a Bíblia seja a palavra de Deus escrita por autores humanos inspirados pelo Espírito, sob uma inspiração que leva em conta a história e a mediação humana. E como, no fundo, essa tendência não aceita o caráter histórico da revelação de Deus e a verdade da encarnação (cf. Pontificia Comisión Bíblica, 1994, p. 67-70), o "método histórico-crítico" é exigido como "o método indispensável para o estudo científico do significado dos textos antigos" (Pontificia Comisión Bíblica, 1994, p. 33).

Aqui chegamos ao cerne do problema da relação entre a exegese e a teologia. Embora a teologia tenha aceitado a dimensão histórica do texto bíblico e assim tenha sido enriquecida em seu trabalho, uma grande parte da exegese não aceita facilmente o caráter teológico do texto e, sobretudo, o fato de que ele deve ser interpretado a partir da lógica da fé, que é própria de todo método teológico. A intenção da exegese histórica "é entender melhor o texto bíblico, tentar esclarecer o significado exato dos conceitos, situar o texto em seu meio original, traçar a história de sua formação e descobrir os problemas envolvidos" (Introduction à la Bible, 2010, p. 18). Mas, ao mesmo tempo, essa exegese deve estar consciente "de que a Bíblia não é simplesmente um tesouro literário antigo ou uma mina de documentação sobre a história das ideias morais e religiosas de um povo. A Bíblia não é simplesmente um livro no qual se fala de Deus; ela se apresenta como um livro essencial para a vida humana, como mostram muitos dos textos bíblicos (Dt 32,47; Jo 20,30-31)" (Introduction à la Bible, 2010, p. 19). É um livro essencial para a vida humana porque a Escritura não só fala de Deus, mas nela é o próprio Deus que fala às pessoas, que continua a conversar com elas, convidando-as à sua comunhão e companhia. Um sentido teológico do texto que não esteja enraizado no sentido histórico e literal não é possível. Os exegetas argumentam, com razão, que fazer o contrário seria retornar a uma fase pré-crítica de pesquisa bíblica (*eisegesis*). Mas aqui surge outra questão decisiva relativa ao *sentido histórico* do texto como base do sentido teológico. O que entendemos por história? O que caracteriza o histórico? A compreensão positivista do século XIX ou aquela já corrigida pela historiografia de hoje, que está consciente de que não há história sem interpretação? Ou será melhor pensar naquilo que a teologia desenvolveu ao longo do século XX? (Theobald, 2009, p. 117-145).

O método histórico é uma criança da Modernidade. É óbvio que não podemos renunciar a ele, nem por fidelidade ao fato cristão, nem por contemporaneidade com o tempo presente. Não podemos voltar inocentemente ao passado. É justo reconhecer com Joachim Gnilka que esse tipo de exegese nos ajudou a entender realmente que a revelação de Deus acontece na história, em um sentido que não é diretamente assimilado por nossa maneira de pensar e por nossos interesses atuais. Também nos tornou mais conscientes do processo histórico da fé como recepção da palavra de Deus, um processo que geralmente é lento e complexo, sendo acompanhado do que é a vida humana, tornou-se também uma instância crítica diante de uma apropriação indevida da palavra de Deus que poderia pôr em risco sua soberania (Gnilka, 1985, p. 12-13). Mas também não podemos parar por aí. Se a própria Modernidade tem sido crítica de si mesma, indo além dos "velhos dogmas iluminados", essa crítica também deve afetar esse método, que é necessário e insuficiente. Necessário para evitar o literalismo fundamentalista na leitura das Escrituras e o perigo de uma compreensão gnóstica do cristianismo; insuficiente devido ao perigo de levar a uma "hermenêutica secularizada", que levaria a uma compreensão deísta do cristianismo (cf. Brambilla, 2005, p. 293)[71].

b) Dei Verbum 12

Na Constituição Dogmática sobre a Revelação Divina, o Concílio Vaticano II lançou as bases para o desenvolvimento da exegese e interpretação da Escritura na Igreja. Ao mesmo tempo, tentou integrar as duas perspectivas fundamentais que vimos acima e estabeleceu vários critérios essenciais em sua interpretação, que passamos a enumerar[72]. Esses critérios devem ser entendidos no contexto da doutrina delineada na *Dei Verbum*, ou seja, da compreensão da revelação como um relacionamento pessoal e participação na comunhão trinitária (DV 1); da relação estabelecida entre a Escritura e a Palavra de Deus, que, como já vimos, não são simplesmente identificáveis; da relação frutuosa que existe entre a Escritura e a Tradição, pois, tendo uma mesma origem, tendem ao mesmo fim;

---

71. A expressão "hermenêutica secularizada" é de Bento XVI, em *Verbum Domini* 35.

72. O número mais importante é *Dei Verbum* 12, ainda que deva ser lido não de forma isolda, mas à luz do conjunto da constituição (cf. Potterie, 1991, p. 19-42).

finalmente, a partir da relação entre a Escritura e a Igreja, e entre o estudo da Escritura e a teologia (Vanhoye, 2003, p. 147-173).

O número 12 da *Dei Verbum* tem uma introdução na qual é afirmada a disposição geral do intérprete da Escritura (estudar cuidadosamente o que os autores queriam dizer e o que Deus queria dar a conhecer). Segue--se a primeira parte do texto que explica como investigar para alcançar a intenção do autor (gêneros literários, história das formas, história da redação, contexto histórico). Segue-se a segunda parte do texto na qual são dados os critérios para chegar ao verdadeiro significado do texto sagrado (DV 12). Finalmente, há uma conclusão na qual é expresso o caráter essencialmente eclesial da ciência bíblica. A maioria dos autores expressa que embora a exegese bíblica tenha desenvolvido admiravelmente a primeira parte das indicações do texto conciliar (a intenção do autor), o mesmo não aconteceu com a segunda parte (o verdadeiro significado). De fato, existe uma dificuldade percebida para se conseguir uma melhor articulação entre os dois (cf. Lohfink, 1992, p. 20-35).

Ponto de partida: *sua natureza*. O ponto de partida para a interpretação da Bíblia é sua natureza humano-divina. Toda ela é palavra humana e toda ela é palavra de Deus. Desse princípio fundamental, que tem a ver com a natureza da Escritura, nascem seus princípios hermenêuticos fundamentais. A hermenêutica da Escritura deve ter duas qualidades essenciais e inseparáveis de sua natureza: "Deus fala na Sagrada Escritura pelos seres humanos e na linguagem humana". Como a Escritura é Deus na linguagem humana, ela deve ser interpretada, pois só saberemos o que Deus queria nos comunicar se levarmos em conta a linguagem humana na qual Ele nos fala. O exegeta católico deve se aproximar da Bíblia com a convicção de que ela é a Sagrada Escritura, um livro plenamente humano e plenamente de Deus. Isso é parte de sua pré-compreensão.

Primeiro critério: *a intenção do autor*. Para saber o que Deus queria nos comunicar, a Constituição Dogmática sobre Revelação propõe um primeiro princípio hermenêutico: investigar a intenção do autor (DV 12). O teólogo espanhol José Manuel Sánchez Caro, em seu manual de introdução à palavra de Deus, nos adverte contra uma aceitação excessivamente ingênua desse princípio se não for tomada uma primeira distância entre o autor e sua obra, e uma distância maior entre o leitor e o autor. Isso se torna mais complicado quando a exegese histórico-crítica afirma que não estamos lidando com um único autor, mas com vários autores de diferentes períodos. Finalmente, a complexidade aumenta quando se recomenda estudar "o que Deus quis dar a conhecer por meio das palavras deles" (DV 12). Tudo isso parece querer dizer que o significado dos autores humanos e o pretendido por Deus devem ser deduzidos fundamentalmente do texto e não apenas da intenção do autor.

Segundo critério: *Palavra de Deus "em palavras humanas"*. Se a Escritura é a palavra de Deus na palavra humana, não é surpreendente que o Concílio enfatize a importância dos gêneros literários para conhecer a intenção do autor expressa no texto e para descobrir seu sentido. Os gêneros literários são aquelas formas de expressão oral ou escrita que caracterizam uma literatura ou um autor. A eles, e por causa do caráter histórico da Escritura[73], devem ser unidos outros métodos que, sem a necessidade de uma filosofia particular, tentam colocar o texto em seu contexto e história. Para realizar tal tarefa, são utilizadas análises textuais e literárias, filológicas, linguísticas e histórico-críticas. Ao lado desses métodos de interpretação das ciências humanas, devemos acrescentar aqueles que estão sendo utilizados atualmente de forma mais intensiva, como a análise semiótica ou estrutural, a análise sociológica, a interpretação psicanalítica etc., embora livres, como os anteriores, daqueles princípios filosóficos que estão claramente em contradição com a Escritura.

Terceiro critério: *leitura no Espírito*. Os critérios hermenêuticos também derivam do caráter divino da Escritura, sem esquecer que a Escritura sempre se dá na mediação humana. "A Escritura deve ser interpretada no mesmo Espírito em que foi escrita" (DV 12d). Neophytos Edelby, arcebispo titular melquita de Edessa, cunhou a famosa expressão "leitura no Espírito", para expressar que a Escritura só pode ser lida e interpretada corretamente no mesmo Espírito que continua a agir na Igreja de todos os tempos. O texto do Concílio explicita essa leitura no Espírito, não como uma mera leitura subjetiva, mas a partir da integração de três realidades fundamentais da Igreja, que são decisivas para a compreensão da Escritura e da própria Igreja: 1) o conteúdo e a unidade da Escritura, uma máxima fundamental da exegese patrística, que foi retomada e atualizada na abordagem canônica; 2) a leitura da Bíblia no interior da Tradição viva

---

73. DV 19 se refere em particular à historicidade dos evangelhos, que a Igreja "afirma sem duvidar".

de toda a Igreja, o lugar onde acontece a epiclese da história da salvação e a memória viva da Igreja onde o texto se torna a fonte, o fundamento e a alma; 3) e, finalmente, a analogia da fé, ou seja, uma leitura da Escritura em harmonia com a fé da Igreja e o mistério total da revelação de Deus, onde o magistério da Igreja tem a palavra final e definitiva em sua interpretação.

c) A interpretação da Bíblia na Igreja

Em 1993, a Pontifícia Comissão Bíblica publicou um importante documento ao qual já fizemos referência: *A interpretação da Bíblia na Igreja*. O documento procura alcançar uma síntese entre as posições racionalistas, que reduzem a Bíblia a uma mera palavra humana expressa no tempo e ligada a um lugar específico, e as leituras fundamentalistas, que rejeitam qualquer tipo de estudo exegético da Bíblia e propõem uma interpretação literal do texto no sentido religioso e espiritual, sem mediação humana.

A Igreja, por sua vez, não tem nenhum método próprio. Aceita o método histórico-crítico como necessário por causa de sua fidelidade à história da revelação, mas está consciente de seus limites. Nesse sentido, sempre foi necessário utilizar outros métodos e abordagens. Alguns são literários, baseados em retórica, narrativa ou análise semiótica; outros são baseados na tradição, como o método canônico, o herdeiro da exegese judaica e a história de influência ou efeitos (*Wirkungsgeschichte*); outros, finalmente, são inspirados pelas ciências humanas (sociológicas, antropológicas culturais, psicológicas) e pelo contexto (libertário e feminista). Desta forma, a perspectiva diacrônica e sincrônica dos textos bíblicos é contabilizada.

Como exegese é interpretação, seu desenvolvimento "deve ser repensado à luz da hermenêutica filosófica que destacou a implicação da subjetividade no conhecimento, em particular no conhecimento histórico" (Pontificia Comisión Bíblica, 1994, p. 71)[74]. Na verdade, "qualquer exegese de textos deve ser complementada por uma hermenêutica no

---

74. O documento cita Schleiermacher, Dilthey, Heidegger. Bultmann (pré-entendimento), Gadamer (círculo hermenêutico: texto, autor, leitor; fusão de horizontes, afinidade fundamental entre objeto e sujeito; eficácia histórica do texto) e Ricoeur (distância para apropriação e atualização na leitura e na vida). Já no século VI, Gregório Magno se maravilhava que os textos lidos "crescessem" com o espírito do leitor.

sentido recente do termo". Trata-se de preencher a lacuna entre o tempo dos autores, dos primeiros destinatários dos textos bíblicos e nossa era contemporânea, a fim de atualizá-los corretamente hoje para que possam alimentar a vida dos crentes.

Diante do positivismo histórico, a hermenêutica é uma reação saudável que nos permitiu escapar mais facilmente de uma miragem que ousaria chamar de pseudocientífica, ao pensar que para que a interpretação da Escritura seja verdadeiramente uma ciência, ela precisa colocar a fé entre parênteses. Como Albert Vanhoye mostrou em um artigo em resposta a outro de Jean-Marie Sevrin, a fé não só não é um impedimento à exegese científica, mas sua própria condição de possibilidade, já que todo cientista parte de um entendimento prévio necessário para qualquer tipo de interpretação (Vanhoye, 1991, p. 267-278; Sevrin, 1990, p. 146-162). E que melhor pré-entendimento pode ter o leitor e intérprete da Escritura do que o domínio espiritual em que foi escrita e o significado último para o qual foi escrita? A esfera espiritual e o significado último que nós cristãos chamamos de fé, e que permite uma continuidade e uma conaturalidade únicas entre o sujeito que acessa o texto hoje e o contexto real no qual esse texto surgiu. Pois enquanto a história nos distancia, a fé nos aproxima. Não é em vão que ambos os momentos, distância e proximidade, tanto a intimidade quanto a estranheza com o texto, são necessários para uma interpretação correta.

Entretanto, para que seja exegese científica, a fé não é suficiente; é necessária uma investigação crítica do contexto histórico, de sua forma literária e de seu significado teológico. Mas dizer que não é suficiente não é sinônimo de sua exclusão premeditada em nome de uma "cientificidade objetiva". Se a exegese não for realizada dentro da esfera e da estrutura da fé, ela não pode ser útil para a teologia (Childs, 1964, p. 432-449).

Essa nova perspectiva nos remete, de certa forma, à doutrina dos sentidos da Escritura, segundo a qual os autores clássicos distinguiram diferentes níveis: literal, moral, alegórico e anagógico[75]. É impressionante como essa doutrina clássica, que tinha sido praticamente descartada pela exegese atual, tem sido utilizada, em menor ou maior grau, por alguns filósofos

---

75. Esses quatro sentidos são formulados com clareza por Agostinho da Dinamarca no século XIII: "*Littera gesta docet, quid credas allegoria, moralis quid agas, quid speres anagogia*".

para compreender melhor a complexidade do conhecimento humano e para abordar a complexidade e a riqueza de toda a experiência religiosa (cf. Schaeffler, 2004, p. 75-140)[76]. Quer a doutrina dos sentidos espirituais da Escritura possa ou não ser reabilitada na exegese bíblica (já dissemos que é impossível utilizá-la hoje da mesma forma que na época dos Padres e da Idade Média), é inegável que ela mostra a riqueza e a amplitude tanto do conhecimento humano quanto da experiência de Deus. Se isso for verdade para o "objeto" e para o tema do conhecimento e da experiência, não se refletirá também em um texto que é fruto da confluência dos dois?

Diante de um uso exagerado dos significados da Escritura, a exegese histórica optou pela unidade de significado, segundo a qual o texto não poderia ter significados diferentes. Mas o que começou como uma opção necessária, justa e razoável acabou provocando uma certa ditadura do sentido histórico-literal, entendido de acordo com um método específico. A Escritura foi retirada da vida real do crente e passada para as mãos de especialistas, como os únicos capazes de determinar seu significado. A hermenêutica moderna, entretanto, afirma a possibilidade da multiplicidade de significados.

O documento da Pontifícia Comissão Bíblica aborda essa questão a partir de uma perspectiva muito equilibrada. Ela assume, com a nova corrente da filosofia hermenêutica e em continuidade com a antiga exegese, a possibilidade de diferentes sentidos na Sagrada Escritura, embora os reduza ao sentido literal, espiritual e pleno. Por outro lado, retoma a preocupação e a crítica que fez da exegese um abuso dessa aplicação dos sentidos; mas como não endossa expressa e diretamente a doutrina clássica, ela indica como ponto de partida inevitável a determinação do sentido literal. Isto é absolutamente necessário para determinar o significado dos textos em fidelidade aos autores. O texto, expresso diretamente pelos autores inspirados, também é querido por Deus, seu principal autor. Em qualquer caso, um texto não pode ser interpretado apenas de um ponto de vista subjetivo[77].

---

76. Cf. cap. 1, nota 12.

77. Façamos um esclarecimento: o significado literal de um texto é geralmente único, embora nem sempre seja este o caso. Por exemplo, em Jo 11,50 o sentido literal combina um cálculo político pérfido e uma forma admirável de revelação divina. No entanto, o sentido literal é indispensável para determinar o significado de um texto e sua correta interpretação.

O sentido literal é seguido pelo sentido espiritual; nele, a singularidade do contexto histórico em um determinado momento torna a interpretação de um texto radicalmente nova à luz do mistério pascal de Cristo. "Significado expresso pelos textos bíblicos quando são lidos à luz do Espírito no contexto do mistério pascal de Cristo e da nova vida que dele provém." A aplicação desse sentido à Escritura se baseia na convicção de sua unidade e de que tudo nela fala de Cristo, uma das máximas fundamentais da Tradição que podemos traçar no próprio Novo Testamento.

Os dois sentidos anteriores são seguidos pelo sentido completo. Este é o "sentido profundo do texto, querido por Deus, mas não claramente expresso pelo autor humano". Esse sentido é descoberto quando é estudado à luz de outros textos bíblicos que fazem uso dele (cf. Mt 1,23; Is 7,14) ou em sua relação com o desenvolvimento interno da revelação (cf. Rm 5,12-21; Trento fala a partir daí do pecado original). O documento adverte, entretanto, que não é aconselhável abusar dessa forma de interpretação, especialmente quando nenhuma das duas possibilidades descritas acima está presente: a partir de outros textos bíblicos ou do desenvolvimento interno da revelação.

Como conclusão, podemos dizer que a interpretação da Bíblia na Igreja envolve a dimensão histórica que investiga os fatos, a dimensão hermenêutica que interpreta o sentido da vida humana e a dimensão teológica que aceita na fé as palavras humanas como revelação de Deus (cf. González de Cardedal, 2005, p. 97-110)[78]. Somente um estudo da Escritura que passe por esse tríplice momento pode ser colocado com pleno direito e legitimidade como alma e fundamento da teologia. Então, na interpretação das Escrituras, estão em jogo a distância crítica que deve ser mantida entre o texto escrito e o leitor atual (método histórico-crítico), a proximidade cordial que deve ser mantida entre os dois em cada ato de leitura (exegese pragmática e hermenêutica) e, finalmente, a interpretação eclesial que leva em conta que é um livro no qual há o testemunho da revelação de Deus e da fé de um povo (Israel e a Igreja) que surgiu dentro de sua própria Tradição, ou seja, a exegese teológica da hermenêutica da fé.

---

78. O autor explica este tríplice nível (fatos, sentido, revelação) referindo-se à pessoa de Cristo. Mas isso pode ser perfeitamente aplicado à interpretação das Escrituras.

Conclusão

A fidelidade à Escritura é um reflexo da fidelidade que a teologia deve mostrar à história humana e à encarnação de Deus. A palavra de Deus se tornou carne, e nessa carne está para nós a palavra e a salvação.

Mas a carne e os fatos não falam por si mesmos; pelo contrário, eles esperam e aguardam os diferentes significados de sua interpretação. Não há pura imediatez com a realidade, pois ela nos é sempre dada na conjugação entre sua presença e sua interpretação (P. Ricoeur). Para a teologia, essa mediação inescapável é a fé, que atua como pré-compreensão necessária para que a Escritura se torne realmente alma, fonte e fundamento da teologia e da vida da Igreja.

O exegeta Albert Vanhoye, secretário de longa data da Pontifícia Comissão Bíblica, percebeu claramente o segredo de tornar o estudo da Escritura verdadeiramente "a alma da teologia". É muito simples: permanecer atento à profundidade espiritual dos textos históricos. Que este texto sirva de ponto de conclusão para este capítulo:

> A revelação não é simplesmente a comunicação de um conjunto de verdades: é acima de tudo um entrar em relação com as pessoas; ela introduz numa vida de comunhão com Deus, o Pai, o Filho e o Espírito. Para ser "como a alma da teologia", o estudo exegético deve estar atento a esta profundidade espiritual dos textos históricos, que pressupõe docilidade ao Espírito Santo por parte do exegeta (Vanhoye, 2003, p. 173).

VI

A memória da teologia:
a Tradição

> Recebi do Senhor o que eu, por minha vez, vos transmiti: que o Senhor Jesus na noite em que foi entregue...
> "Fazei isto em memória de mim."
> (1Cor 11,23-24)

Introdução

Se a Escritura é a alma da teologia e da vida da Igreja, a Tradição é sua memória. Se a Escritura é a fonte, a Tradição é o canal. Sem essa memória e esse canal, a Escritura deixa de ser a alma e a fonte da teologia e da vida da Igreja. É pelo caminho da Tradição que a revelação testemunhada na Escritura é acessada de forma viva, real e significativa. Juntas, Escritura e Tradição tornam-se a mediação necessária que nos dá e atualiza a revelação de Deus.

O texto bíblico que encabeça este capítulo resume brilhantemente a essência da Tradição. Ela é, de fato, a memória da Igreja e, portanto, da teologia. Além disso, descreve o ato fundamental da Tradição, que consiste em receber e transmitir, mas também seu conteúdo básico: a doação de Cristo por nós e pela vida do mundo. Essa doação em nome da humanidade é o princípio fundamental da Tradição, que a Igreja mantém em sua memória e atualiza em sua vida (Rodríguez Panizo, 2013, p. 72-83).

1 Tradição em diálogo

a) Escritura e Tradição: em diálogo com a Reforma

A história da interpretação teológica da relação entre Escritura e Tradição é longa e complexa, especialmente após a Reforma Protestante e o

Concílio de Trento (cf. Ratzinger, 1970, p. 27-76). Não podemos entender a Escritura e a Tradição como duas fontes diferentes da revelação, mas como uma realidade única que torna possível que o evento da revelação de Deus em Jesus Cristo seja aceito e recebido na fé pela recepção do Espírito Santo no coração de cada crente. Pois somente assim esse evento pode realmente passar de um fato objetivo a uma fonte de salvação[79].

A compreensão da revelação delineada no Vaticano II e na teologia contemporânea nos ajudou, por um lado, a ter uma visão menos literalista e fundamentalista da Sagrada Escritura (um perigo mais acentuado na tradição protestante) e, por outro lado, a desenvolver um conceito de Tradição mais vivo e dinâmico (e não tão fossilizado como o que predomina na tradição católica) (cf. Rovira Belloso, 1996, p. 248). Isso permitiu compreender ambas as realidades em sua unidade essencial, pois ambas provêm da mesma fonte, ou seja, a revelação de Deus, e tendem ao mesmo fim, ou seja, a salvação da humanidade (DV 9).

b) Cristo e o Espírito: em diálogo com a ortodoxia

Quando em teologia falamos de Tradição, abordamos o delicado problema da relação entre história objetiva e presença subjetiva, entre passado e presente, entre mediação objetiva e imediatismo pessoal, entre identidade e significado, entre fidelidade e criatividade; em suma, entre cristologia e pneumatologia.

Para o mestre dominicano Yves Congar, o princípio da Tradição tem sido fundamental para o desenvolvimento do pensamento teológico. De fato, a teologia chegou a compreender que "os eventos centrais da história da revelação e da salvação atestados nas Escrituras, que formam o fundamento histórico e objetivo do cristianismo, são transmitidos ao presente vivo no evento da Tradição eclesial" (Congar, 1964, p. 74). Não é em vão que "o *tradere* expressa a forma como a manifestação de Deus, de seu mistério, de seu plano de salvação, chega a cada pessoa para tornar-se, uma vez recebidos [esses eventos centrais] pela fé, o princípio da salvação" (Congar, 1964, p. 54). Assim, "a Tradição apostólica é sempre histórica e

---

79. Sobre a relação da teologia católica com a teologia protestante e ortodoxa na questão da Tradição, cf. Boeglin (1998).

pneumática ou carismática". Histórica em sua origem e na materialidade de seu conteúdo; pneumática ou carismática em termos do poder em ação nela (Congar, 1964, p. 40). Daqui já podemos perceber qual será a estrutura fundamental da Tradição cristã; além disso, a forma fundamental do próprio cristianismo: ser um dom de Deus (Pai) como um evento histórico (Cristo) e uma presença espiritual (Espírito Santo). Esse evento "deve mover-se dentro da espacialidade-temporalidade da existência histórica da humanidade e assim chegar até nós" (Rahner, 1969b, p. 120). A tradição é "*memoria Iesu Christi* que se realiza no Espírito Santo; é a palavra de Deus que vive no coração dos crentes pelo Espírito Santo" (Kasper, 1989, p. 122-123). Tradição é a mediação no espaço e no tempo para o imediatismo com o evento revelador.

c) Tradição ou ruptura: em diálogo com a Modernidade

Em sua última fase, a Idade Moderna se entende como uma ruptura com a tradição anterior, uma vez que seu objetivo consiste na busca e conquista da liberdade e autonomia do sujeito. As palavras de mestre com as quais um de seus mais qualificados representantes, o filósofo de Könisberg, Immanuel Kant, descreveu a essência desse período ainda hoje nos impressiona:

> O Iluminismo[80] é a saída do homem de sua menoridade, pela qual ele mesmo é responsável. A menoridade é a incapacidade de fazer uso da própria razão sem a orientação de outro. O próprio homem é responsável por essa condição, pois ela não é o resultado de uma falta de inteligência, mas de uma falta de coragem e determinação para a usar sem a orientação de outro. *Sapere aude!* Tem a coragem de usar tua própria razão: essa é a palavra-chave do Iluminismo (Kant, 1975, p. 53).

O teólogo inglês Colin E. Gunton, com a ajuda da análise da Modernidade feita pelo filósofo comunitarista Charles Taylor (1996), apontou como característica daquela época um processo contínuo de "desconexão" ("Modernidade como desacoplamento") que começou com Descartes. E

---

80. Mantemos a tradução de *Aufklärung* por "Iluminismo" conforme o original espanhol, embora, no contexto do texto kantiano, geralmente o termo seja traduzido por "Esclarecimento" [N.T.].

em particular, o desligamento das realidades que constituem o ser humano: o mundo, os outros e Deus. Uma desconexão, portanto, cosmológica, antropológica e teológica. Com ela vem uma mudança para a imanência, colocando o homem como um centro autônomo e absoluto, que estabelece uma nova relação com seu ambiente que poderíamos definir como *instrumental*. O mundo e os outros são agora tratados como algo externo e estranho para mim, como um objeto que posso dispor e usar em benefício de minha autonomia e liberdade.

Segundo a apresentação desse autor, a Modernidade estava errada ao conceber o outro (a alteridade) como uma realidade necessariamente heterônoma da qual é necessário desassociar-se para ser livre. E como o *pathos* da Modernidade se caracteriza como uma tentativa de se libertar de uma heteronomia cósmica e teológica, o resultado não tem sido outro senão uma nova forma de heteronomia que é mais alienante que as anteriores. O individualismo daí resultante trouxe novas e mais sofisticadas formas de dominação (V. Havel), entre as quais se destaca a homogeneização trazida pelos avanços tecnológicos e pelos meios de comunicação.

Nesse ponto, a solução proposta para sair do labirinto em que o homem moderno se vê enredado (J.L. Pinillos) consiste em reconectá-lo com suas realidades constituintes e constitutivas (cf. Gunton, 2005b, p. 26-54): o cosmos, o outro e Deus, nos quais a Tradição (entendida como memória e identidade coletiva ao mesmo tempo que potência criadora) tem uma função capital (cf. Hervieu-Léger, 2005, p. 140-145).

d) Tradição, mediação para o imediatismo: em diálogo com a Pós--modernidade

A relação entre mediação e imediatismo cria um problema irresolúvel na experiência religiosa e na experiência de Deus. Por um lado, observa-se a relação entre mediações históricas e institucionais, que facilitam e traduzem a experiência de Deus em uma dada história e instituição (culto, credo e código); mas, por outro lado, percebe-se a necessidade de que essas mediações conduzam ao imediatismo da experiência de Deus, que afeta a parte mais íntima de nosso ser e de nossa vida (consciência, comunicação e comunhão).

Essa problemática, em essência, recapitula a relação entre Cristo e o Espírito, levantada algumas linhas atrás. No entanto, o que denominamos em teologia "doutrina do Espírito Santo" indica, hoje, plena atualidade. Assim, tal como descobrimos que não pode haver verdadeira teologia sem pneumatologia, ou seja, um verdadeiro *discurso* sobre Deus sem levar em conta a *experiência* que Ele suscita no interior da consciência de cada ser humano (imanência), tampouco é possível abordar a pneumatologia sem a teologia, ou seja, pensar na experiência do divino sem voltar à ideia de um Deus pessoal e transcendente (transcendência) (cf. Ruster, 2011, p. 31-32) mediado por uma exterioridade histórica (alteridade). Não há, portanto, acesso a Deus a não ser *por* Cristo e *no* Espírito.

Insistamos nessa mesma constelação de ideias. *Não há imanência sem história e transcendência.* Ou seja, não há verdade interior do Espírito no sujeito que não seja referida a uma história concreta e objetiva de Jesus de Nazaré, que, por sua vez, nos abre e nos remete para a transcendência última de Deus Pai. *Não há transcendência sem história ou imanência.* Ou seja, não há mistério incompreensível de Deus e verdade transcendente que sempre transborda e nos ultrapassa, sem sua relação com a revelação e verdade concreta de Jesus, da qual nos apropriamos pessoalmente a partir da ação imanente do Espírito. *Não há história sem imanência e transcendência.* Ou seja, a verdade da história de Jesus não pode ser percebida e aceita em sua pura facticidade, sem a presença imanente do Espírito no homem e na medida em que essa história nos abre ao mistério transcendente do Pai.

2 Imagens para falar de Tradição

Numerosas imagens têm sido utilizadas para compreender o fenômeno humano e a realidade teológica da Tradição. Entre elas gostaríamos de destacar a imagem do caminho, do organismo vital e da memória.

A questão da Tradição, entendida a partir de sua dupla perspectiva da realidade humana e do princípio teológico, nos apresenta um problema fundamental: como estabelecer uma relação adequada entre o passado e o presente (a imagem do caminho), entre a origem e seu posterior desenvolvimento em uma continuidade descontínua (imagem do organismo vital), entre um desejo legítimo de imediatismo com a realidade e a mediação necessária que nos permite e nos dá acesso a esse imediatismo (imagem da memória).

a) Tradição como caminho

A metáfora do caminho evoca, antes de mais nada, o dinamismo de uma viagem. Aplicada ao termo Tradição, ela representa a via para se chegar a uma origem que se encontra no passado, mas que, sendo normativa e essencial para o presente (*auctoritas*), deve ser recebida, integrada e transmitida às gerações sucessivas (recepção, apropriação e transmissão).

É justamente nesse ponto que o argumento da autoridade encontra seu fundamento. Autoridade não é um poder que é imposto de fora pela força, mas a suposição e o reconhecimento de que algo significativo e importante para o presente vem originalmente do passado, ou seja, de uma tradição. A origem, portanto, deixa de ser cronológica e se torna "ontológica" (princípio essencial e sustentador).

A força da imagem do caminho vem de ser orientada para o passado em sua relação com o presente. No entanto, aqui surge o principal problema nesse processo de mediação para o passado: Como é possível acessar um fato único e irrepetível na história, que nos escapa na origem do tempo, e que nem sequer é unívoco e transparente em sua interpretação? Além disso, quem tem autoridade para melhor interpretar esse fato em seu significado original e, portanto, em suas repercussões atuais?

b) Tradição como organismo

A metáfora do organismo vivo vem do mundo vegetal ou animal. É uma imagem cara ao Romantismo (século XIX), que foi usada como uma reação a um Iluminismo que se entendia como uma ruptura com o passado e a tradição.

A força dessa imagem deriva do fato de que ela é orientada para o futuro em sua relação com o presente. A tradição é entendida como um processo vital de crescimento de uma dada e recebida realidade até atingir seu pleno desenvolvimento.

A tradição é percebida e definida como uma totalidade orgânica e viva, o que exige tanto continuidade histórica quanto criatividade inovadora. Essa imagem foi promovida e desenvolvida pela Escola de Tübingen. De fato, seu fundador, Johann Sebastian von Drey, e um de seus melhores discípulos, Johann Adam Möhler, se referem a ela.

A imagem do organismo vital pode ser entendida tanto positivamente (modelo de desenvolvimento) quanto negativamente (modelo de degeneração), já que os organismos vivos não só têm a possibilidade e a capacidade de crescer e se desenvolver, mas também de adoecer ou se degenerar. A chave para essa metáfora, portanto, está em evitar que o organismo se desenvolva indiscriminadamente, pela criação de um programa de purificação e cura. Nesse sentido, a imagem bíblica da vinha, que necessita de poda e cura para atingir a maturidade, é esclarecedora (Gunton, 2005a, p. 83-87).

O problema fundamental com essa imagem é óbvio. A continuidade viva na Tradição como um todo orgânico é afirmada de tal forma que o momento constitutivo da revelação profética e apostólica não se distingue com suficiente clareza do momento dinâmico, atual e interpretativo subsequente daquela salvação (Congar, 1964, p. 175). Por outro lado, essa imagem gera suas próprias dificuldades em cada uma das formas existentes de compreendê-la (cf. Wiederkehr, 2000, p. 73-78). Assim, o modelo de degeneração progressiva em relação a uma origem única e plena, que com o passar do tempo perde vitalidade e originalidade, não faz justiça à afirmação fundamental da presença do Espírito em sua Igreja. De fato, esse modelo leva a um arqueologismo, em que o mais antigo é sempre melhor e mais original de um ponto de vista objetivo. O modelo de desenvolvimento linear e ascendente não leva a sério a historicidade do homem e da Igreja, e pode levar a um fanatismo que vê o desenvolvimento da Tradição concreta como o desenvolvimento orgânico de um núcleo original. Além disso, ele absolutiza a forma última em que essa evolução ocorreu, esquecendo que em todo processo histórico há avanços e retrocessos que nada têm a ver com a história cronológica da humanidade (Kasper, 1989, p. 126-127). Por exemplo, podemos realmente dizer que a teologia do século XVII entendeu a novidade cristã melhor do que a do segundo e terceiro séculos? Em algumas áreas certamente houve um progresso real, mas em outras houve uma regressão óbvia.

c) Tradição como memória

A metáfora da memória alude, de forma semelhante, à função dessa faculdade no ser humano. A memória permite relacionar o passado com o presente, atualizando-o e tornando-o vivo em nós; abre-nos também ao futuro, antecipando-o em nossa consciência.

A tradição tem a ver com o passado, mas também com a autoridade que ela exerce sobre o presente, que ela ilumina e julga. Por sua vez, tem a ver com o futuro e com a capacidade de acolher a novidade que sempre espera adiante. A memória é a capacidade de abraçar o passado, atualizando-o no presente, e a partir desse presente, antecipar o futuro desejado. A tradição é uma forma positiva de compreender a relação entre o presente, o passado e o futuro, sem absolutizar nenhuma das três dimensões do tempo (Gunton, 2005a, p. 89; cf. Gunton, 2005b, p. 113-119).

Entretanto, embora a memória não seja a *esfera* em que essa interconexão temporal ocorre horizontalmente, ela torna possível a relação entre o tempo humano e a eternidade de Deus. A memória é a condição de possibilidade de que o Eterno se manifeste no tempo e o tempo se abra para a eternidade. A memória é a capacidade para o eterno no tempo (cf. Rahner, 1979, p. 372).

A atual sociologia da religião atribui grande importância ao fenômeno da Tradição, que entende como o lugar e o espaço da memória coletiva (Hervieu-Léger, 2005)[81]. Enquanto a Modernidade queria conscientemente romper com tudo o que significava tradição, a Pós-modernidade tem sido muito mais cautelosa a esse respeito. Se a reivindicação da Modernidade era a liberdade desligada de toda a realidade anterior, que ela entendia de forma alienante e escravizadora, o homem pós-moderno foi mais consciente ao assumir que só se está livre a partir de uma realidade anterior que deve ser pessoal e subjetivamente integrada e recriada.

Além disso, a sociologia da religião veio para sublinhar a relação essencial entre a memória e a religião. Assim, ela aceitou e ponderou a importância da tradição para a vida humana, reconhecendo-a como um

---

81. Nesse aspecto, foram pioneiros os estudos de Halbwachs (1941, 1950, 1952). Essa perspectiva está sendo aplicada atualmente às origens do cristianismo por F. Rivas Rebaque (2006, p. 181-203).

processo de recepção de um passado que nos torna conscientes de pertencer a uma linhagem, mas também como um processo de comunicação que torna possível a construção criativa na qual cada membro é um agente generativo e criativo dessa mesma tradição recebida (Rivas Rebaque, 2006, p. 202-207).

Entretanto, o fenômeno da tradição como memória não pode ser percebido exclusivamente do ponto de vista social como uma memória coletiva e um vínculo de identidade e continuidade com as gerações anteriores (linhagem). Isso é necessário, mas não suficiente. A memória é uma realidade mais complexa e mais rica do ponto de vista filosófico-antropológico e do ponto de vista teológico. Nesse sentido, Agostinho de Hipona realizou um estudo original e penetrante sobre a memória no Livro X de suas *Confissões* (*Confissões*, X, VIII, 12; XXVI, 37; cf. Solignac, 1996, p. 557-567), indo além das perspectivas de Aristóteles e Plotino, que posteriormente foram prolongadas em seu tratado sobre a Trindade (cf. Agostinho de Hipona, *De Trinitate*, IX-XIV). A memória constitui o órgão por meio do qual o ser humano vem a adquirir autoconsciência (subjetividade), abre-se ao vasto mundo ao seu redor (exterioridade) e é o receptor da presença íntima e transcendente de Deus (transcendência) (cf. Agostinho de Hipona, *De Trinitate*)[82].

A partir dessa perspectiva original, a memória se torna uma capacidade subjetiva e uma condição de possibilidade de autoconhecimento; uma capacidade crítica e uma condição de possibilidade de conhecimento do mundo na alteridade e em relação ao eu pessoal; e, finalmente, uma capacidade transcendental e uma condição de possibilidade de relacionamento pessoal com Deus. A tradição, quando entendida como memória, desempenha uma função subjetiva e pessoal de consolidação e continuidade da identidade pessoal; uma função social de reconhecimento grupal e o sentimento de pertencer a uma linhagem; mas também, e sobretudo, uma função transcendental que atualiza, interioriza e personaliza na história e na consciência da humanidade a presença do Eterno (Agostinho de Hipona, *De Trinitate*, XIV, 8,12; Boaventura de Bagnoregio, *Itinerarium mentis in Deum*, 111,3).

---

82. Dessa tríplice perspectiva provém sua imagem trinitária.

3 A tradição como elemento constitutivo da cultura humana

Antes de abordar o fenômeno da Tradição no cristianismo como um princípio da realidade eclesial e do conhecimento teológico, é importante insistir que se trata de um fato que é imediatamente comum e essencial a toda religião e cultura (cf. Ratzinger, 1985, p. 98-109). E, embora na religião cristã o princípio da tradição tenha um significado especial, ele não pode ser devidamente compreendido se não for analisado também sob uma perspectiva social, cultural e antropológica (cf. Pottmeyer, 1991, p. 1561-1562).

a) O ser humano como um ser de tradição

O ser humano é um ser de tradição. Sem ela não haveria ser humano, pelo menos como nós o conhecemos. E ele está assim em uma relação dupla, passiva e ativa. Passiva, porque todo ser humano nasce em uma determinada tradição que ele tem de aceitar e assumir como uma realidade que precede sua liberdade pessoal, como um limite e como uma possibilidade. No entanto, essa relação passiva não é suficiente. Além de aceitar e assumir a tradição que as precede, as pessoas a transmitem e interpretam ativamente, seja renovando-a, seja criando novos elementos que dão origem a uma nova tradição. No mesmo sentido, a tradição coloca a pessoa diante de um destino a ser acolhido e de um desafio a ser aceito. A tradição torna-se, portanto, um limite e uma possibilidade de desenvolvimento para cada ser humano.

Basicamente, esse caráter constitutivo da tradição em relação à cultura tem sua base na própria estrutura do homem. Cada indivíduo é um ser finito, mortal e histórico, que precisa viver da experiência dos outros. O exemplo mais óbvio é o fenômeno da linguagem. Nela recebemos uma tradição que nos precede e nos permite estar em relação com os outros. A partir dela podemos aumentar e desenvolver essa mesma tradição, inovando-a. A importância da linguagem para a raça humana tem sido tal que se afirmou até mesmo que o sucesso da espécie *"homo sapiens sapiens"* – em oposição a outras mais fortes e fisicamente desenvolvidas – se deve precisamente à capacidade de comunicação (linguagem) e tradição do grupo. Ou seja, a comunicação dentro da mesma geração e em gerações sucessivas. Pois os seres humanos não apenas herdam uma herança genética de seus antepassados, mas também uma herança cultural ou uma tradição específica.

Em suma, a tradição, como fenômeno radicalmente humano, é um processo comunicativo diacrônico e sincrônico que cria comunidade, ou seja, o lugar essencial onde o indivíduo vive.

b) Atitudes fundamentais em relação à tradição

O fenômeno da tradição pode ser abordado hoje a partir de quatro atitudes fundamentais. Primeiro, a partir da posição *tradicionalista*, em que uma determinada tradição é aceita sem a possibilidade de reinterpretação ou desenvolvimento. Essa atitude deriva de uma verdadeira busca de segurança diante da sensação de que o mundo existente, e os valores que o caracterizam, estão desmoronando. Por trás dela está uma legítima mentalidade conservadora que, no entanto, corre o risco de derivar para uma postura ideológica e fundamentalista.

A atitude oposta é a *progressista*. Ela sublinha a capacidade do homem contemporâneo de forjar seu futuro de uma nova maneira em relação ao passado. Também constitui uma mentalidade legítima, mas corre o risco de se tornar irrealista e utópica. E isso, até o ponto em que se manifesta como um puro sonho da realidade desejada, que logo degenera em não conformismo radical e leva ao maniqueísmo (cf. Kasper, 1989, p. 103-104).

Em terceiro lugar há o *desejo de imediatez*, que toda pessoa busca na realidade e na verdade. Desse desejo podemos compreender hoje a consideração de que qualquer tradição que tente mediar entre a pessoa e a realidade é uma estrutura alienante e opressora. Tal atitude deriva de um certo cansaço com estruturas que, ao invés de ajudar, dificultam a experiência pessoal imediata da realidade. A proliferação de uma nova religiosidade, geralmente conhecida sob o título de "novos movimentos religiosos" (cf. Martín Velasco, 2006, p. 513-547), é uma prova clara desse cansaço com mediações estereotipadas.

A última atitude diz respeito à relação entre o homem contemporâneo e seu passado. Esse é um novo fenômeno, fundamentalmente de origem europeia, que Remi Brague chama de *fenômeno parasitário*. Para esse autor, a cultura europeia contemporânea é um parasita sobre as conquistas da antiga. Na atualidade, uma longa tradição de estar consciente de transmitir de uma forma renovada a herança assumida e recebida foi quebrada. Às vezes, pode-se ter tido a impressão de que esse passado era um fardo que tinha que ser carregado e levado a uma conclusão de sucesso. Hoje, pelo contrário, decidimos atirar fora o fardo, porque temos a impressão de que não há porto para onde possamos ir (cf. Brague, 2005, p. 213-224). A questão central aqui é se os frutos de nossas vidas podem ser suportados e sustentados sem um envolvimento nesse processo de tradição criativa, um processo que assume o passado e o entrega à próxima geração de uma maneira renovada e criativa.

4 O princípio da Tradição no cristianismo

a) Tradição à luz do evento da revelação (Dei Verbum) *e do mistério da Igreja* (Lumen Gentium)

O princípio da Tradição deve ser entendido à luz da perspectiva renovada que o Concílio Vaticano II trouxe a dois termos teológicos essenciais: "revelação", principalmente na constituição dogmática *Dei Verbum*, e "mistério da Igreja", especialmente na constituição dogmática *Lumen Gentium*. A clareza proporcionada por ambas as constituições é uma ajuda inestimável para uma melhor compreensão dessa realidade central do cristianismo. Além disso, o princípio da Tradição assume uma nova luz quando visto dos quatro níveis seguintes: cristológico, pneumatológico, eclesiológico e escatológico. No mesmo sentido, a definição proposta pelo teólogo Hermann Josef Pottmeyer é esclarecedora: "A Tradição cristã pode ser entendida teologicamente como a constante autotransmissão da Palavra de Deus em virtude do Espírito Santo pelo ministério da Igreja para a salvação de todos os povos" (Pottmeyer, 2000a, p. 95)[83].

1) Tradição, o ato pelo qual Cristo se entregou por nós

Cristo, dado à sua Igreja para a salvação de todos os homens, é simultaneamente o acontecimento da revelação e o início da Tradição. No Novo Testamento, transmitir é entregar, e entregar significa dar a

---

83. Um resumo feito pelo próprio autor encontra-se no verbete *"Tradición"*, em Pottmeyer (1991).

própria vida gratuita e livremente. A Tradição é o ato pelo qual Cristo deu sua vida para a salvação do mundo em obediência ao Pai, atualizado e oferecido a nós pelo dom de seu Espírito (Jo 19,30).

Desse ponto de vista, o texto mais significativo sobre a Tradição a partir de uma perspectiva cristológica é o conhecido relato paulino da Última Ceia, que citamos no início deste capítulo:

> Pois eu *recebi* do Senhor o que vos *transmiti*: que o Senhor Jesus, na noite em que foi *entregue*, tomou o pão, *deu graças*, partiu-o e disse: "Isto é o meu corpo que é entregue por vós; fazei isto em *memória* de mim". Do mesmo modo, ao fim da ceia, Ele tomou o cálice, dizendo: "Tomai e bebei. Este é o cálice do meu sangue, o sangue da nova e eterna aliança. Fazei isto em minha memória". Pois, todas as vezes que comerdes e beberdes deste cálice, anunciais a morte do Senhor até que Ele venha (1Cor 11,23-27).

O que foi recebido e o que foi transmitido nada mais é que o próprio Senhor, realizado de forma sacramental e na presença do testemunho apostólico. De fato, esses versículos da Primeira Carta aos Coríntios destacam três conceitos e realidades fundamentais no ato da Tradição: *receber* do Senhor, *transmitir* aos outros e fazer *anámnesis* (memória) da mensagem transmitida.

É dessa perspectiva cristológica que nasce e se fundamenta o papel e a missão do apóstolo no ato de transmitir a fé. Esse "eu" paulino é de grande importância no ato da Tradição. Paulo, apóstolo de Cristo, é uma testemunha na cadeia da transmissão. Ele, que não conhecia pessoalmente Jesus de Nazaré, está ciente de ter recebido pessoalmente dele aquilo que ele, por sua vez, como testemunha fiel, transmite a outros. Podemos chegar a ponto de dizer que Paulo, sem ser um contemporâneo de Jesus, tornou-se um contemporâneo de Cristo. É a partir dessa contemporaneidade que ele fundamenta seu apostolado e sua missão: fazer dos outros contemporâneos de Cristo.

Quando Paulo tem que argumentar sobre a legitimidade e o fundamento último de seu apostolado, ele se volta para seu encontro pessoal com o Senhor (Gl 1,15; Fl 3,8-11). Ele é testemunha do Ressuscitado (1Cor 15,3s.) e foi enviado por ele com a missão apostólica. Ele não realiza essa tarefa por pura repetição mimética, em que a repetição e a fidelidade são identificadas, mas *interpretando-a* e *atualizando-a*. O Evangelho que ele recebeu e no qual ele se baseia é o Evangelho da salvação. Um Evangelho que se realiza somente pela fé e pela graça, sem as obras da lei; mas que está sempre aberto à universalidade expressa em sua proclamação aos gentios (Gl 1-2).

A *anámnesis* é a terceira chave para compreender a Tradição, segundo o texto paulino sobre o qual estamos comentando. Não se trata, entretanto, de exercer qualquer tipo de memória; por exemplo, a simples memória subjetiva que permanece presa na própria consciência. Pelo contrário, alude ao princípio pneumatológico da ação sacramental, em que a realidade que lembramos e que aconteceu de uma vez por todas é atualizada no momento presente. A Tradição consiste na transmissão de Cristo dado por nós e pela vida do mundo, uma ação que se realiza em palavra e sacramento, mas em sua dimensão espaçotemporal, assim como ocorreu a revelação escatológica de Deus:

> É por isso que o conceito de *paradosis*, de *traditio*, de transmissão, tem, biblicamente, seu conteúdo último e mais profundo, seu significado último e mais profundo e sua realidade última e mais profunda não subitamente na entrega sucessiva de proposições, mas na *paradosis*, na transmissão, na transferência em que o Filho de Deus se fez homem, o Logos de Deus na carne; a partir do evento da Santa Ceia (em unidade com sua morte) nos é transmitido e dado repetidas vezes na celebração do santo mistério, da Santa Ceia da Igreja, na Eucaristia. É aqui que a Tradição acontece primariamente, em que ocorre o evento salvífico único da morte e ressurreição de Cristo, sempre progredindo de novo e se expandindo na humanidade para todos os seres humanos (Pottmeyer, 1991, p. 120).

2) Tradição, a ação comemorativa do Espírito

Se a revelação não é antes de tudo a comunicação das verdades, mas a autocomunicação de Deus, que deseja falar à humanidade como um amigo, a Tradição não pode ser entendida exclusivamente como um depósito de verdades dos ensinamentos dos apóstolos, mas como a *presença viva da Palavra de Deus* pela qual o Pai, que uma vez falou ao seu povo escolhido, deseja continuar a conversar com a Esposa de seu amado Filho. Essa presença chega até nós pelo Espírito; não é por nada que é o mesmo Espírito que faz ouvir sua voz na Igreja e no mundo pelo Evangelho. A palavra do Espírito nos conduz à verdade completa e a uma interiorização plena da palavra do Filho. O Espírito é o Senhor soberano da Tradição, tornando possível que esse evento seja transmitido em fidelidade criativa ao longo da história, em universalidade e intimidade.

O teólogo Yves Congar tem razão quando assinala que, para compreender o fenômeno da Tradição em toda sua profundidade, é essencial partir de uma compreensão bíblica do tempo e de uma teologia do Espírito Santo (cf. Pottmeyer, 1991, p. 30-40)[84]. Tal afirmação nos remete à questão da memória, central para a compreensão trinitária do tempo como passado, presente e futuro, em relação íntima, como Agostinho de Hipona magistralmente descreveu nas *Confissões* e em seu tratado *A Trindade*. Mas também nos leva de volta à missão e tarefa do Espírito, como aparece muito claramente no Evangelho de João (Congar, 1964, p. 15). O Espírito é a *pessoa*, o *poder* e o *âmbito* que produz certos efeitos (internos e externos) na Igreja e na vida dos crentes: ele edifica o corpo de Cristo (1Cor 12; Rm 12), impulsiona a pregação e o testemunho de Jesus (Atos), torna possível viver a filiação adotiva (Gl 4,6-7; Rm 8,14-17), configura-se com Cristo (Rm 8,28-30); ensina, conduz e nos lembra a verdade completa de Jesus (Jo 14-16). O Espírito é a memória viva de Jesus Cristo.

O *Espírito da verdade* é o guia que conduz os crentes à verdade plena e completa (Jo 16,13). O verbo grego usado nesse versículo (*hodegeo*) é usado no Novo Testamento para falar da função do guia (Mt 15,14) e do pastor (Ap 7,17). Esse verbo implica a concepção de caminho que Jesus aplicou a si mesmo (Jo 14,6). Há uma variante interessante nesse texto (*diegesetai*), um verbo que nos lembra a expressão de Jo 1,18, na qual Jesus é descrito como o exegeta do Pai. Pois o Filho, deitado no seio do Pai, nos revelou, por suas ações e palavras, por sua vida e morte, o rosto do Pai. Da mesma forma, o Espírito se tornou o exegeta do Filho, pois sua tarefa não é anunciar algo próprio, mas revelar o que ouviu. O Espírito tem assim o que veio a ser chamado de função de *atualização* e

---

84. J. Ratzinger destaca que, com o termo memória, "o Evangelho de João apresenta o vínculo estreito entre tradição e conhecimento. Acima de tudo, porém, ele deixa claro que o desenvolvimento e a defesa da identidade da fé andam de mãos dadas. Esse pensamento poderia ser descrito da seguinte forma: a Tradição da Igreja é aquele sujeito transcendental no qual a memória do passado está presente" (Ratzinger, 2005a, p. 148).

interiorização do ensinamento de Jesus, que consiste não somente em ser o intérprete do passado, mas também o guia e consumador do futuro para o qual estamos nos movendo.

O seguinte texto do Evangelho de João: "Eu teria muito mais coisas para vos dizer, mas não as poderíeis compreender agora" (Jo 16,12) foi empregado para justificar uma superação da revelação de Jesus, como se seus ensinamentos ligados à história fossem incompletos. No entanto, levar à verdade plena é recordar plenamente a palavra de Jesus. Uma verdade que não significa apenas progresso na compreensão intelectual da revelação, mas na realização prática da vida cristã em sua totalidade, que é verificada na vida moral e realizada no amor. Essa verdade não pode ser reduzida à verdade gnóstica do conhecimento ou à pura ação moral, mas à totalidade da figura e do conteúdo da revelação. O Espírito nos introduz na profundidade do conteúdo da revelação e nos guia na aplicação dessa revelação na vida da comunidade no meio do mundo (cf. Schnackenburg, 2000, p. 153). O Espírito é o intérprete e consumador da verdade de Jesus, assim como Jesus é o revelador da verdade do Pai. Como o patriarca ortodoxo grego Inácio Hazim (Hazim, 1968, p. 351-352)[85] formulou de modo tão belo e preciso:

> Sem o Espírito Santo, Deus está distante, Jesus Cristo permanece no passado, o Evangelho é uma letra morta, a Igreja é uma mera organização, a missão uma propaganda, a autoridade uma dominação, o culto uma evocação, a ação cristã uma moralidade escrava. Mas no Espírito Santo o cosmo é exaltado e geme até dar à luz o Reino, o Cristo ressuscitado está presente, o Evangelho é um poder de vida, a Igreja significa comunhão trinitária, a autoridade um serviço libertador, a missão um novo Pentecostes, a liturgia um memorial e uma antecipação, a ação humana é deificada. Vinde, Espírito Santo! Amém.

3) Tradição: "Tudo o que a Igreja é e celebra"

Se a perspectiva cristológica sublinha a missão do apóstolo no ato da Tradição, a perspectiva pneumatológica nos abre a uma compreensão

---

85. Tomado do discurso de abertura da Conferência Ecumênica de Uppsala (5 de outubro de 1968).

eclesial dela. Se a revelação é um acontecimento que se realiza por meio de obras e palavras, a Tradição se realiza mediante a doutrina, o culto e a vida da Igreja. Assim, o ensino dos concílios, o ensino dos Padres, o ensino dos teólogos, o ensino dos místicos pertence à Tradição da Igreja.

Entretanto, para a realização dessa Tradição viva, a vida concreta da Igreja e dos fiéis não é menos importante. Devemos trazer com orgulho a liturgia, que – como veremos a seguir – constitui um lugar privilegiado para a Tradição viva da Igreja. Nesse sentido, o axioma de Próspero de Aquitânia, retomado pelo magistério da Igreja, tornou-se um clássico: "Que a lei da oração estabeleça a lei da fé" (Próspero de Aquitânia, *De vocatione omnium gentium*, I, 12, PL 51, 664CD; cf. DH 246)[86].

Além disso, se toda a Igreja é o povo de Deus a caminho do Reino, o tema dessa transmissão e da crescente compreensão da revelação na história é toda a Igreja. Nessa perspectiva, o Concílio Vaticano II afirma que essa Tradição, como recepção da revelação, cresce na Igreja de três maneiras diferentes: pela contemplação e estudo dos crentes; pela experiência espiritual na vida cristã; e pelo ministério magisterial daqueles que receberam o carisma certo da verdade (DV 8-11).

4) Tradição, o caminho para a Verdade completa

Junto com o princípio cristológico, pneumatológico e eclesiológico da Tradição, devemos falar do princípio escatológico; não é em vão que a Igreja é peregrina, e em sua viagem pela história ela contempla a Deus como em um espelho, até poder contemplá-lo face a face como Ele é (1Jo 3,2; cf. DV 7). De fato, "graças ao seu caráter escatológico, a palavra não é absorvida em nenhuma de suas formas de testemunho" (Pottmeyer, 1991, p. 1567).

A Tradição, por sua própria essência e definição, não pode ser entendida como uma realidade fechada e fixa em si mesma. Pelo contrário, é uma realidade viva, dinâmica, aberta para o futuro. "É ao mesmo tempo imobilidade e atualidade, memória dos fatos e expansão de seu

---

86. Seu significado original foi claramente explicado por Y. Congar: "A lei ordenada por São Paulo de rezar em todos os momentos sem interrupção indica a verdadeira doutrina da graça necessária para todos os homens (cf. Celestino I, Denzinger 139)" (Congar, 1964, p. 303). Não que a liturgia se converta em um arsenal teológico, mas sua estrutura e dinâmica internas constituem a própria verdade da fé cristã.

significado, conformidade com o que foi feito de uma vez por todas, e presença sempre atual e dinâmica do que foi dado de uma vez por todas." De acordo com essa lógica, a Tradição cristã deve ser entendida de uma *perspectiva escatológica*, mas em duplo sentido. Primeiro, porque essa realidade é única, definitiva e irreversível no evento de Jesus Cristo; e segundo, porque a verdade plena e completa para a qual o Espírito de Cristo, o Espírito da Verdade, nos conduz, está sempre à frente da Igreja.

Todo testemunho de Tradição, expresso em textos, ritos, dogmas etc., tem um caráter quase sacramental, pois participa e goza, segundo o grau explicitamente manifestado pela Igreja, de uma definitividade. Isto na medida em que é um sinal de verdade e Tradição, ou seja, de Cristo, mas também sem se identificar com Ele. É um *sinal* que aponta para uma realidade sempre maior e que por essa razão pede para ser superada na própria direção para a qual aponta, mas nunca no sentido contrário ou na direção oposta (cf. Kasper, 1989, p. 124-134).

Nesse sentido, podemos perceber com clareza o caráter histórico e, portanto, fragmentário de nossa compreensão da revelação. Todo o conhecimento nesse tempo da Igreja peregrina se assemelha ao conhecimento fornecido por um espelho embaçado. Como nesse caso, a Tradição não pode ser entendida definitivamente como algo acabado e fechado em si mesmo, mas como uma realidade e um dinamismo que nos mantém abertos e em tensão ao longo do caminho que nos espera. Um caminho no qual somente no final, quando formos capazes de contemplar Deus face a face, como Ele é, então a verdade completa se tornará clara para nós.

b) Ato, conteúdo e sujeito da Tradição

1) Ato

O tema da Tradição refere-se, antes de tudo, ao ato da transmissão da revelação, pois o evento da autocomunicação escatológica de Deus deve ser fielmente proclamado e transmitido a todas as gerações. Nesse ponto, é necessário destacar a importância do princípio cristológico e pneumatológico da Tradição, como já vimos.

Cristo, em toda sua realidade, é aquele que se entrega e se dá em suas palavras, em suas ações, em seu comportamento e em sua Paixão. Na origem não estão as palavras escritas, mas a Palavra em sua realidade plena e consumadora (DV 7). E, no entanto, é o Espírito que atualiza essa Palavra na história de acordo com um duplo movimento de interiorização e universalização.

Em qualquer caso, a compreensão do evento escatológico da salvação em Cristo é atualizada no Espírito. E não o faz tanto na dimensão objetiva de conhecer realidades novas, mas na percepção da comunidade crente, na direção da profundidade, interioridade e experiência.

2) Conteúdo

Se Cristo dado e comunicado pelo dom do Espírito é o ato original da Tradição, é também seu conteúdo essencial. Um conteúdo central que se explicita no anúncio do Evangelho e da Palavra de verdade (*kerygma--martyria*), na celebração do mistério e dos sacramentos (*leiturgia*) e no exercício e vida de caridade para com o próximo pelo desdobramento das virtudes teológicas ou da existência cristã (*diakonia*).

Quando o Concílio afirma que a Tradição é tudo o que a Igreja é na adoração, na doutrina e na vida, está alargando e ampliando uma perspectiva excessivamente objetiva e doutrinária da Tradição. A Tradição é a transmissão de realidades e não a comunicação de textos, fatos e instituições. Se tudo isso está incluído no que chamamos de "Tradição", é porque Deus nos transmitiu sua graça de forma encarnada, assim como somos seres encarnados em um tempo e um lugar.

3) Sujeito

Ao falar de Tradição estamos nos referindo também, finalmente, ao *sujeito* que realiza essa ação de transmissão. Um sujeito que, no sentido original e *primário*, é a própria Palavra de Deus, feita carne em Jesus Cristo e presente de forma viva no Espírito Santo. E, no sentido derivado, como corpo de Cristo e esposa do Espírito, é a Igreja. Ela é o *sujeito ministerial*, que pela inspiração e poder do Espírito, e mediante a adoração, a doutrina e a vida – ou seja, o que ela é e no que acredita –, transmite às gerações futuras a revelação de Deus em Jesus Cristo.

Como podemos ver no fenômeno da Tradição, o ato, o conteúdo e o sujeito, embora distinguíveis, nunca são separáveis. Essa é a glória e a cruz da transmissão da fé e a mediação da graça.

O ato da Tradição é seu conteúdo essencial, que se desenvolve de diversas formas e maneiras. E o sujeito da Tradição é, em referência a Cristo, o conteúdo e o agente da Tradição. Mas, em referência à Igreja, é a realidade que nasce da ação de Cristo. Em outras palavras, o conteúdo da Tradição não é algo que permanece estranho ao sujeito que o transmite e à ação de transmiti-lo, mas do ponto de vista tanto do sujeito primordial como do sujeito ministerial, ele está implícito na única e mesma Tradição.

E como a Tradição é antes de tudo a transmissão de realidades pessoais, ela e a Igreja são igualmente coextensivas. Com a Tradição começa a Igreja e com a Igreja começa a Tradição. Além disso, a Igreja não é apenas o lugar onde se encontra a Tradição ou o testemunho da fé apostólica (lugar heurístico), mas a testemunha e portadora da própria Tradição.

c) Normas e critérios para o discernimento

Essa visão holística da Tradição não pode nos levar a cair em um mero tradicionalismo, no qual tudo o que existe na Igreja é parte essencial e princípio constitutivo da Tradição. Ao contrário, devemos distinguir entre a única Tradição e as diversas tradições nas quais ela se expressa e encarna. Somente na medida em que as tradições transmitirem fielmente a única Tradição terão razão de existir; somente na medida em que impedirem o acesso a ela terão que ser renovadas e purificadas.

A Igreja, sempre em peregrinação, está no caminho da contínua renovação e reforma para se aproximar do Senhor. Nesse caminho, é necessário discernir as diversas formas e mediações que a Igreja assumiu ao longo de sua história com a finalidade de comprovar se aproximam os crentes do Senhor ou se os afastam dele.

Para realizar esse discernimento, são necessários critérios que facilitem a tarefa e libertem as pessoas das sempre perigosas perspectivas subjetivas e interesses partidários. Um breve percurso pela história cristã nos permite elaborar os seguintes critérios teológicos:

1) Irineu de Lião, regra de fé e sucessão apostólica

O momento mais importante em que a Igreja teve que enfrentar essa situação foi o segundo século, com a crise do gnosticismo. Diante de um sistema difuso e ambíguo que exigia para si a autoridade de uma revelação secreta e uma iluminação privada a partir da qual interpretar o Evangelho e a Tradição, a grande Igreja, apoiada pelo grande teólogo Irineu de Lião, sublinhou e estabeleceu o princípio subjetivo da assistência do Espírito e o princípio objetivo da dupla regra: o cânon da verdade da fé e da sucessão apostólica. Na mesma lógica, "a sucessão apostólica é a figura e a forma concreta da Tradição, enquanto a Tradição é o conteúdo da sucessão apostólica"[87].

A Igreja desenvolveu lentamente um testemunho escrito com uma função normativa (cânon do Novo Testamento) para garantir e mostrar o que a define e identifica como Igreja de Cristo; além disso, ela enquadrou o conteúdo da Tradição em uma estrutura eclesial e histórica chamada sucessão apostólica a fim de se proteger de qualquer tentação de interpretação gnóstica da Verdade salvadora. Pois a regra da verdade é o instrumento que torna possível discernir e interpretar a doutrina autêntica de Cristo e a tradição apostólica genuína. Uma regra que é basicamente "a autoridade do conteúdo da Tradição apostólica em sua forma de mediação eclesial" (Pottmeyer, 2000b, p. 89). Nesse sentido, não se trata tanto de um conteúdo que se acrescenta à doutrina da verdade, mas de textos claros das Escrituras que servem como cânon, regra e medida para a interpretação de outros textos discutidos que servem como base para concepções errôneas.

A regra de fé é, em suma, o resumo livre do conteúdo essencial da pregação cristã em todos os tempos e lugares. "Este cânon ou norma de verdade é muito firme em suas características fundamentais, mas é livre e mutável em seus detalhes e, sobretudo, em sua apresentação" (Ritter, 1987, p. 156). Para o estudioso da patrística Eugenio Romero Pose, a regra da verdade ou regra de fé agrupa "os conteúdos fundamentais do cristianismo, a doutrina dos apóstolos transmitida pela grande Igreja, garantida pela sucessão apostólica e normativa para todas as igrejas. A regra de fé é recebida pelo cristão no Batismo" (Irineu de Lião, *Demonstração*, 56,1).

---

87. *"Die Nachfolge ist die Gestalt der Überlieferung, die Überlieferung ist der Gehalt der Nachfolge"* ["A sucessão é a forma da tradição, a tradição é o conteúdo da sucessão"] (Ratzinger, 1968, p. 517). Irineu de Lião é um dos pais que mais insistiu na importância dessa sucessão apostólica em face da teologia gnóstica. A regra de fé e a sucessão apostólica são dois princípios hermenêuticos que nos ajudam a discernir onde se encontra a Igreja que salvaguarda e transmite a verdadeira doutrina de Cristo e dos apóstolos.

Irineu de Lião foi o primeiro dos autores cristãos a propor uma definição da regra de fé, uma regra que será desenvolvida e explicada posteriormente. Nela, ele enfatiza sua clara e profunda estrutura trinitária. Esse santo padre afirma:

> Eis a Regra de nossa fé, o fundamento do edifício e a base de nossa conduta: Deus Pai, não criado, ilimitado, invisível, único Deus, criador do universo. Esse é o *primeiro e principal artigo* de nossa fé. O *segundo* é: o Verbo de Deus, o Filho de Deus, Jesus Cristo nosso Senhor, que apareceu aos profetas de acordo com o plano de sua profecia e segundo a economia disposta pelo Pai; por Ele o universo foi criado. Além disso, no fim dos tempos, para recapitular todas as coisas, fez-se homem com os homens, visível e tangível, para destruir a morte, manifestar a vida e restabelecer a comunhão entre Deus e o homem. E como *terceiro artigo*: o Espírito Santo, por cujo poder os profetas profetizaram e os Pais foram instruídos a respeito de Deus, e os Justos foram guiados no caminho da justiça, e que no fim dos tempos foi difundido de uma nova maneira sobre a humanidade, por toda a terra, renovando o homem para Deus (*Demonstração da fé apostólica*, 6).

2) Vicente de Lérins, consenso diacrônico e sincrônico

O segundo critério teológico provém de Vicente de Lérins[88]. Esse monge da primeira metade do século V, seguindo o método indutivo, identifica os critérios aplicados pela Igreja durante os primeiros séculos para discernir a verdadeira doutrina da falsa doutrina. Não é em vão que toda heresia ou erro tem como base e fundamento a interpretação inadequada de uma série de textos bíblicos.

---

88. Vicente de Lérins, *Commonitorium pro catholicae fidei antiquitate et universitate adversus profanas omnium haereticorum novitatis*, em Corpus Christianorum LXIV. "Buscando uma regra segura para distinguir a verdade da fé católica da falsidade das mentiras heréticas, Vicente de Lérins escreve e resume perfeitamente a posição clássica: 'Defender-se com uma dupla proteção; primeiro a autoridade da lei divina, depois a Tradição da Igreja Católica'. Como reconhecer essa tradição, continua ele a perguntar. Pela universalidade, a antiguidade e a unanimidade: *Id teneamus quod ubique, quod semper, ab omnibus creditum est'"* (Congar, 1964, p. 750).

Segundo Vicente de Lérins, se a questão em discussão diz respeito à interpretação de certos textos bíblicos, ela não pode ser resolvida apenas com base na própria Bíblia, o que requer um critério interpretativo. De fato, ele observa que Irineu de Lião foi obrigado a definir a *"regula veritatis"* ou cânon da verdade como critério de discernimento em sua luta contra o gnosticismo; e que Agostinho de Hipona teve que aplicar esse mesmo método de interpretação das Escrituras a partir da regra da fé em sua luta contra o arianismo, o pelagianismo e o donatismo.

Ambos os exemplos ajudam Vicente de Lérins a concluir que contra a heresia donatista o critério seguido era a universalidade (*quod ubique*), contra o arianismo era a antiguidade (*semper*) e contra o nestorianismo, o consenso (*ab omnibus*). Universalidade, antiguidade e consenso constituem assim a tríade metodológica que se baseia na única Tradição.

3) Martinho Lutero, *"sola Scriptura"*

O grande reformador alemão já percebeu esse problema com o qual estamos lidando. Sua expressão *"sola Scriptura"* não era, em princípio, uma fórmula de oposição à Tradição, mas sim a expressão de uma necessidade urgente de voltar ao Evangelho diante das muitas tradições que escondiam sua soberana e majestosa sobriedade. Lutero não foi o único, mas talvez nenhum outro, no início da Idade Moderna, tenha dado voz ao desejo de reforma que existia contra a corrupção de certas tradições eclesiásticas que impedia o acesso à verdadeira mensagem de Deus na Tradição e nas Escrituras.

Contra a tradição eclesial e a mediação metafísica, Lutero propôs a *experiência* como fonte imediata e base da teologia. É a experiência que, em última instância, faz os verdadeiros teólogos[89]. Seu pensamento fundamental insiste em um retorno ao ensinamento paulino da justificação pela fé somente (sem cooperação humana) ou a justificação (libertação da escravidão do pecado) pela fé. Somente esse ensinamento da Bíblia é decisivo para a salvação; não o papa, nem o magistério, nem a Tradição.

---

89. *"Experientia, [quae sola] facit theologum"* (Lutero *apud* Batlogg, 2001, p. 119).

O monge agostiniano está claramente consciente da ruptura com o passado, especialmente com a teologia que usa como instrumento essencial a clássica metafísica aristotélico-tomística, na qual a *analogia entis* estabelece a mediação necessária e a textura de vinculação essencial para a elaboração de uma teologia sistemática e equilibrada. Em contraste com essa teologia escolástica ou cristologia metafísica, Lutero propõe um retorno à Bíblia sem mediações metafísicas, uma teologia existencial e kerigmática que coloca em primeiro plano a relação entre a *historia salutis* e a experiência humana concreta: "O que outros aprenderam na teologia escolástica, deixe-os julgar por si mesmos... Ali perdi a Cristo e agora o recuperei em São Paulo".

4) Os lugares teológicos de Melchior Cano

Mas a Idade Moderna não é apenas de Lutero; ela também contém uma das obras fundamentais na história da teologia católica, que influenciaria posteriormente de maneira decisiva. Refiro-me ao *De locis theologicis* (1563), de Melchior Cano (2006). Diante da recusa e da estreiteza luteranas, o teólogo dominicano se propõe a ampliar a perspectiva.

O autor lista dez lugares teológicos que tornam possível a elaboração de uma rigorosa teologia católica. Sete deles são descritos como lugares próprios: a Sagrada Escritura, as tradições orais de Cristo e dos apóstolos, a Igreja Católica, os concílios, a Igreja de Roma, os Padres da Igreja e, finalmente, os teólogos; e três são chamados de externos: a razão humana, a filosofia e a história. Destes, os dois primeiros têm uma primazia especial.

A interpretação feita por Max Seckler tem sido fundamental para a compreensão desse primeiro e influente trabalho de método e criteriologia teológica. Suas duas contribuições mais importantes, que corrigem a interpretação anterior de Albert Lang, são as seguintes: primeiro, distinguir a Sagrada Escritura e a Tradição como lugares especiais no interior dos lugares próprios; segundo, mostrar como esses lugares devem ser entendidos – de um ponto de vista passivo, o lugar em que o conteúdo da Tradição é objetivamente encontrado; e, em um sentido ativo, a esfera na qual se participa ativamente da transmissão e Tradição da Igreja (cf. Seckler, 1987, p. 37-65)[90].

---

90. O autor retornou a esse tema a partir da categoria da comunhão em Seckler (2007, p. 1-20).

5) O Concílio Vaticano II

Hermann Pottmeyer, seguindo as diretrizes do Concílio Vaticano II e levando em conta a história anterior, estabeleceu várias normas e critérios fundamentais, que estão listados abaixo.

1. *Normas.* A *norma suprema* da fé e Tradição cristã é a Palavra de Deus. Dela derivam todas as outras normas, pois ela representa o próprio Jesus Cristo feito carne, que permanece presente no Espírito. Deve ser enfatizado que essa é a norma *normans non normata*, e não apenas mais uma forma de testemunho entre outras, pois essa Palavra dá testemunho de si mesma na Sagrada Escritura, na doutrina, na liturgia, na vida da Igreja e no coração de cada crente.

A *norma primária* (*"norma normata primaria"*), entre as manifestações da Palavra de Deus, é a Sagrada Escritura. Nela reside a Tradição constitutiva, razão pela qual ela constitui a norma, o critério e a inspiração da Igreja posterior. Como Louis Bouyer disse belamente, a Sagrada Escritura é o coração da Tradição.

A *norma subordinada* corresponde à Tradição *vinculante da fé* da Igreja. Se a Escritura é a Tradição constituinte, ela constitui a Tradição interpretativa e explicativa. Além disso, a Tradição é assegurada pela assistência do Espírito Santo e pela promessa da presença permanente de Cristo. O sentido da fé dos crentes, ou infalibilidade *in credendo* (LG 12), e o magistério em suas diversas formas, ou infalibilidade *in docendo* (LG 25) (cf. Philips, 1975, p. 153s., 280s.), também devem ser enfatizados.

2. *Critérios.* Os critérios para pertencer a essa Tradição vinculante que acabamos de ver são os seguintes: consenso diacrônico ou antiguidade, como aplicado na controvérsia ariana; consenso sincrônico ou universalidade, aplicado na luta contra o donatismo; a clareza formal com que uma verdade é declarada como revelada ou necessária, para que seja defendida, salvaguardada e explicada como tal verdade revelada.

Ao lado destes critérios de pertencer à verdadeira Tradição de fé da Igreja, há também critérios de interpretação que são úteis para descobrir o verdadeiro sentido, a importância do conteúdo e o significado atual de uma tradição de fé. Entre esses critérios estão: a pesquisa histórica, que nos ajuda a entender sob quais condições surge a formulação temporal e o que exatamente significa; a transcendência salvífica (DV 8 e 11); a hierarquia das verdades (UR 11), e os sinais dos tempos (GS 4 e 11).

5 Testemunhas e atores privilegiados da Tradição

a) Tradição em ato: a liturgia

A Tradição tem a ver com o conteúdo objetivo que é transmitido pelos textos, ritos, as teologias dos Padres etc., mas sobretudo com o ato subjetivo de recepção e transmissão da vida cristã. A Tradição não se reduz apenas à transmissão de um conteúdo objetivo, mas é a esfera e o espaço de vida a partir do qual a experiência original e fundacional é vivida de uma forma cada vez mais plena e real.

Entretanto, não podemos pensar nessas duas realidades em contradição, mas sim em relação profunda. A esfera ou contexto vital da vida cristã precisa do critério objetivo para discernir se essa "esfera" e esse "espaço" são verdadeiramente espirituais, ou seja, se são tornados possíveis e animados pelo Espírito de Cristo. De fato, a Tradição é simultaneamente transmissão do conteúdo da verdade e do princípio de vida, por um lado, e transmissão da doutrina cristã e comunicação profunda das realidades e dos princípios de vida, por outro. Deus se comunica não apenas por palavras e ideias, mas por realidades (Congar, 1964, p. 54). Nesse sentido, o ato mais importante na vida da Igreja que tem a ver com a Tradição é a *liturgia*, pois nela o evento salvífico de Cristo é atualizado, a fé da Igreja é manifestada e confessada publicamente e se convoca o mundo e a criação à plenitude consumada no Reino, que graças ao Espírito nela se está antecipando.

Do ponto de vista cronológico, não podemos negar que os textos mais antigos do Novo Testamento são as *confissões de fé* e os hinos que a comunidade cristã usava na liturgia. Esses hinos foram posteriormente retomados e retrabalhados de suas respectivas teologias pelo Apóstolo Paulo e pelo Evangelista João para expressar sua compreensão particular do mistério de Deus ou de Cristo. Eles têm sido tão importantes na formação do Novo Testamento que essa coleção de escritos passou a ser chamada de evangelho em hino.

Além disso, a liturgia tem sido o ventre e o lugar de nascimento do Novo Testamento, seu lugar natal e para o qual nasceu. De fato, é o contexto vital no qual deve ser interpretado e compreendido.

Por outro lado, a explicação e interpretação desse evento testemunhado na Escritura, que é teologia, tem uma origem e fonte permanente no culto e na adoração. O trabalho teológico é impossível sem uma relação viva, teológica e comunitária com o Deus que se manifestou a nós. Portanto, seu contexto vital é a liturgia.

Há muito tempo essa verdade é vivida na teologia sem a necessidade de formulá-la explicitamente ou de justificá-la racionalmente. Entretanto, uma vez que entrou em crise, a teologia achou necessário justificar a liturgia como fonte de seu pensamento teológico (cf. Cordovilla, 2016, p. 525-536). De acordo com essa lógica, Walter Kasper aponta que a perspectiva vital da teologia é tripla, assim como o é sua missão no meio do mundo: profética, sacerdotal e real. Daí que a própria teologia pode ser entendida como reflexão sobre a pregação da fé (*apologética*), meditação sobre a fé celebrada (*mistagogia*) e serviço pastoral da Igreja ao mundo de hoje (*diakonia*) (Kasper, 2000, p. 186-188).

Entretanto, Max Seckler tem razão ao afirmar que não seria necessário considerar a liturgia como um novo lugar teológico ao lado dos outros dez propostos por Melchior Cano, pois ela nada mais é do que a expressão orante e celebrativa do que a Igreja crê e é (Seckler, 1987, p. 44, nota 11). Segundo Yves Congar, "a liturgia é a expressão da Igreja no ato de viver, no louvor a Deus e na realização de uma santa comunhão com Ele" (Congar, 1963, p. 184). Mais que lugar teológico, é a expressão dramática da Igreja como lugar teológico radical.

Nesse sentido, se o objeto da ciência litúrgica é a fé celebrada, então existe uma coincidência radical com o objeto próprio da teologia, ou seja, a fé. Pois, nesse caso, a especificidade própria da liturgia, a saber, a fé dentro da celebração, é secundária (cf. Saberschinsky, 2006, p. 13-27). E como, a rigor, a liturgia não é um novo lugar teológico para reunir argumentos a favor ou contra (uma espécie de arsenal dogmático), nem é um lugar a partir do qual se possa realizar imediatamente o trabalho teológico, é necessário concluir que ela é antes "o lugar privilegiado da Tradição; e não apenas em seu aspecto de conservação, mas também em seu aspecto de progresso" (Congar, 1963, p. 186).

b) As formas da Tradição: os Padres da Igreja

Um dos lugares teológicos mais comuns para falar da Tradição tem sido genericamente chamado "os Padres da Igreja" ou, de acordo com a teologia medieval, o "*consensus Patrum*". Nele não apenas o conteúdo concreto para o desenvolvimento da teologia pode ser traçado, mas também o exemplo e o modelo para a elaboração de uma verdadeira teologia.

Mas quem são os Padres da Igreja? Por que os chamamos de "pais"? Podemos incluir outros? Qual sua contribuição para a teologia e para a vida da Igreja de hoje? Segundo Vicente de Lérins, o título de "padre da Igreja" corresponde ao que ensina na unidade da fé e da comunhão eclesial (doutrina), e é considerado um professor comprovado (vida). Por sua parte, Melchior Cano especifica que para ser digno de receber tal título são requeridas ortodoxia de doutrina, antiguidade, santidade de vida e a aprovação da Igreja, especialmente da Igreja Romana. Como Antonio Orbe, um grande conhecedor de Irineu de Lião e da teologia cristã primitiva, salientou, eles são testemunhas qualificadas da Tradição apostólica no que diz respeito à transmissão e interpretação autêntica das verdades reveladas nas Escrituras (Orbe, 1990, p. 1037).

Essa definição dos Padres da Igreja, baseada nos critérios que acabamos de mencionar, tem sido criticada por historiadores e patrologistas, pois introduz uma realidade distante e estranha à história em nome do magistério e da ortodoxia. De um ponto de vista puramente histórico, tais críticas não são desprovidas de lógica; entretanto, de um ponto de vista teológico, também é razoável admitir o valor de uma referência dogmática e moral (cf. Congar, 1963, p. 192). Entretanto, em ambos os grupos há um amplo consenso na determinação do fim da era patrística: a morte de Gregório Magno (604) e Isidoro de Sevilha (636) marca seu fim no Ocidente, enquanto a morte de João Damasceno (749) marca seu fim no Oriente (cf. Congar, 1964, p. 155).

Mas por que esse tempo tem uma relevância especial para a teologia e para cada crente cristão em particular? Há várias razões para esse significado:

1. A teologia dos Padres representa, propriamente falando, a primeira teologia. A Escritura narra e testemunha um acontecimento de revelação que oferece salvação para o mundo; entretanto, são os Padres, em diálogo com a cultura e estimulados por respostas errôneas (*heresias*), que pensam em profundidade (*mistagogia*) e expõem em diálogo (*apologética*) a lógica da fé (*teologia*). A teologia patrística, juntamente com as definições e credos conciliares, forjou, em sua maioria, a futura linguagem teológica.

2. Os Padres, por sua proximidade com o testemunho apostólico e revelado, e por sua tarefa de transmissão na sociedade greco-latina, se tornaram um modelo de atividade evangelizadora e trabalho teológico. Se o Novo Testamento constitui a época fundadora porque é lá que se situa a revelação divina e o testemunho apostólico, o tempo dos Padres também pode ser descrito, em certa medida, como uma época fundadora derivada, porque a interpretação eclesial e a fixação dogmática foram realizadas. De fato, o problema da teologia trinitária nos primeiros séculos da Igreja é caracterizado como um problema de correta interpretação e compreensão (hermenêutica) desses dados e da experiência fundamental. A grande Igreja não tem nenhum desejo de inovar; pelo contrário, deseja interpretar corretamente o que *recebeu*, a fim de entregá-lo à próxima geração com *fidelidade* (cf. 1Cor 11,23)[91].

A fim de promover essa interpretação correta, os primeiros Padres estabeleceram a exigência de que toda afirmação teórica ou prática deveria estar em conformidade com um cânon ou medida chamada *regra da verdade* ou *regra da fé*; mas também que toda afirmação deveria ser harmonizada com o *corpo da verdade* (Irineu, Tertuliano, Orígenes). No decorrer do tempo serão os concílios (Niceia) os responsáveis por sancionar a interpretação autorizada (*exousia*) e rejeitar o resto.

3. A renovação teológica após os Padres tem que se remeter à época fundadora da revelação divina e do testemunho apostólico, bem como à da interpretação eclesial e da fixação dogmática. Isso não para absolutizar a linguagem, que é por natureza uma filha do tempo, mas para abraçar seu impulso criativo e para evitar os erros do passado. A patrística não é a repetição mimética da etapa fundadora do cristianismo (Sagrada Escritura), mas a compreensão, o aprofundamento e a afirmação do sentido correto e verdadeiro dos dados da revelação em diferentes momentos históricos e contextos culturais. Nesse sentido, é um exemplo paradigmático que hoje chamamos de inculturação: fidelidade ao Evangelho anunciando-o em uma nova cultura e empregando novas categorias; não para traí-lo, mas para que ele continue a ser a palavra da verdade e boa-nova da salvação no novo contexto.

---

91. "Os Padres não pretenderam mais do que explicar o conteúdo da Escritura" (Congar, 1964, p. 171).

4. A reflexão dos Padres está enraizada na história da salvação, seja por sua amplitude e extensão (pedagogia e recapitulação), seja por sua concentração na plenitude dos tempos (encarnação e mistério pascal). Essa *história salvífica* é a verdadeira base da reflexão patrística; além disso, a teologia dos Padres continua sendo uma escola permanente para a reflexão atual. Há duas razões que corroboram tal afirmação: primeiro, porque sua metafísica da salvação ou sua ontologia trinitária nasce da necessidade de salvar o dado bíblico e a experiência pessoal e comunitária da salvação; segundo, porque seu fecundo diálogo com a cultura nasce da convicção da novidade radical trazida por Cristo em sua vinda ao mundo, novidade que o cristianismo deve estender e comunicar.

5. A era dos Padres é relevante para a Igreja em todas as épocas por causa da conjunção única que se deu entre santidade, teologia e vida.

Nesse sentido, há três características fundamentais de sua teologia que devem ser consideradas. Em primeiro lugar, sua *pastoralidade*. Os teólogos são, antes de tudo, pastores, ou seja, sua teologia está a serviço da edificação da Igreja de Deus. Em segundo lugar, sua *sacramentalidade*. Pois sua teologia é a comunicação, a ilustração e a defesa do *mistério cristão*. Um mistério que é entendido não tanto como um objeto de estudo, mas como uma realidade a partir da qual se vive, celebra e reza; em outras palavras, o lugar vital a partir do qual se trabalha. Em terceiro lugar, sua *integralidade*. O resultado objetivo da teologia dos Padres responde às condições subjetivas de seu trabalho; no entanto, todos eles buscam a unidade da fé e da realidade cristã, sempre contemplando a teologia e a fé como um todo (analogia da fé). Sua teologia não está dispersa em tratados particulares, mas está preocupada em mostrar e ilustrar o movimento essencial da revelação e da economia da salvação (Ef 1,3-14) (Congar, 1963, p. 203-206).

Tendo delineado essas cinco grandes razões que destacam o enorme significado da teologia dos Padres, podemos voltar nosso olhar, por meio de contraste, para a teologia de hoje. Olhando-a em suas luzes e sombras, podemos nos perguntar se ela realmente demonstra a mesma paixão pelo diálogo com a cultura moderna e antiga, a partir da convicção de que Cristo tem a capacidade de penetrar até o último canto do mundo e de trazer uma novidade única à vida humana. Ou se está enraizada na história da salvação, conforme demonstrado pelos Padres da Igreja (teologia como economia, ou seja, como obediência à revelação), a fim de ousar propor uma ontologia trinitária e uma metafísica da salvação.

Como resultado desses questionamentos, vemos diante de nossos olhos uma teologia atual que, até certo ponto, está aprisionada em velhos esquemas que nos são confortáveis para entender nossa história teológica, mas que são irrelevantes para nossa vida atual. Além disso, ela dá a impressão de estar sendo seduzida por modas passageiras, cuja validade é a da própria moda, mas que despreza como ultrapassada aquela outra teologia perene.

É claro que não podemos simplesmente repetir a teologia dos Padres, mas devemos assumir seu estilo, forma e impulso original. Nesse sentido, George Florovsky está certo quando, confrontando uma ideia difundida na teologia latina e em sua própria tradição teológica de que a Igreja Ortodoxa é apenas uma Igreja dos Padres e dos primeiros sete concílios ecumênicos, ele "reivindica para a Igreja e para o labor teológico nela realizado uma plena continuidade de espírito e graça, de gênio e autoridade espiritual, com os primeiros séculos de sua vida" (Congar, 1963, p. 198)[92].

Conclusão

A Tradição é a memória da teologia porque ela é a memória da Igreja. A Tradição é um acontecimento pessoal em que a verdade do ser e da origem da Igreja se atualiza, assim como o futuro de seu destino e de sua missão. A transmissão da fé é um ato essencial da Igreja, pois essa transmissão consiste no princípio teológico da Tradição. A própria Igreja é uma Tradição viva. Nesse sentido, a transmissão da fé tem a ver com o que a Igreja já é por graça e o que ela é chamada a ser por vocação.

E embora neste capítulo tenhamos enfatizado a importância da liturgia e dos Padres como ato e figura da Tradição, nunca foi em exclusividade, mas como uma exemplaridade. Ambas as realidades nos mostram que a Tradição é uma graça a ser acolhida e celebrada, assim como uma tarefa a ser dada e transmitida. A liturgia é obra de Deus (*opus Dei*, segundo a tradição beneditina), na qual Ele se entrega a nós em Palavra e Sacramento, e mostra a prioridade essencial e pastoral de seu amor e graça sobre

---

92. Cita Florovsky (1962, p. 114-125).

nossas ações. Os Padres são a melhor expressão da Tradição como tarefa de transmitir a fé e o Evangelho em uma nova cultura, aceitando sem reservas e em toda sua verdade a novidade de Cristo, a fim de apresentá-la como a plenitude da vida humana em uma sociedade diferente do lugar onde nasceu o cristianismo.

Em sua radicalidade última, transmitir é dar. Uma entrega que nasce da aceitação e recepção da entrega do Filho tornada possível pelo Espírito, e que se prolonga e se atualiza na história por meio da entrega em nome da humanidade. A transmissão da fé deve ser realizada por mediações da graça, mediações institucionais e, portanto, mediações históricas e paradoxais, sem se deixar abafar pelo medo de que não sejam puro Evangelho. Os odres, por mais novos que sejam, nunca podem ser confundidos com o vinho. O importante é que eles contenham o novo vinho. Nesse sentido, devemos estar conscientes de que a transmissão da fé requer e necessita, em última instância, da entrega da vida. Somente assim nossa transmissão pode ser eficaz no mundo de hoje.

Concluamos fazendo memória às palavras de Jesus no Evangelho de João, prestes a enfrentar sua hora final diante da incompreensão dos discípulos: "Se o grão de trigo não cai na terra e morre, ele permanece infrutífero" (Jo 12,24). E se isto foi verdade para o Mestre e Senhor, deve ser também para seus discípulos.

VII

A moldura da teologia:
o magistério da Igreja

> Na Igreja do Deus vivo, que sustenta e defende a verdade.
> (1Tm 3,15)

Introdução

A palavra de Deus dada na Sagrada Escritura e transmitida ininterruptamente na Tradição é o guia interno da reflexão teológica. Por sua vez, o magistério da Igreja determina os marcos do caminho (cf. Ratzinger, 1968, p. 448)[93]. Se a teologia é um itinerário de busca radical da verdade e um aprofundamento da fé recebida e confessada, o magistério é o limite necessário, a estrutura que circunscreve e o guia que nos assegura que estamos no conteúdo autêntico revelado na Escritura, assim como na comunhão efetiva e real com a Tradição viva da Igreja, tanto em sua dimensão diacrônica como sincrônica.

Essa forma de descrever o magistério em sua relação com o trabalho teológico significa, antes de tudo, duas coisas:

a) De um ponto de vista negativo, é enfatizado que o magistério não é a totalidade da doutrina cristã e muito menos a realidade que ele representa por meio de suas imagens e conceitos. Não podemos identificar magistério e vida cristã, nem podemos identificar magistério e teologia, pois a teologia não é uma simples explicação e justificação das afirmações do magistério. Como diz a constituição dogmática *Dei*

---

93. O autor usa a expressão *Leitfaden* para se referir à Escritura e à Tradição; *Grenzstein* para se referir ao magistério em sua relação com a teologia.

Verbum, o ofício do magistério é *interpretar autenticamente* (isto é, com a autoridade transmitida por Cristo aos apóstolos) a palavra de Deus escrita na Sagrada Escritura ou transmitida na Tradição (DV 10). Para esse fim, ele se coloca sob essa palavra, a qual serve, para escutá-la religiosamente, para guardá-la com precisão e para expô-la fielmente. Não é a única palavra, mas é a última.

b) Em um sentido positivo, o magistério não é um mero limite formal da teologia e da vida cristã, mas a ratificação do conteúdo real de ambas. Embora não possa ser identificado com elas, tampouco pode ser reduzido a um puro limite formal e externo. Pelo contrário, o magistério está relacionado de forma interna e conatural ao objeto que procura servir, guardando-o com precisão e transmitindo-o fielmente, e aos fiéis a quem procura assistir em um dado momento histórico. É sem dúvida um limite, não para impedir, mas para oferecer uma certa possibilidade.

A fim de abordar a realidade eclesial e teológica do magistério, daremos três passos. Primeiro, nos questionaremos sobre sua natureza a partir de uma dupla perspectiva: cristológico-escatológica e pneumatológico-eclesiológica; depois, trataremos da forma de seu exercício na Igreja; finalmente, refletiremos sobre sua necessária hermenêutica e interpretação.

1 Natureza do magistério

O magistério tem a ver com o ato de ensinar. Num sentido amplo, refere-se à graça que Cristo dá ao povo de Deus como um todo e que é exercida de várias maneiras; num sentido restrito – que é como se entende em nossos dias –, refere-se ao exercício específico do ensino com autoridade reservada pela vontade divina aos bispos, sucessores dos apóstolos, em comunhão com o bispo de Roma, sucessor de Pedro. "O magistério eclesiástico é chamado à tarefa de ensino, que pertence em propriedade, por instituição de Cristo, ao colégio dos bispos, sucessores dos apóstolos, ou a cada bispo em comunhão com o sumo pontífice" (Comisión Teológica Internacional, 2000, p. 128).

No entanto, antes de tratar diretamente da natureza e do exercício do próprio magistério, é necessário procurar a base última de sua existência na Igreja (cf. Ardusso, 1997; Gaillardetz, 1997; Sullivan, 1993 [1983];

Sullivan, 1993, p. 841-849; Sullivan, 2003 [1996]; Pié-Ninot, 2001, p. 608-622; Pié-Ninot, 2007, p. 499-509; Cordovilla, 2014b, p. 148-178). Todas as realidades constitutivas da Igreja devem ser vistas a partir dos dois princípios fundamentais em que a própria Igreja se baseia: Cristo, a revelação escatológica de Deus na história humana, e o Espírito, o dom do Pai pelo Filho que assegura a assistência e a permanência de Cristo nessa realidade fundada por Ele.

a) Perspectiva cristológico-escatológica

Cristo é a revelação escatológica do Pai na história humana. E por escatológico entendemos que Cristo é a revelação de Deus que se realizou na história de forma irrepetível e definitiva. Nós, seres humanos, não estamos mais esperando por outra nova revelação para completar ou aperfeiçoar aquilo que aconteceu em Cristo. Ele é o mediador e a plenitude da revelação de Deus (DV 2-4), a presença absoluta e vitoriosa de Deus no mundo, o Verbo de Deus definitivo e encarnado na história. Se quisermos levar a sério essa definitividade e historicidade da revelação de Deus, temos que pensar em uma realidade histórica que expresse, represente e atualize, de alguma forma, essa definição da palavra de Deus.

A Igreja, fundada por Cristo e existente nele, é a presença sacramental dessa Palavra definitiva e irreversível na história, tanto na ordem da graça (sacramentos) como na ordem da verdade (doutrina). A palavra vitoriosa e definitiva que Deus pronunciou na vida e na história da humanidade é prolongada sacramentalmente pela Igreja, pela realização de seu ser na celebração sacramental e no exercício de sua missão evangelizadora (obras e palavras).

A autoridade doutrinal da Igreja repousa firme e solidamente sobre esse fundamento cristológico. "Jesus Cristo é o fato que revela que a comunicação de Deus é dada no mundo como a verdade do amor definitivo neste mundo, que a verdade amorosa de Deus e o verdadeiro amor não são oferecidos apenas ao homem e à sua história, mas que eles também vencem realmente nesta história e não podem mais ser eliminados pelo 'não' do homem" (Rahner, 1998, p. 438). O magistério, em seu sentido último, é a vitória do amor e da verdade de Deus no mundo.

b) Perspectiva pneumático-eclesiológica

A Igreja é uma extensão sacramental da palavra vitoriosa de Deus em Cristo, mas a relação entre os dois não pode ser compreendida em termos de identidade. A autoridade doutrinal da Igreja não está no mesmo nível da autoridade de Cristo, nem suplanta o lugar preeminente e central da palavra de Deus. O magistério é simplesmente seu intérprete autorizado (DV 10). A promessa feita por Cristo à sua Igreja na pessoa de Pedro de que o poder do Hades não a derrubará (Mt 16,18) tem sua correlação na estrutura histórica e carnal da Igreja como pilar e fundamento da verdade (1Tm 3,13). Não é, portanto, uma expressão de um poder e uma autoridade da Igreja separados da obediência a Cristo, mas uma expressão da morada de Cristo na Igreja pelo Espírito, que a guia e assiste à verdade completa (Jo 16,12-13).

O exercício da autoridade na Igreja é um ato de obediência, ou seja, de escuta fiel da Palavra de Deus; além disso, a Igreja exerce verdadeiramente sua autoridade quando ela torna possível a presença da autoridade salvadora de Cristo nela. Por essa razão, o magistério nunca pode ser colocado acima da palavra de Deus, mas a seus pés, como um servo e intérprete autorizado que atualiza seu significado no curso da história. Assim, "o magistério não está acima da palavra de Deus, mas a seu serviço, para ensinar puramente o que foi transmitido, pois [...] escuta-o devotamente, preserva-o zelosamente e o expõe fielmente, e tudo o que ele propõe ser acreditado como revelado por Deus o tira desse único depósito de fé" (DV 10).

Por fim, não só a teologia mas também o próprio magistério devem se esforçar para mostrar a relação entre suas afirmações dogmáticas e o testemunho da Escritura e da Tradição (cf. Sesboüé, 2004).

2 O exercício do magistério

a) No interior do tríplice ministério e serviço, sem absolutizar

A Igreja, como povo e família de Deus no mundo, realiza uma tripla atividade: proclama a Palavra a partir de seu ser e sua missão profética (*kerygma-martyria*); celebra a liturgia a partir de seu ser e sua missão sacerdotal (*leiturgia*); e serve à caridade a partir de seu ser e sua missão real (*diakonia*). Portanto, essa atividade integral não faz alusão a uma simples ação externa a seu ser, mas expressa sua natureza íntima (Bento XVI, *Deus é amor* 25). Além disso, o exercício da tríplice missão da Igreja desdobra sua natureza íntima, ligando-a ao ser e à missão de Cristo.

A teoria teológica empregada para expressar essa relação é a da *representação*. Esse conceito remete ao termo grego *apóstolo* e ao hebraico *schaliach*. Cristo é aquele enviado por Deus para tornar presente o reino do Pai no meio da humanidade. A fim de cumprir essa missão, Cristo reúne ao seu redor um grupo de 12 apóstolos para estar com Ele e para enviá-los a pregar, mas também para serem seus representantes no meio do mundo. A representação não é uma substituição, mas uma forma de fazer presente aquele que o envia. "Enviar (no contexto do *schaliach*) significa enviar com poder. Aquele que é enviado é um representante autorizado [...]. A missão é uma missão para o imediatismo de quem o envia. O enviado, portanto, é um representante. Mais que representar aquele que o envia, aquele que o envia torna-se presente no enviado" (cf. Legido López, 1987, p. 113).

A atividade kerigmática de Jesus foi realizada pela proclamação do Evangelho e do ensino de uma nova doutrina (Mc 1,27), finalmente corroborada pelo belo testemunho de sua vida (1Tm 6,13). Essa atividade é confiada aos apóstolos que, em nome e com a autoridade de Cristo, pregam sua mensagem e ensinam sua doutrina.

Com Paulo de Tarso surge uma questão central que será decisiva para a história do cristianismo, a de saber qual é a fonte original da qual provém e em que se baseia a legitimidade do *apostolado*; e a de conhecer a forma certa e segura em que é possível verificar a autenticidade da *doutrina* ensinada. A resposta parece simples: a legitimidade apostólica e a autenticidade doutrinária dependem de sua vinculação com a *origem divina de seu apostolado* (Gl 1–2) e da *fidelidade na transmissão do que foi recebido antes* (1Cor 11,23ss.; 15,3ss.).

Essa pergunta é seguida por outra não menos importante, a de saber *como* é possível se conectar com a origem normativa de Cristo (perspectiva teológica e vertical) e a de ter a certeza de que se permanece em comunhão apostólica (perspectiva eclesiológica e horizontal). Depende exclusivamente da consciência subjetiva ou da santidade pessoal? Existe algum tipo de instância ou mediação externa e objetiva que garanta essa relação com a origem? Também aqui, a resposta é clara: a regra da fé como conteúdo fundamental da tradição e da sucessão apostólica como sua forma visível.

É nesse contexto que a função magisterial deve ser colocada. É uma atividade que pertence à Igreja como um todo, pois é pelo senso de fé dos fiéis que é garantida a permanência da Igreja na verdade (LG 12), e também a alguns membros da Igreja de uma forma específica (bispos), como sucessores dos apóstolos (LG 25). Essa permanência da Igreja na verdade é um carisma que deve ser compreendido em seu sentido global (indefectibilidade); no entanto, não se pode excluir que, em certos momentos e sob circunstâncias específicas, seja um carisma dado e exercido para decisões históricas específicas (infalibilidade) (cf. Rahner, 1971).

Assim, sem a possibilidade de afirmar que a Igreja é infalível em decisões e questões concretas em um determinado momento histórico e em uma determinada linguagem, a afirmação de uma permanência geral e abstrata na verdade é minada em sua raiz e até se torna sem sentido no final.

b) Um serviço de toda a Igreja, sem diluir sua função específica

O exercício do ministério da Palavra em sua dupla dimensão de permanência e fidelidade à Verdade recebida, por um lado, e na extensão e comunicação do Evangelho no mundo, por outro, é um ministério que pertence a todo o povo de Deus (LG 12). Nesse sentido amplo podemos falar do magistério das testemunhas e mártires, dos doutores e mestres, dos santos e místicos, dos fiéis e dos crentes.

Entretanto, é preciso afirmar que o magistério entendido no sentido moderno é, por sua vez, um carisma dado de forma específica aos sucessores dos apóstolos[94]. Eles não possuem a única palavra na Igreja, mas sim a última quando se produz um conflito em sua interpretação. O exercício e o ministério dessa palavra autorizada e autêntica na interpretação da Escritura e da verdadeira Tradição da Igreja têm suas exigências e são

---

94. Cf. Congar (1976, p. 94): "O termo magistério em seu significado atual foi introduzido pela teologia no século XVIII, sobretudo pelos canonistas alemães dos inícios do século XIX". Esse estudo de Congar sobre a história do termo "magistério" continua fundamental. Em plena sintonia com esse artigo, cf. B. Sesboüé, *La noción de magisterio em la historia de la Iglesia y de la teología* (2004, p. 17-67).

realizados em graus variados (*Donum Veritatis* 23-24). A recepção pelos fiéis, o grau de adesão exigido e a possível crítica de seu conteúdo e expressão dependem do grau de sua natureza.

Desde a carta apostólica de João Paulo II, *Ad Tuendam Fidem* (1998), fala-se hoje de três tipos fundamentais de magistério. O coração e o centro da profissão de fé de um cristão se encontram no *símbolo*, confessado semanalmente na assembleia litúrgica reunida para celebrar a Eucaristia. Juntamente com essa forma fundamental de expressão e confissão de fé, a *Ad Tuendam Fidem* acrescenta três seções nas quais são explicitadas e definidas as verdades da fé católica que a Igreja, nos séculos seguintes e sob a orientação do Espírito Santo, explorou ou ainda precisa estudar com mais profundidade.

No primeiro bloco estão as duas formas fundamentais do chamado *magistério infalível*:

• O *magistério solene ou extraordinário*, que sanciona uma doutrina por meio de um pronunciamento *ex cathedra* ou por meio da celebração de um concílio ecumênico. Essa forma de magistério exige um consentimento de fé teológica e se refere às verdades contidas na revelação em questões de fé e moral.

• O *magistério ordinário universal*, que corresponde aos bispos, reunidos em concílio ou dispersos pelo mundo, mas em comunhão com o colégio episcopal, do qual o bispo de Roma é o chefe. Esse magistério se refere ao mesmo conteúdo que o anterior e exige a mesma forma de assentimento expressa no Concílio Vaticano II com a expressão paulina *obediência da fé*. Na verdade, e no que se refere ao conteúdo definido, em nada difere do magistério extraordinário; é apenas distinta a forma solene de sua expressão. Por outro lado, e como já dissemos, ambas as expressões do magistério são magistério infalível[95].

Em um segundo bloco encontramos o *magistério definitivo*:

---

95. "Mesmo que cada um dos prelados não possua a prerrogativa da infalibilidade, contudo, se todos eles, mesmo estando dispersos pelo mundo, mas mantendo o vínculo de comunhão entre si e com o sucessor de Pedro, concordam na mesma opinião como mestres autênticos que expõem como definitiva a doutrina em matéria de fé e costumes, nesse caso proclamam infalivelmente a doutrina de Cristo" (LG 25) (cf. Concílio Vaticano I, *Dei Filius* 3; DH 3011).

• Esse magistério propõe a doutrina de forma *definitiva* sobre verdades de fé que, embora não pertençam diretamente à revelação, estão estreita e intimamente ligadas a ela, seja por conexão histórica ou lógica. Essas afirmações do magistério devem ser firmemente recebidas e aceitas[96].

Em um terceiro e último bloco está o *magistério não infalível*:

• Esse magistério propõe uma doutrina para servir de auxílio à compreensão mais profunda da revelação e para tornar seu conteúdo explícito, seja para reivindicar a conformidade de uma doutrina com a verdade da fé, seja para advertir contra concepções incompatíveis com essa verdade da fé. Para essas afirmações é necessário um dom religioso da vontade e da inteligência, dentro da lógica da obediência da fé.

• Há uma forma final de magistério que se refere à intervenção em questões teologicamente debatidas, "nas quais elementos contingentes estão envolvidos ao lado de pontos firmes de fé". Somente com o tempo é possível distinguir entre o núcleo central e os elementos adicionais e contingentes que podem ser reformados com base em uma compreensão mais profunda da verdade da fé e da revelação. Para esse tipo de magistério, que não é irreformável, é necessário um *obséquio leal*.

3 A interpretação do magistério

Toda palavra carece de uma recepção e de uma interpretação para se chegar ao significado que se pretende transmitir. Se aplicamos essa verdade elementar à palavra de Deus na Sagrada Escritura, com mais razão ainda devemos aplicá-la à palavra que o magistério oferece à teologia e à vida da Igreja. No entanto, é importante ter cuidado com essa afirmação, porque às vezes a recepção e a hermenêutica do magistério são invocadas para ir além do sentido em que o próprio magistério quis intervir.

---

96. Até agora falamos de magistério infalível e não infalível. A partir da carta apostólica *Ad Tuendam Fidem* foi acrescentada uma terceira forma, chamada de definitiva. Hoje a teologia está tentando entender corretamente essa forma, que, sem ser totalmente nova, representa uma novidade na doutrina do magistério; além disso, por essa razão, criou uma certa perplexidade quando se trata de distinguir o magistério infalível do definitivo (cf. Sesboüé, 2004, p. 345-363).

O magistério é, por natureza, uma palavra interpretativa da Tradição e da Escritura que nos garante o significado correto de ambas em continuidade com a fé apostólica. Por ser uma interpretação autorizada, realizada em um determinado contexto histórico, deve procurar ampliar e alargar seu significado com o objetivo de aprofundá-lo, situá-lo e compreendê-lo melhor, mas nunca ir contra ele. Não é possível uma hermenêutica que atue contra o sentido literal de uma afirmação magisterial, invocando um espírito particular. E isso não é possível nem na interpretação das Escrituras nem na do magistério. Sem letra e texto não há espírito. A interpretação seria deixada ao arbítrio de cada receptor, perderia sua verdadeira substância e acabaria por dissolver a consciência cristã (González de Cardedal, 2006b, p. 51-75).

Para interpretar adequadamente os textos do magistério, proponho seguir um caminho no qual somos convidados a responder a partir de três chaves complementares.

a) A intenção e a forma de se expressar

Como ponto de partida, é obrigatório especificar a natureza do documento no qual uma declaração doutrinária está escrita. Perguntar sobre sua natureza é perguntar sobre sua verdadeira intenção, sobre o que realmente se pretende sancionar ou definir.

Nesse sentido, a análise da linguagem magisterial é de grande importância, a fim de determinar se é uma exortação pastoral, uma carta apostólica, uma definição dogmática etc. Nem tudo tem formalmente o mesmo valor e não requer o mesmo tipo de adesão. E, no entanto, devemos estar cientes de que, no final, nunca será completamente claro quais textos ou documentos do magistério terão, em última análise, o maior impacto sobre o desenvolvimento do dogma e o aprofundamento da teologia.

Nessa perspectiva, e por ocasião das críticas levantadas, por um lado, pelo "tom" da declaração *Dominus Iesus* e, por outro, pela subsequente notificação da obra do jesuíta belga Jacques Dupuis, *Para uma teologia cristã do pluralismo religioso*, foi publicado no *L'Osservatore Romano* (27.2.2001) um comentário sobre essa notificação, no qual as diferentes linguagens usadas no magistério contemporâneo são explicadas de acordo com o objetivo que pretendem alcançar. O comentário fala de diferentes gêneros literários:

> l. O *expositivo e ilustrativo*, que contém motivações amplas e precisas sobre a doutrina da fé e indicações pastorais (documentos do Concílio Vaticano II, muitas encíclicas do papa).
>
> 2. O *exortativo e orientador*, que trata de problemas de natureza pastoral espiritual e prática.
>
> 3. O *declarativo e assertivo*, que busca comunicar aos fiéis não tanto argumentos opinativos ou questões disputadas, mas verdades centrais da fé cristã, que são negadas ou ameaçadas por certas interpretações teológicas.

O tom e a linguagem usados em um pronunciamento magisterial dependem da natureza e da intenção do documento. Segue-se que, para determinar a natureza e a intenção da declaração magisterial, bem como seu grau necessário de vinculação e consentimento, é essencial analisar o tom e a forma de expressão.

b) O momento histórico e a moldura da grande Tradição da Igreja

Em segundo lugar, as declarações concretas do documento magisterial devem ser colocadas em seu contexto histórico e dentro de uma ampla estrutura de interpretação. Dessa forma, a intervenção do magistério e a razão para se expressar em tais termos torna-se mais compreensível.

Todo texto tem que ser colocado em contexto. Não é legítimo diluir um texto colocando-o em um contexto, nem é legítimo absolutizar uma expressão particular, pois é essencial levar em conta a totalidade das afirmações anteriores ou toda a doutrina que existe em torno de uma questão teológica ou verdade de fé. Essa perspectiva histórica dos textos nos ajuda a compreender que o importante é o que é dito, mesmo que às vezes tenha que ser expresso em termos e linguagem que por natureza têm seus limites, mesmo que não possamos encontrar as expressões mais apropriadas em um determinado momento.

Um exemplo clássico do que temos dito foi a definição do Concílio de Viena sobre a unidade psicossomática do ser humano (DH 902; cf. Ruiz de la Peña, 1988, p. 110-112). A doutrina católica tinha defendido que o homem é uma unidade de corpo e alma (Lateranense IV, século XIII).

Gradualmente, a forma dessa união tornou-se cada vez mais clara, até que se afirmou que se tratava de uma unidade substancial. No entanto, para explicar essa forma, a teoria hilemórfica de Aristóteles foi eleita naquele exato momento, tendo sido submetida à reflexão de Tomás de Aquino. Essa teoria sustenta que a alma é a forma do corpo (*"anima forma corporis"*). Mas o Concílio de Viena (século XIV) não quis sancionar a teoria hilemórfica como uma forma de entender a união de duas realidades em uma, mas sim preferiu considerar o homem como um único ser composto de corpo e alma, no qual a unidade de ambos os elementos se dá em uma união substancial. Dessa forma, o Concílio define o ponto essencial a ser afirmado e mantido (cf. GS 14). Embora tudo isso seja verdade, deve-se observar que a forma concreta de entender essa unidade substancial pode mudar com o passar do tempo. De fato, os avanços no conhecimento humano sem dúvida nos ajudarão a compreender melhor a forma dessa união, sem desvalorizar o corpo em relação à alma.

Na mesma linha, as palavras de João XXIII em seu discurso no início do Concílio Vaticano II, que estão incluídas na constituição *Gaudium et Spes*, tornaram-se clássicas. Elas distinguem entre o coração da doutrina (irreformável) e sua forma de expressão (sempre necessitando de aprofundamento): "O depósito da própria fé, ou seja, suas verdades, é uma coisa, e a forma de formulá-las preservando seu conteúdo é outra" (GS 62).

Karl Rahner falou da impossibilidade de reformar o dogma de trás para frente, enquanto é sempre necessário entendê-lo de novo para a frente. Toda afirmação dogmática significa para a teologia um fim e um novo começo. É um limite porque encerra um certo debate como última palavra, mas ao mesmo tempo abre um novo horizonte e uma nova perspectiva de compreensão de uma verdade de fé (cf. K. Rahner, *Magisterio eclesiástico*, 392)[97]. Nem uma ortodoxia formal nem uma heterodoxia estéril parecem ser muito frutíferas para a teologia:

> Os esforços da teologia e do magistério da Igreja em relação a uma realidade e verdade revelada por Deus sempre terminam em uma formulação exata. Isso é natural e necessário. Pois só assim é possível traçar, diante do erro e da falsa compreensão

---

97. Essa ideia foi aplicada por Rahner em um famoso artigo sobre os problemas atuais da cristologia, por ocasião do 450º aniversário da celebração do Concílio de Calcedônia (Rahner, 1967b, p. 167-221).

da verdade divina, uma linha de demarcação que é respeitada na prática religiosa diária. A fórmula é, portanto, um termo, um resultado e uma vitória que nos dá sua precisão e clareza e torna possível um ensino seguro. Mas em tal vitória tudo depende do fato de que o fim é, ao mesmo tempo, um começo (Rahner, 1967b, p. 167).

O pensamento das gerações precedentes (mesmo que elas tenham chegado a resultados condensados na forma de definições dogmáticas) nunca é um lugar de descanso para o pensamento das gerações futuras. As definições são menos um fim do que um começo. Elas são *hic Rhodus*. Uma abertura. Nada verdadeiramente conquistado se perde na Igreja. Mas nada dispensa o teólogo de mais trabalho. Aquilo que só é armazenado, aquilo que só é transmitido, sem um novo e adequado esforço (começando *ab ovo*, da revelação), corrompe-se, como o maná. E por quanto mais tempo a Tradição viva é interrompida por uma repetição verbal puramente mecânica, tanto mais difícil é retomá-la (Balthasar, 1964, p. 203)[98].

c) Uma hermenêutica cordial

O exercício da teologia precisa, finalmente, relacionar-se com o magistério a partir de uma hermenêutica cordial, ou seja, uma interpretação feita do coração. Trata-se de aceitar com humildade a palavra do magistério, integrando-a cordialmente no próprio pensamento a partir daqueles pontos ou perspectivas que estão em conformidade com os aspectos teológicos que o teólogo está desenvolvendo ou que se aproximam mais de sua própria forma mental.

Essa conexão entre palavra magisterial e reflexão teológica pessoal deve ter um ponto de partida real e objetivo. Portanto, não pode ser um assunto fora da palavra magisterial, mesmo que às vezes não concorde diretamente com o aspecto que, naquele momento particular, parece constituir o ponto central da afirmação doutrinária.

---

98. Original: ¿Qué debe ser la teología? Su lugar y su figura en la vida de la Iglesia: *Wort und Wahrheit* 8 [1953], p. 325-332, aqui p. 330). Essa citação é retomada por K. Rahner no artigo "Ensayo de esquema para una dogmática" (1967, p. 21). Texto inspirado em um projeto comum de Rahner e Balthasar, realizado em 1939 no pátio do Colégio Canisianum, em Innsbruck.

Tal forma de praticar a teologia não é, em nenhum sentido, um *subterfúgio* para evitar enfrentar as declarações mais contundentes do magistério. O teólogo deve conhecê-las de forma crítica e acolhê-las no assentimento que requerem. Entretanto, ao desenvolver ou levar adiante sua própria proposta sistemática, é legítimo tomar como ponto de partida e impulso necessário aqueles aspectos que melhor se encaixam em sua perspectiva pessoal. Esses aspectos são os que ele deve aprofundar, desenvolver e levar adiante em seu estudo e pesquisa, facilitando assim sua própria expressão ou definição doutrinária, que a princípio parece mais difícil de assumir, para ser equilibrada com outras perspectivas que podem não ter estado em primeiro plano naquele momento.

Por outro lado, o teólogo católico não se confronta com uma afirmação do magistério a partir daquela suposta equidistância – tão perfeita como ingênua – a ponto de poder aceitá-la ou rejeitá-la indiscriminadamente. Seu ponto de partida deve ser uma recepção cordial, a fim de passar de lá para uma recepção crítica. Aqui entendo por "crítica" não o esforço para deslegitimar essa afirmação, mas o caminho da pesquisa onde se pergunta rigorosamente por que tal afirmação é feita. O que se deseja afirmar, defender, negar ou renovar? Qual é o problema que se deseja iluminar? Que pontos seguros oferece o magistério para avançar na melhor compreensão de um determinado problema?

À pergunta se a crítica à palavra do magistério é possível, a resposta só pode ser afirmativa. O então Cardeal Joseph Ratzinger, referindo-se ao magistério em questões de moral – um tema particularmente problemático na recepção eclesial desde a encíclica *Humanae Vitae* (1968), de Paulo VI –, se expressa com bastante clareza:

> O que o Concílio Vaticano II disse sobre os graus de adesão e, da mesma forma, sobre os graus de crítica em relação às modalidades do magistério eclesial é válido aqui. A crítica pode ser feita de acordo com os níveis e exigências dos ensinamentos do magistério. Será ainda mais útil se completar uma falta de informação, esclarecer uma insuficiência na apresentação literária ou conceitual e, ao mesmo tempo, aprofundar a compreensão dos limites e do alcance das afirmações em questão (Ratzinger, 2005b, p. 51).

Para um verdadeiro teólogo, nem uma ortodoxia formal – que repete sem argumentar e sem se perguntar pelas razões últimas as afirmações feitas pelo magistério – nem uma heterodoxia estéril – que dá a impressão de ser motivada pela necessidade de mostrar fidelidade à moda ou a grupos de pressão social e que não questiona criticamente as consequências de suas próprias afirmações – é suficiente. Nesse sentido, não é possível classificar uma notificação ou uma advertência emitida pelo magistério eclesial como uma tentativa limpa e profunda de avançar em um determinado campo teológico da mesma forma que uma motivada por uma tentativa sistemática de ir contra uma doutrina pertencente ao depósito da fé, cujo significado tem sido refinado ao longo dos séculos. Não é a mesma coisa para um teólogo viver em silêncio respeitoso sobre questões que ele não entende plenamente no momento, ou expressar pública e permanentemente dissensões com o magistério da Igreja, geralmente a partir de uma "ortodoxia" mais dura do que aquela que ele mesmo critica na autoridade eclesiástica.

Devemos estar conscientes de que em qualquer comunidade humana em que há uma palavra final, há momentos de tensão e dificuldade em poder articular adequadamente as outras palavras, legítimas e necessárias, que são pronunciadas de antemão. A última palavra não deve e nunca pode ser a única, pois não substitui as palavras anteriores, mas precisa delas. Entretanto, as penúltimas palavras devem reconhecer o direito e a legitimidade do pronunciamento daquela última palavra, o que resolve a questão numa determinada direção, mesmo que sempre a abra para outras perspectivas novas e diferentes.

Conclusão: uma imagem deficiente, mas uma imagem

Gostaria de terminar com uma imagem, uma imagem que é deficiente por quaisquer padrões, mas que, no entanto, ilumina a função essencial do magistério em teologia. Toda obra de arte carece de uma moldura. Ela pode ser alargada, ampliada e até confundida com a obra artística ou com o mundo do sujeito que a contempla. Mas um limite e um horizonte é a condição de possibilidade de conhecimento do mundo como tal.

O mesmo pode ser dito da teologia. Como exercício humano, precisa de limites e normas, regras do jogo. Para entender melhor o jogo, as regras são suscetíveis de revisão, mesmo que isso só possa ser feito pelo órgão competente (concílio ecumênico, colégio episcopal unido à cabeça, o bispo de Roma).

Vejamos duas faces de um mesmo exemplo. Um teólogo particular pode decidir unilateralmente quebrar ou mudar essas regras, mas não pode esperar que a comunidade eclesial, incluindo a comunidade teológica, siga seu exemplo. A autoridade competente também pode dizer expressamente que essas novas regras não respeitam a natureza do jogo e, portanto, não têm qualquer utilidade ou vinculação aos outros.

Em qualquer caso, a estrutura e as regras são um limite, mas é precisamente por isso que são uma possibilidade. Do ponto de vista do conhecimento humano, a estrutura é sempre histórica; mas do ponto de vista da revelação de Deus, em Cristo e no Espírito, ela é sempre definitiva e escatológica. Portanto, essa estrutura não é apenas um limite formal que o teólogo tem que suportar, mas o conteúdo próprio de sua tarefa e de seu exercício, que o abre a novos horizontes e a uma verdadeira catolicidade.

VIII

A forma católica da teologia

> A Igreja é o corpo de Cristo, a plenitude de
> Cristo, que é quem leva todas as coisas à sua
> plenitude.
> (Ef 1,23)

Introdução

Não há mais aquela teologia da era das controvérsias confessionais ou das defesas apologéticas fechadas. Desde meados do século XX, o esforço ecumênico das várias confissões cristãs trouxe progressos consideráveis, mas também ajudou cada uma a se compreender melhor. Nesse sentido, a teologia tornou-se necessariamente ecumênica (cf. Sesboüé, 1999). Isso não tanto porque foi criado um tratado específico a respeito do problema, mas por causa da abordagem interna de cada um dos tratados. Entretanto, esse clima favorável ao diálogo e ao ecumenismo não pode nos fazer esquecer as diferenças dogmáticas existentes, que estabelecem diferenças institucionais e teológicas.

O interesse fundamental deste capítulo vai além dos limites estreitos de uma defesa da forma teológica católica em relação às outras confissões cristãs, mesmo que a forma particular de uma confissão seja provavelmente mais apreciada em contraste com as outras. Trata-se, na verdade, de dar protagonismo ao diálogo ecumênico verdadeiro, cujo ponto de partida não pode ser outro senão a compreensão clara e profunda da própria realidade.

O endosso dado pelo Concílio Vaticano II ao diálogo ecumênico tem encorajado esforços louváveis para discernir o lugar e o terreno comum entre as três grandes confissões cristãs. Mas, uma vez concluída essa etapa, destinada a eliminar falsos preconceitos e mostrar uma vontade sincera de buscar juntos a verdade, é hora de enfrentar as questões fundamentais. E aqui as coisas são mais lentas.

A fase em que nos encontramos agora não pode de forma alguma ser vista como um passo atrás no caminho da unidade que todos desejamos, mas sim como mais um momento no desenvolvimento normal de qualquer instituição humana. Quanto mais próximos estivermos uns dos outros, melhor e mais clara será a percepção das diferenças. Quanto mais próximas as denominações cristãs estiverem umas das outras, maior será a percepção de sua disparidade. A jornada ecumênica não avança se o esforço for dirigido à busca de uma zona neutra, onde todos nós possamos nos sentir aparentemente confortáveis; pelo contrário, o progresso requer um aprofundamento radical da própria tradição. Aqui o axioma de Nicolau de Cusa é válido, para quem a coincidência de opostos só pode ocorrer em profundidade.

Por mais próximas que possam nos parecer a exegese católica e a protestante, ou a teologia patrística ortodoxa e a católica, existem certos "pressupostos" que condicionam radicalmente o pensamento de cada confissão. Referimo-nos à "forma mental" (*forma mentis*), que não se mostra tanto no conteúdo concreto de cada discussão (perspectiva material), mas no estilo e na forma concreta (perspectiva formal) em que o mesmo problema é enfrentado (relação entre Deus e o homem, relação entre cristologia e pneumatologia etc.) ou o mesmo conteúdo é explicado (teologia da graça, doutrina do pecado original, ministério ordenado, dogmas mariológicos)[99].

Um exemplo significativo desse problema manifestou-se na recepção da declaração conjunta assinada pela Igreja Católica e pela confissão luterana sobre a doutrina da justificação[100]. Em substância, há acordo, mas na forma implícita de entendimento não é tão evidente. A reação de Eberhard Jüngel, um importante teólogo protestante e uma das vozes

---

99. Isso é o que um teólogo da estatura de G. Greshake diz sobre a doutrina da graça. A diferença entre as tradições católica e protestante não é de conteúdo concreto, mas de forma mental. Ele chama essa forma de pensamento específica de cada tradição de *Gefälle*, ou seja, a tendência que, em sua queda e gradiente, arrasta atrás de si pré-compreensões que trazem uma história por trás da qual é difícil emergir (cf. Greshake, 1993).

100. *Declaração conjunta sobre a doutrina da justificação*, assinada em Augsburgo, em 31 de outubro de 1999.

mais representativas da teologia luterana, à assinatura dessa declaração é uma clara prova disso (Jüngel, 2005).

Como Karl Heinz Menke deixa claro em sua breve mas substancial teologia da graça, essa declaração conjunta concorda que a doutrina da justificação é sobre uma correta compreensão de uma relação entre Deus e o homem, que não pode ser construída a partir do homem, mas somente a partir de Deus. Mas como essa relação deve ser entendida positivamente… isso é algo sobre o qual as duas confissões não estão mais de acordo! (Menke, 2006, p. 197).

É com base nessas premissas que iniciamos o presente capítulo. Nas páginas seguintes não tentaremos propor um pedido de desculpas católico da maneira habitual, mas sim delinear a forma católica de teologia. Deve-se ressaltar que essa *forma mentis* não pretende ser partidária; e ainda assim condiciona profundamente uma forma de fazer teologia e de abordar temas teológicos fundamentais, a ponto de torná-la diferente da forma ortodoxa ou protestante. Por outro lado, é um estilo teológico que foi forjado em diálogo com outras tradições cristãs. Não é em vão que foi no encontro (e no desencontro) com elas que a compreensão de sua tradição e sua forma específica de pensar foi aprofundada e lapidada.

1 Determinação positiva da fé católica

Durante o século XIX, a forma católica do cristianismo foi percebida de diferentes maneiras. Assim, a teologia protestante pensava no catolicismo como um momento necessário, ainda que unilateral, que o cristianismo é chamado a superar no movimento histórico de seu autodesenvolvimento (Schelling) (cf. Schelling, 1977; Heiler, 1923). Também a via como uma forma legítima e complementar do protestantismo, mas da qual este último deve permanecer distante, uma vez que se trata de uma realidade estranha e que lhe é alheia (Schleiermacher, 1999, p. 137-142). Finalmente, e mais drasticamente, tem sido entendida como uma deformação jurídico-dogmática do próprio cristianismo. Essa é a visão de um dos grandes teólogos do protestantismo liberal, Adolf von Harnack, que concebe o catolicismo como uma evolução aberrante do cristianismo ou do chamado "catolicismo primitivo" (*Frühkatholizismus*) (Harnack, 1897, p. 692-764; Harnack, 1909, p. 480-496; Sohm, 1892, p. 162).

A teologia católica, por outro lado, tem visto o catolicismo como a determinação positiva da essência cristã: ou como uma expressão da unidade da raça humana (J.A. Möhler) ou como uma expressão de abertura ao mundo e sua valoração positiva (K. Adam) (cf. Hell, 1998, p. 211-213).

Nossa avaliação do catolicismo assume essa determinação positiva da fé católica e a desenvolve teologicamente de acordo com duas linhas principais: 1. A partir da integração dos princípios essenciais que moldaram os núcleos de discussão entre as diferentes confissões cristãs: a) o *teológico*, que aborda a relação entre Deus e o homem a partir do princípio da analogia (em diálogo com a tradição reformada protestante); b) o *histórico*, que apresenta a relação entre Cristo e o Espírito a partir do princípio de duas missões diferentes em uma única economia (em diálogo com a tradição ortodoxa); c) o *mariano*, que apresenta a relação entre Maria e a Igreja a partir do princípio de recepção e participação do homem no mistério redentor de Cristo, como uma forma essencial da existência cristã. 2. A partir da manutenção da "catolicidade", ou seja, da compreensão profundamente enraizada no primeiro milênio da Igreja, que enfatiza a universalidade do cristianismo, e que a concebe como a plenitude original (dom) e a tarefa para a qual é chamada (vocação).

Nesse sentido, a nota da catolicidade da Igreja deixou de ser usada de forma apologética e controversa, com o objetivo de recuperá-la e propô-la como uma das notas essenciais do cristianismo em uma perspectiva missionária. E mesmo que a Igreja Católica pense que é uma nota própria e essencial de seu ser, ela não exclui que ela possa estar presente em outras tradições e igrejas cristãs (cf. LG e UR).

A catolicidade, entendida principalmente como vocação à universalidade e como propriedade essencial do cristianismo, foi pensada no século XX por quatro grandes teólogos[101]: Karl Rahner, a partir do existencial sobrenatural e da corporeidade da graça (Rahner, 1998); Henri de Lubac, a partir da compreensão social do cristianismo (Lubac, 1988); Yves Congar, como dom de Deus e realização humana (Congar, 1984, p. 492-516); Hans Urs von Balthasar, a partir do fragmento único e singular (Balthasar, 1988a, 1990).

---

101. Uma apresentação mais sistemática da teologia de Rahner, Lubac e Balthasar pode ser encontrada em Cordovilla (2014b, p. 209-272).

2 Os três princípios fundamentais da forma católica

O princípio teológico refere-se à maneira de entender a relação entre Deus e o mundo e à capacidade do homem de aceitar, pensar e dizer o que é divino, sem distorcer sua realidade, mas realmente alcançando-a. O princípio histórico explicita de forma temporal e concreta o modo como o próprio Deus estabeleceu essa relação, ou seja, em uma história de salvação realizada pela Palavra e pelo Amor, do Filho e do Espírito. Cada uma dessas missões revela uma dimensão constitutiva da salvação e do modo como Deus se entrega a nós nela. Finalmente, o princípio mariano mostra que a revelação de Deus não só cria um sujeito capaz de receber e responder adequadamente a essa revelação, mas o convida a participar pessoal e coletivamente desse movimento salvífico e revelador. Aqui é mostrada a importância da mariologia e da eclesiologia para a teologia católica. Pois sem fazer parte dos núcleos centrais de seu dogma e credo, ela é o lugar onde sua forma específica é cristalizada.

Tudo o que foi dito até agora aponta para o problema decisivo da *teologia da mediação*, uma questão-chave que necessariamente tem repercussões tanto no plano dogmático quanto no institucional. Mas, para ter acesso adequado à realidade teológica da "mediação", esta dupla perspectiva é necessária: a) contemplar a mediação de Deus em sua relação conosco (*catalógica*), uma realidade que determina a compreensão trinitária de Deus (mas também a cristologia e a pneumatologia) a partir da avaliação católica dos sacramentos como mediações objetivas nas quais Ele se entrega ao homem; b) contemplar a importância da realidade humana para tornar-se uma mediação adequada de Deus (*analógica*), uma realidade que determina a compreensão do mundo, do ser humano, assim como o diferente papel e o lugar da mariologia no conjunto do dogma e da reflexão teológica.

a) O princípio teológico: a relação entre Deus e o homem com base na analogia

O princípio católico da analogia ocupava, no início do século XX, um lugar de destaque nas controvérsias entre católicos e protestantes. Foram relegadas a segundo plano estas palavras marcantes de Karl Barth:

"Considero a *analogia entis* como a invenção do anticristo, e a única razão séria para não ser católico" (Barth, 1986, prólogo, p. VIII-IX).

O que está em jogo na afirmação ou rejeição desse princípio fundamental que aproximou e separou teólogos da estatura de Barth e Balthasar? O problema do uso da analogia na linguagem e no discurso sobre Deus traduz uma compreensão criatural da realidade e do ser humano no plano linguístico. De fato, o homem não é reconhecido apenas como uma criatura distinta e distante do Criador, mas como alguém que tem a capacidade de estabelecer uma relação com Deus, e inclusive ser convidado a entrar em comunhão com Ele. Essa relação encontra seu fundamento, segundo a antropologia teológica, na decisão de Deus de criar o homem à sua imagem, uma imagem que não desaparece nem mesmo com a queda no pecado.

Demos um passo adiante. A questão da analogia pode ser abordada a partir de três perspectivas complementares: linguística, ontológica e teológica.

1) Perspectiva linguística

A pergunta a ser respondida é a seguinte: A linguagem humana, em si finita e limitada, pode ser usada para expressar uma realidade ilimitada, infinita e transcendente? Nossa linguagem tem a capacidade de comunicar a realidade incompreensível do mistério? Não transformamos Deus em um conceito e uma entidade finita quando usamos a linguagem humana, atribuindo a Ele características próprias de nossa experiência? A analogia tenta resolver um problema lógico que podemos enunciar como a possibilidade de utilizar conceitos de experiência finita para se referir a Deus, que por definição é infinito, incompreensível e absoluto. Aqui a analogia é entendida de um ponto de vista lógico e segundo um modelo ascendente, em que a partir da realidade criada se eleva para alcançar a realidade divina.

Os três tipos de linguagem mais comuns usados para relacionar diferentes realidades são os seguintes:

- A linguagem *equívoca*, na qual a cada forma de realidade corresponde um conceito sem a possibilidade de relacioná-lo a outra forma de realidade. Deus e o homem são realidades distintas e não podem ser relacionados pelo mesmo termo. Não se pode predicar o ser a respeito a Deus e do homem, pois ambos são realidades totalmente diferentes. A solução é o silêncio sobre Deus. Sobre o que não se pode falar, se deve calar.

• A linguagem *unívoca*, na qual, empregando-se o mesmo conceito para falar de duas realidades distintas, elas são identificadas. Dessa forma, como não é possível distinguir uma realidade da outra, a distinção é uma aparência. Deus e o homem são realidades tão semelhantes que, afinal, não se distinguem (panteísmo).

• A *analogia*. Essa forma de linguagem pretende dar razão a um pensamento humano, unindo-o e distinguindo-o ao mesmo tempo. Ou seja, põe em relação duas realidades distintas, sem que isso signifique uma semelhança tal que termine em identidade ou uma dessemelhança tal que termine na total e radical diferença e alteridade. Essa forma foi definida por Aristóteles como termo médio entre equivocidade e univocidade; e pelo Concílio Lateranense IV (DH 806) como semelhança na maior dessemelhança.

A definição aristotélica tem o valor positivo de clareza e de manter um equilíbrio entre as outras duas posições radicais, mas tem a desvantagem de ser uma definição excessivamente asséptica e estática, sem um dinamismo interno que integre a verdade legítima de cada uma das outras duas tendências.

A fórmula do Concílio Lateranense IV tem a vantagem de ser entendida em movimento, quase dialeticamente, integrando o que é comumente chamado de teologia negativa (dessemelhança), mesmo que seja talvez excessivamente formal e paradoxal se o conteúdo concreto sobre o qual se quer falar não for bem explicado. Por essa razão, à fórmula do Concílio Lateranense, com ênfase na dissimilaridade, no tema concreto do mistério de Deus e da possibilidade de conhecimento e da linguagem sobre ele, teria que integrar os três momentos clássicos do conhecimento de Deus como formulado magistralmente por Tomás de Aquino na *Suma contra gentios*: afirmação (sentido da afirmação), negação (com respeito à forma de aplicá-la) e eminência (atributo aplicado a Deus: imortal, invisível, eterno, imutável etc.) (Tomás de Aquino, *Suma contra gentiles* I, XXX).

2) Perspectiva ontológica

De um ponto de vista *ontológico*, a realidade pode ser compreendida em dois planos diferentes:

• O *horizontal*, que tenta responder à pluralidade e complexidade do real. É o real uma mera aparência de uma unidade anterior ou complexidade e pluralidade impossível de se reduzir à unidade? Aristóteles já havia declarado em sua metafísica que o ser se diz de muitas maneiras; ou, em outras palavras, a complexidade, a diversidade e a pluralidade do mundo é o que torna possível estabelecer uma relação de comparação (similaridade e dessemelhança) entre as coisas. A pluralidade não é pura aparência, mas um sinal da riqueza da realidade e da plenitude do ser. E embora a realidade e o ser sejam percebidos por nós como pluralidade e complexidade, também são suscetíveis de serem reduzidos a uma unidade que, por si só, integra o plural.

• O *vertical*, que tenta explicar a relação entre Deus e o mundo. Há possibilidade de comunicação e de relação entre ambos? Sim, em dois sentidos. Conforme uma *lógica catalógica* (descendente), Deus fala ao homem na linguagem humana; entretanto, conforme uma *lógica analógica* (ascendente), o homem fala de Deus a partir de seu próprio idioma (cf. Balthasar, 1996).

3) Perspectiva teológica

Finalmente, essa questão deve ser tratada do ponto de vista *teológico*, como forma de se compreender em Cristo a relação entre Deus e o ser humano.

Deus falou ao ser humano em linguagem humana, fazendo da língua meio e instrumento capaz de dizer o divino. Os dois movimentos da analogia vertical têm pleno sentido e ambos são admitidos pela teologia católica. Mas de um ponto de vista teológico. Ela estabelece no centro e no princípio de todo dizer e pensar sobre Deus a revelação divina, pois o movimento descendente é o que funda o movimento ascendente. Somente Deus pode falar adequadamente de Deus; e porque falou em Jesus Cristo, assumindo as palavras anteriores dos seres humanos e as levando à sua plenitude, o ser humano pode falar adequadamente sobre Deus.

Apenas mediante a analogia é possível falar de uma participação da realidade em Deus (criação), sem que isso signifique um panteísmo que não respeita a diferença e a alteridade entre Deus e o mundo (univocidade, analogia de atribuição); mas também é possível falar de uma compreensão do mundo em que não se retira a unidade da pluralidade, sem que nos conduza a um relativismo e a um pluralismo radicais (equivocidade, analogia de proporcionalidade).

Karl Barth não pôde deixar de criticar a teologia liberal porque, segundo ele, dissolve a revelação no correlato de uma determinada experiência humana já anteriormente dada no sujeito. Além disso, criticou a *analogia entis* empregada pela teologia católica, pois, a seu ver, trata-se da tentativa de reduzir a soberania e o ser de Deus à natureza e ao conhecimento humanos, como se pudéssemos integrar sob o mesmo conceito de ser Deus e o homem. Essa crítica motivou, de fato, uma reelaboração e um aprofundamento da doutrina da analogia.

Contudo, o próprio Barth afirma a possibilidade de uma analogia, ou seja, uma relação entre Deus e o homem, embora tal relação possa se dar apenas na fé (*analogia fidei*: cf. Rm 12,6). Dessa forma, ele tenta assegurar que a relação entre Deus e o homem não se torne algo estático e uma natureza disponível ao ser humano, o que pode obscurecer ou lançar dúvidas sobre a soberania e gratuidade de Deus.

A teologia católica responde esclarecendo o que entende, na verdade, por *analogia entis*. Não é de modo algum um conceito abstrato que coloca Deus e o homem no mesmo plano; tampouco se pretende afirmar que o ser humano possui uma teologia natural independente e autônoma da revelação. Fala-se, antes, da possibilidade real de que entre Deus e o homem haja uma relação na criação, que chega a sua consumação na relação que Ele mesmo estabelece na encarnação. Por isso, alguns teólogos católicos assinalam que a *analogia entis* da qual fala o catolicismo é a *analogia entis* concreta, realizada e manifestada em Cristo. Nesse sentido, *analogia entis* e *analogia fidei*, longe de se excluírem, pressupõem-se mutuamente.

Na teologia contemporânea foram propostas reformulações dessa analogia. Com elas pretende-se mostrar que a relação concreta entre Deus e o ser humano não é dada em um ser abstrato e estático, mas em uma história de dor e sofrimento que, por sua vez, é assumida e padecida pelo próprio Deus (*analogia doloris*); em uma história na qual o ser humano aparece como crucificado e Deus, com-padecendo-se dele, assume essa cruz em sua própria vida divina (*analogia crucis*); em uma história na qual se revelou o verdadeiro ser de Deus e do homem, que é o amor (*analogia caritatis*).

A analogia, compreendida como questão teológica que busca falar bem de Deus, pressupõe uma teologia da criação e uma antropologia na qual o ser humano é visto como imagem de Deus em seu ser criatural. Nesse sentido, a chamada *analogia entis* é legítima, desde que o conceito de "ser" não seja entendido de modo abstrato e fechado em si mesmo, mas como criação, ou seja, como uma realidade que já inclui a gratuidade de sua origem e a historicidade de seu ser. Mas, em segundo lugar, também pressupõe uma cristologia, porque em Cristo podemos pensar na maior proximidade entre Deus e a criatura (encarnação), bem como na maior dessemelhança (cruz).

E, nesse ponto, é legítima uma *analogia crucis* que enfatiza o momento da negação, da alteridade e da diferença, mas sem romper a estrutura da criação, ou seja, da *analogia entis*.

Além disso, e em última análise, a doutrina da analogia pressupõe uma escatologia e um sistema trinitário. Não em vão, é na realidade consumada em Deus que podemos ver que esse Deus é realmente tudo em todos, sem que Ele e o mundo sejam confundidos em suas propriedades essenciais. Por conseguinte, é legítima uma *analogia caritatis*, entendida como *analogia consummationis*, que nos ajuda a pensar Deus no mundo e o mundo em Deus, além da afirmação simplista que conduz à idolatria e além da negação cômoda que leva ao agnosticismo e ao ateísmo.

Assim, a analogia, como um princípio fundamental do catolicismo, deve ser entendida a partir de uma antropologia teológica que enfatiza que o ser humano é *imagem* de Deus, chamado à *semelhança*. Mas também a partir de uma cristologia que enfatiza que a verdadeira imagem de Deus é Cristo e que Ele mesmo revelou ao homem a imagem de Deus, sem confusão e sem separação. Finalmente, a partir de uma teologia trinitária que afirma claramente que toda distância e proximidade possíveis entre Deus e a criatura, entre Cristo e o ser humano, são integradas, protegidas e superadas no relacionamento e na diferença que existe na vida interna e trinitária de Deus[102].

---

102. "No interior da analogia cristológica, permanece a distância originária e sempre infinita entre Deus e a criatura, uma distância nunca mensurável pela criatura e, por isso mesmo, nunca suscetível de ser vista de forma global como analogia; distância que, no entanto – e essa é a outra perspectiva –, permanece apenas dentro da recapitulação da criação em Cristo e, portanto, sem ser eliminada, é *transfigurada* na distância infinita entre as pessoas divinas dentro da idêntica natureza divina" (Balthasar, 1996, p. 304).

4) Consequências

Se, de forma genérica e um tanto simplista, podemos dizer que o adjetivo "*sola*" define a *forma mentis* da Reforma, a conjunção copulativa "*et*" resume muito bem a *forma mentis* da Igreja Católica (Deus *e* o homem, fé *e* razão, graça *e* liberdade, Escritura *e* Tradição). E, no entanto, isso acaba assumindo a verdade da crítica da melhor teologia protestante. Nesse sentido, o "e" não pode ser entendido como uma simples conjunção copulativa que coloca duas realidades qualitativamente idênticas no mesmo nível e na mesma soma. Esse "e" expressa uma certa relação, na qual o primeiro termo não só tem a primazia e a iniciativa, mas também a base interna para a existência do segundo.

Deus sempre tem a iniciativa no movimento da revelação. Ele é capaz de se aproximar do homem; de fato, de se tornar homem ("*Deus capax hominis*"). Somente a partir daqui pode-se entender que o homem é capaz de receber, aceitar e responder à palavra e à revelação de Deus, ou seja, ser um sujeito capaz de Deus ("*homo capax Dei*").

A fé é o princípio do conhecimento do Deus revelado que pressupõe a razão. A razão, por sua vez, é o pressuposto necessário para afirmar a universalidade da revelação de Deus e a liberdade do homem em sua resposta. A graça é o único princípio de justificação. Uma graça que tem a tarefa de incitar a liberdade humana a se deixar libertar por estar enraizada na liberdade infinita e no exercício do amor ao próximo. A Escritura é a palavra soberana de Deus na Igreja. Uma Palavra que deve ser acolhida e interpretada a partir do mesmo Espírito em que foi escrita e que chega mediante a Tradição. A Igreja vive sob sua sombra.

b) O princípio histórico: a relação entre Cristo e o Espírito

Essa relação entre Deus e o homem não é estática e abstrata, mas dinâmica e concreta. Deus sai de si mesmo para se revelar ao homem como seu Deus na história e na transcendência. Ele se revela por meio de Cristo de forma concreta e positiva, e por meio do Espírito em imediatismo de consciência e universalidade de destino. Ambas as formas de revelação correspondem às formas substanciais nas quais o homem vive: história e transcendência, mediação e imediatismo, verdade e amor. Se o catolicismo enfatizou a primeira dimensão, a ortodoxia enfatizou a segunda.

A teologia católica hoje, em diálogo com a tradição ortodoxa, mas sem renunciar à sua própria tradição, fala de uma implicação mútua da revelação de Deus em uma única história salvífica por meio de duas missões diferentes. Vejamos agora essa frutífera relação teológica entre a reflexão ortodoxa e a católica.

1) Cristologia pneumatológica e pneumatologia cristológica

A primeira consequência desse princípio histórico da comunicação de Deus (*oikonomia*) por meio de sua Palavra e do Espírito procura mostrar o equilíbrio entre uma cristologia do *Logos* (Jo 1,14) e uma cristologia do Espírito (Rm 1,3) ou, em outras palavras, a necessária complementaridade entre a cristologia pneumatológica e a pneumatologia cristológica.

A reflexão católica atual, a partir do diálogo com a teologia ortodoxa e da recuperação do pensamento dos Padres antes do Concílio de Niceia, destacou a importância do Espírito na vida terrena de Jesus. O Espírito domina completamente a vida do Senhor (cristologia pneumatológica), ou seja, sua experiência de Deus e sua consciência filial (*Abbá*), sua missão salvífica (Reino) e sua consciência messiânica (Messias). O caminho que Jesus inicia com a força do Espírito termina em sua Paixão pela forma desse mesmo Espírito (Hb 9,14). É ele quem o impele ao deserto a fim de acrisolar sua condição filial e sua missão messiânica (tentações), quem o acompanha em sua vida e o sustenta na tribulação (Mc 14,32-42). A missão de Jesus é realizada no Espírito de filiação como obediência à missão e à vontade do Pai (batismo e tentações). Dessa obediência e intimidade com o Pai é possível compreender a reivindicação messiânica que se desprende de suas palavras e ações. De fato, é essa mesma reivindicação que dá a Jesus sua surpreendente autoridade e absoluta liberdade para relativizar todas as instituições anteriores (o templo, a lei, os sacerdotes) que, sob a ideia ingênua de se tornarem os intérpretes autorizados da vontade de Deus, só continuam a tomar seu lugar. Por sua parte, Jesus se revela como o único capaz de viver de uma liberdade que é suprema na obediência à verdade do Pai e na doação de si mesmo pela humanidade.

Essa presença e relação do Espírito com a pessoa e missão de Jesus não só nos ajuda a compreender sua relação íntima com o Pai, mas também sua relação conosco. Em primeiro lugar, Jesus se relaciona com o Pai assumindo, de maneira histórica e dinâmica, uma verdadeira natureza humana que cresce, se desenvolve e amadurece (Lc 2,52). Sem esse itinerário, sustentado e realizado pelo Espírito, sua encarnação não seria real nem verdadeira. Em segundo lugar, o protagonismo do Espírito na vida de Jesus nos possibilita compreender o seguimento de Cristo e nossa relação com Ele como uma incorporação íntima a sua vida e seu destino. O seguimento de Jesus e a imitação de Cristo não se realizam de forma externa, como se Cristo fosse um exemplo de vida moral a ser seguido por nós, mas no Espírito comum de filiação que lhe pertence como Filho e que nos é dado como seus irmãos (Rm 8,29s.). Tal configuração e seguimento é íntimo e pessoal. Deus não se comunica conosco apenas a partir da objetividade externa, mas a partir da intimidade de nossa consciência e no sacrário de nosso ser. Sem este último destino, não há plena revelação de Deus.

Contudo, essa cristologia do Espírito, ou cristologia pneumatológica, não pode desviar-se da pneumatologia cristológica. O Espírito Santo, que efetivamente desempenha um papel de protagonista na vida de Jesus e desempenhará tal papel na incipiente vida da Igreja, não pode ser devidamente considerado sem sua relação com o Cristo ressuscitado. O Espírito é o dom outorgado pelo Ressuscitado aos crentes (Jo 20,19-23). É a *pessoa*, a *força* dinâmica ou o *âmbito* que suscita efeitos (internos e externos) na Igreja e na vida dos crentes. Mas sempre em referência a Jesus: constrói o corpo de Cristo (1Cor 12; Rm 12), promove a pregação e o testemunho de Jesus (Atos dos Apóstolos), permite viver da filiação adotiva (Gl 4,6-7; Rm 8,14-17), configura com Cristo (Rm 8,28-30); ensina, conduz e recorda toda a verdade de Jesus (Jo 14–16).

E como o Espírito de Deus é o Espírito do Filho (Gl 4,6) e o Espírito de Cristo (Rm 8,9), o Novo Testamento tem sido capaz de conectar entre si a missão e função de Cristo e a missão e função do Espírito (estar em Cristo = estar no Espírito, Rm 8)[103]. Portanto, e seguindo essa mesma lógica, nem a pneumatologia pode ser entendida como um tratado *absoluto*, senão em relação à cristologia, nem a cristologia pode ser entendida isoladamente, senão em relação à pneumatologia.

2) Uma relação de mútua implicação

Essa relação (das duas missões) entre Cristo e o Espírito não pode ser entendida de forma meramente instrumental (Jesus recebe o Espírito antes de entregá-lo a nós), nem de forma subordinada ou justaposta. A

---

103. Cf. mais textos em Congar (1991, p. 67).

verdadeira relação que se estabelece segue o modelo da expansão contínua. O Pai tem a iniciativa, Ele é a origem e a fonte do projeto salvífico que realiza pela mediação única de *Jesus Cristo* (1Tm 2,4-6a). Mas Jesus Cristo realizou essa mediação salvífica *no Espírito*, pelo qual os efeitos dessa salvação, realizada de uma vez por todas, foram-nos dados hoje. Dessa forma, o Espírito *universaliza* e torna eficaz para todos os tempos e lugares a obra de Cristo, realizada em um tempo e lugar específicos. Ao universalizá-la, a *atualiza* e a torna presente, especialmente nos sacramentos. E ao atualizá-la, a *interioriza* na consciência dos crentes e de todas as pessoas.

> Da mesma forma que o Filho é o intérprete e exegeta do Pai, a pessoa que o torna externamente visível na história dos homens, o Espírito da Verdade é aqui aquele *desconhecido além do Verbo* que atua como intérprete e exegeta do Filho, fazendo com que a forma e a revelação externa da Verdade de Deus se converta em princípio imanente em nossa consciência (imediatez – *intimun Dei*) e no evento universal que afeta todo ser humano em qualquer tempo ou espaço em que se encontre (universalidade – *externun Dei*) (Cordovilla, 2004a, p. 397).

Mas essa *universalização* de Deus, operada pelo Espírito até os confins da terra, e *imediatização* de Deus à nossa consciência, é a universalidade de Cristo e não outra: "O Espírito explicador apenas universaliza o universal que se encontra sem desenvolvimento no particular de Jesus" (Balthasar, 1995b, p. 295). Porque "o Verbo encarnado permanece sempre o ponto de partida e o substrato permanente do movimento do Espírito para o Verbo junto a Deus" (Balthasar, 1995b, p. 197). É, portanto, uma universalidade que já está latente na particularidade da existência terrena e concreta de Jesus.

Portanto, a universalidade da obra do Filho corresponde à do Espírito (cf. Balthasar, 1995b, p. 253). A missão de Cristo e a missão do Espírito não podem ser entendidas como obras separadas, muito menos postas em contradição. Ambos são as mãos de Deus, mediante as quais o Pai realiza toda a obra da salvação: da criação à consumação. As duas mãos não atuam nem trabalham de modo independente ou uma após a outra, mas de um modo diferenciado, ou seja, uma com a outra e dentro da outra[104].

---

104. Sobre a relação entre Cristo e o Espírito, cf. Ladaria (2002, p. 173-236).

3) A relação entre pneumatologia e eclesiologia

A Igreja é fruto de duas missões distintas, mas inter-relacionadas: a do Filho e a do Espírito. Ambos são seus colaboradores. Como fruto da missão do Filho, a Igreja recebe a figura, a forma e a orientação de Cristo. A ela é confiada e enviada a mesma missão do Pai em sua própria autoridade e potestade. Nessa perspectiva, ela aparece diante do Senhor como sua Esposa e diante do mundo como a *alteridade* do Evangelho e da graça que lhe é oferecida de fora, de forma absolutamente gratuita. Como fruto da missão do Espírito, a Igreja é animada interiormente pelo próprio Espírito do Filho e aparece diante do Senhor como Corpo de Cristo e Templo do Espírito. Em tal perspectiva pneumatológica, destacam-se no mistério da Igreja os aspectos da *unidade*, da *intimidade* e da *universalidade* que a Igreja tem que viver e oferecer como sinal e sacramento do mistério de Deus.

Se olharmos para a forma fundamental que constitui a pessoa de Cristo (preexistência), podemos dizer que a constituição cristológica da Igreja aponta para a verticalidade lógica da vida de Jesus (missão, autoridade, obediência, graça, alteridade); por outro lado, a constituição pneumatológica da Igreja enfatiza a horizontalidade e extensão na perspectiva do Reino (fraternidade, comunhão, universalidade, solidariedade).

As cartas paulinas afirmam que o fundamento da Igreja é a filiação: dádiva e dom do Espírito Santo aos crentes no Batismo (Rm 8,14; Gl 4,6). Esse elemento essencial para a compreensão da Igreja enfatiza, em primeiro lugar, a igualdade radical que existe entre todos os seus membros. A isto deve ser acrescentado o texto do Evangelho de Mateus em que Jesus adverte seus discípulos sobre a impossibilidade de alguém ser chamado de mestre e pai na comunidade, já que só o Pai é o Mestre, e todos os outros são irmãos (Mt 23,8-9).

Mas junto com essa estrutura fundamental de filiação e fraternidade há também a afirmação paulina do dom dos ministérios e carismas pelo Espírito (Rm e 1-2Cor). Os vários ministérios são organizados em uma ordem hierárquica – primeiro o apóstolo como fundamento da Igreja (1Cor 3,10; Rm 15,20), depois os profetas e a seguir os mestres – e são outorgados para a construção do Corpo de Cristo (Ef 4,11-16). Ao lado dos ministérios – e não em contradição com eles – estão os carismas, dados pelo mesmo Espírito para o bem comum e a edificação do Corpo (1Cor 12–14). Carismas que devem ser vividos a partir do critério último do amor (1Cor 13).

4) Consequências

A teologia católica tem enfatizado o aspecto cristológico da Igreja, enquanto a ortodoxia tem enfatizado o aspecto pneumatológico. Ambos são legítimos, mas têm diferentes dimensões eclesiológicas. Assim, a ortodoxia manteve uma eclesiologia local e eucarística em oposição a uma Igreja petrina universal; um sacerdócio compartilhado em oposição a uma primazia jurídica exclusiva; uma preeminência da espiritualidade cristã em oposição à doutrina teológica; uma compreensão da salvação como divinização *versus* uma exclusivamente redentora; a trindade econômica e salvífica *versus* a trindade metafísica; carisma *versus* instituição; pneumatologia *versus* cristologia, e assim por diante.

Por sua vez, a teologia católica tem gradualmente integrado essas realidades do Oriente cristão em sua perspectiva teológica. De fato, logo após o final da Segunda Guerra Mundial, o Instituto Saint-Serge de Paris tornou-se um dos ambientes mais determinantes para se estabelecer um diálogo teológico enriquecedor. Nessa via, o Concílio Vaticano II, com o auxílio dos especialistas franceses, pôde assumir a substância da tradição ortodoxa sem renunciar a suas entonações legítimas.

Foi como recuperar o primeiro milênio do cristianismo, cuja forma fundamental de compreensão pode ser perfeitamente resumida no conceito teológico de "mistério". Não em vão, enquanto para a ortodoxia o protagonismo é desempenhado pela perspectiva *apofática*, na qual o termo "mistério" alude à incompreensibilidade de Deus, ao caráter desconhecido do Espírito e a sua presença invisível no crente; para a Igreja Católica, o ponto de vista dominante é dado pela perspectiva *catafática*, na qual se enfatiza a convicção de que Jesus Cristo é a plena revelação do "mistério". Cristo é o "mistério" dado aos crentes e explicado pelo Espírito, cuja presença está ligada à mediação objetiva da Igreja, verdadeiro sacramento universal da salvação. Deus está radicalmente comprometido com a história humana em sua materialidade última (Balthasar, 1988a, p. 101).

c) O princípio mariano: a relação entre Maria e a Igreja na obra da redenção

Maria ocupa um lugar importante na vida da Igreja Católica expressa na piedade dos crentes[105], que contrasta fortemente com sua escassa

---

105. A carta de Paulo VI sobre o culto e a piedade mariana, *Marialis Cultus*, ainda é digna de uma leitura cuidadosa e meditativa.

relevância na teologia[106]. Parece que esta última encontra-se incômoda com a piedade mariana, pois dá a impressão de que a fé dos simples coloca Maria no lugar de Cristo, incluindo-a no mistério trinitário. Também porque as afirmações dogmáticas sobre Maria não têm fundamento explícito na Escritura. Por outro lado, a mariologia tem sido criticada especialmente pela teologia protestante, tanto no desenvolvimento de seu conteúdo quanto na justificação dogmática e no fundamento bíblico de suas afirmações.

A mariologia não é o centro da teologia. Mas nela, como em nenhum outro de seus tratados, são delineadas as atitudes dogmáticas das diferentes confissões cristãs. Este não é o momento de tratar do conteúdo das afirmações teológicas sobre Maria no magistério e nas diferentes correntes teológicas que aprofundaram sua doutrina. Destacaremos apenas como nela se cristalizam os elementos mais específicos da forma católica. Nesse sentido, falamos de um *princípio mariano* do catolicismo, no qual a relação entre Maria e a Igreja é enfatizada como forma fundamental para entender o significado da recepção e participação do homem no mistério redentor de Cristo, a forma essencial da existência cristã (cf. Balthasar; Ratzinger, 1998). Vejamos cinco de seus aspectos essenciais.

Em primeiro lugar, do ponto de vista da *teologia fundamental*. Trata-se de refletir sobre o papel desempenhado pela *Tradição* na interpretação e atualização da Escritura com o objetivo de determinar aqueles conteúdos dogmáticos da fé que, sem serem diretamente afirmados na Bíblia, são considerados como um desenvolvimento legítimo das afirmações nela contidas. Aqui o debate é centrado nos dois últimos dogmas sancionados pela Igreja Católica: a imaculada concepção da Virgem Maria e sua ascensão ao céu.

Em segundo lugar, a partir da *antropologia*. Não há dúvida de que a doutrina sobre Maria também está subjacente a uma certa forma de entender o ser humano. Nesse caso, ela afirma a possibilidade de todo homem resistir ao poder do pecado pela graça e responder positivamente à revelação de Deus. E como o pecado não destrói a natureza humana nem a corrompe, conserva-se sempre a possibilidade de responder afirmativamente à oferta de Deus. A mariologia convida a não recair no pessimismo

---

106. Como sempre, há exceções (cf. Fiores, 1989; Menke, 2007).

antropológico. A espiral de violência e pecado já foi vencida no novo Adão, mas também na nova Eva, figura e modelo da humanidade reconciliada de Deus.

Em terceiro lugar, a partir da *cristologia*. A mariologia sublinha a necessidade de uma compreensão mais profunda da mediação única de Cristo como uma mediação inclusiva na qual Maria participa e na qual todas as outras pessoas são chamadas a participar. O catolicismo e a Reforma afirmam que a mediação de Cristo é única (LG 8). Nesse sentido, ambas as tradições subscrevem a expressão *solus Christus*; mas enquanto para o protestantismo essa representação de Cristo é exclusiva e excludente, para o catolicismo ela é inclusiva e includente (LG 62).

Em quarto lugar, do ponto de vista da *eclesiologia*. Qualquer teologia da mediação de Cristo é sintetizada com a avaliação da teologia católica sobre o papel desempenhado pela Igreja na salvação. Sua mediação é necessária porque ela é, em Cristo, o sacramento universal da salvação (LG 48). A partir dessa compreensão da mediação, a teologia católica sempre afirmou positivamente o papel e a significação das ações humanas no evento gratuito da *justificação* do pecador: primeiro como preparação para a justificação própria e segundo como mediação de graça para o próximo por meio das obras de amor e justiça (cf. Balthasar, 1995a, p. 328-337).

Em quinto e último lugar, do ponto de vista da *escatologia*. Maria é o germe e a antecipação do destino da humanidade, que responde de forma positiva ao desígnio salvífico de Deus. Ela é, juntamente com seu Filho, a nova terra e os novos céus, pelos quais todos anelamos e esperamos (Ap 12). Ela é a primícia daquilo que a humanidade é chamada a ser. A vida e a história humanas não estão condenadas à morte e à falta de sentido pelo poder do pecado. Pelo contrário, todos os seres humanos são chamados à comunhão de vida com Deus por meio da disponibilidade e da obediência ao Senhor.

d) A teologia da mediação

Não é possível concluir a presente epígrafe sem fazer referência à teologia da mediação, que deriva dos três princípios que acabamos de discutir: teológico, histórico e mariológico. Mas como entender a mediação no cristianismo de hoje? Aqui repousa a síntese da forma de mediação peculiar à teologia católica, sua forma de entender a relação com o mundo, o valor das instituições eclesiásticas como meio de encontro pessoal e imediato com Deus, a consideração de outras tradições religiosas em relação à mediação de Cristo.

A única mediação de Cristo é aquela que integra e enriquece a natureza humana em todos os seus esforços para estar aberta a Deus na liberdade e na realidade cultural. O cristocentrismo católico de modo algum impede de afirmar a capacidade do homem em seu diálogo com o Criador; ao contrário, a pressupõe e fundamenta.

Além do mais, a mediação de Cristo apenas se torna operativa na ação do Espírito. Pois é o próprio Espírito que, onde quer e quando quer, universaliza e interioriza o poder salvífico de Cristo. A mediação de Cristo é para a imediatez de Deus no Espírito, mas essa imediatez de Deus só é real na mediação histórica e objetiva de Cristo. As duas missões não podem ser compreendidas em duas economias diferentes.

Em suma, a mediação de Cristo, sendo única e absolutamente singular, não é excludente, mas inclusiva. Integra em si a mediação de Maria e da Igreja como participação, nunca como caminhos ou mediações paralelas à mediação única de Cristo (LG 62). Somente a partir daqui é possível pensar no significado salvífico que outras tradições religiosas podem ter em relação a Cristo (cf. João Paulo II, *Redemptoris Missio* 5; Congregação para a Doutrina da Fé, *Dominus Jesus* 14).

3 Catolicidade: plenitude de origem e universalidade de destino

a) Karl Rahner: a catolicidade a partir do existencial sobrenatural e da corporalidade da graça

Karl Rahner foi, sem dúvida, um dos maiores intérpretes da teologia católica do século XX. Sua teologia tratava de compreender o cristianismo em diálogo com a Modernidade, tornando inteligível a relação existente entre a singularidade e a historicidade da revelação de Deus (corporalidade da graça) com sua vocação essencial à universalidade (existencial sobrenatural).

Ao contrário do que é dito com frequência, o ponto de partida da teologia de Rahner é teológico e, ao mesmo tempo, descendente. O princípio da vontade de Deus de comunicar-se a si mesmo está no centro de sua reflexão. Para realizar esse desejo, Ele executa um projeto, que envolve a criação de um mundo ou natureza como o destinatário final dessa comunicação. Entretanto, Deus realiza sua vontade comunicativa não de fora de sua criação, mas de seu interior, fazendo da criação não somente a destinatária de sua comunicação, mas também a gramática (condição de possibilidade) com a qual fala e dá-se à criatura. Nesse sentido, Deus cria sua própria condição de possibilidade a fim de comunicar-se a si mesmo. Essa gramática ou condição de possibilidade não impõe ou reduz a Deus a capacidade, a forma e o conteúdo de sua comunicação, ao contrário. É a criação como gramática que é projetada e realizada de tal forma que seu ser mais íntimo e sua natureza são as características e a expressão de sua palavra e revelação (Cordovilla, 2004a, p. 125-139).

A partir dessa breve e simples abordagem do ponto de partida da teologia de Rahner, devem ser entendidas as duas afirmações radicais da sua teologia. Em primeiro lugar, a universalidade da salvação, cujo correlato no ser humano é o existencial sobrenatural ou a concreção histórica desse desejo original de Deus; e, em segundo lugar, algo que normalmente ignoramos na teologia de Rahner, a saber: que essa salvação que Deus oferece a todos os homens (universal) é sempre mediada pela *graça de Cristo* na história e na corporalidade (cf. Rahner, 2002). Cristo é a comunicação definitiva e escatológica de Deus na história humana, mas Ele é também "a permanência histórica" de Deus, realizada pelo próprio Cristo na Igreja, ou seja, "por meio da comunidade daqueles que nele creem e da fé daqueles que o apreendem explicitamente como mediador da salvação" (Rahner, 1998, p. 375). Deus foi irrevogavelmente encarnado em Jesus Cristo. A forma histórica e institucional que dá razão e testemunho a esse fato é a Igreja. Ela não é uma instituição social e acidental do que é o cristianismo, é algo que pertence à sua essência. E é assim tanto pela forma como Deus se comunicou historicamente em Jesus Cristo como pela própria essência do homem (espírito encarnado, ser constitutivamente social, sujeito histórico). E como a Igreja é o elemento constitutivo do cristianismo, que carrega em seu ser a dinâmica da encarnação, segue-se que a Igreja é necessária para a salvação. Ela é o sacramento universal da salvação, cujos limites reais são dados pelo fato de ser uma comunidade histórica de crentes (Rahner, 1998, p. 397-412).

b) Henri de Lubac: a catolicidade a partir da compreensão social do cristianismo

Para a teologia católica do século XX, sua obra *Catolicismo* representou uma verdadeira revolução. Nela ele tenta mostrar o caráter social e comunitário da salvação cristã, respondendo aos críticos que acusam o cristianismo de uma compreensão individualista da salvação. Ao trazer os textos emblemáticos da Tradição, o teólogo francês não gasta suas energias em destacar a dimensão social do cristianismo, mas em demonstrar que o social é parte de seu centro mais íntimo (o mistério) e forma a essência de sua dogmática. De fato, ao entender o catolicismo a partir da categoria de mistério, o "princípio da explicitação" das "ressonâncias sociais" do cristianismo na ordem temporal é muito mais adequadamente percebido. Mas, além disso, a própria Igreja é preservada de cair nessa "tentação social" que tenderia a corrompê-la (Lubac, 1988, p. 18).

A primeira parte da obra situa o caráter essencialmente social no coração do dogma católico, ou seja, nos princípios do credo, em sua constituição viva, em seu sistema sacramental e no destino último que nos espera. O dogma católico tem em sua base a unidade do projeto salvífico de Deus. Se a salvação consiste em unidade, a divisão é o sinal do pecado. A salvação consiste em restaurar essa unidade original; uma salvação trazida por Cristo, o homem novo, que em sua encarnação e por meio dela se uniu de certa forma a toda a humanidade. Esse novo homem, o início da nova humanidade, é a obra-prima do Espírito de Deus. A Igreja é "Jesus Cristo estendido e comunicado" à humanidade. Ela é a expressão da obra de salvação realizada por Cristo e pelo Espírito, que fez a unidade de toda a raça humana. É católica já em Pentecostes, de modo que a catolicidade não consiste em acrescentar unidade às particularidades, mas em perceber a singularidade do universal. Os sacramentos são sinais e instrumentos dessa unidade alcançada e desejada. E a vida eterna expressa a consumação do mistério da unidade cujo prelúdio foi a criação. "Jesus Cristo não estará inteiro enquanto o número dos santos não estiver completo" (Bossuet).

Na segunda parte dessa obra magna, o catolicismo é posto em relação à história, mostrando a novidade por ele aportada e sua ineludível vocação à universalidade. A salvação oferecida pelo cristianismo nada tem a ver com uma fuga individual inscrita em um eterno retorno; ao contrário, o cristianismo "afirma tanto um destino transcendente para o homem como um destino comum para a humanidade", e ambos são duas realidades inseparáveis. A novidade do cristianismo na história é mostrada na nova interpretação que ele oferece dos textos e especialmente de seu texto sagrado. A exegese cristã foi inovadora na arte da interpretação judaica e pagã, pois tenta dar razão a um fato absolutamente novo: Deus será visto e atuará na história dos homens, dando à história e à vida social uma profundidade espiritual e à espiritualidade uma direção histórica necessária.

Essa salvação oferecida pelo cristianismo se realiza por intermédio da Igreja. Sua catolicidade não é apenas um dom de Deus, mas uma exigência missionária. A Igreja é um corpo em crescimento e um edifício em construção. Essa necessidade da Igreja para a salvação não deve ser entendida como uma postura intransigente e exclusivista que impede a salvação de todos os homens, mas como uma forma de expressar que a salvação vai além do indivíduo e envolve o destino de todos os homens. Esse crescimento e missão do cristianismo na história acontece no paradoxo da vinda de Cristo, que por um lado representa o outono da colheita e, por outro, a primavera da nova germinação. A atitude fundamental é a alegria pela realização alcançada e a esperança na consumação futura, sendo seu vínculo a paciência obrigatória da maturidade.

No encontro com as culturas, o catolicismo tem que exercer aquela ação que não é nem sincretismo nem liberalismo, mas verdadeiro catolicismo, que assume, purifica e traz para sua consumação os elementos de verdade e graça que encontra em outras tradições religiosas e expressões da vida humana. Em um contexto que reitera a necessidade da expansão missionária da Igreja sem ser vinculada a uma cultura particular como a europeia, que pede perdão pelos erros do passado e afirma que não há nada verdadeiramente humano que lhe possa ser estranho, Henri de Lubac afirma enfaticamente: "O catolicismo é *a Religião*. É a forma que a humanidade deve assumir para finalmente ser ela mesma" (Lubac, 1988, p. 210).

Na terceira e última parte de sua obra, o autor apresenta o catolicismo em diálogo com o tempo presente (1936), uma vez que a melhor tradição da teologia cristã só pode ser interpretada se for submetida a um cuidadoso exercício de atualização e adaptação, ou seja, um esforço de assimilação transformadora. De fato, a fidelidade a uma tradição nunca pode consistir em uma repetição servil, ainda que aconteça que certos progressos no esclarecimento e na definição de conceitos teológicos acabem sendo retrocessos na compreensão global do mistério cristão. Tanto o individualismo quanto a teologia da controvérsia acabaram prejudicando amplamente o que subjaz ao nome de "católico". Para De Lubac, esse nome não significa estreiteza ou reserva, mas a expansão do cristianismo e a plenitude do espírito cristão, que nunca se conforma às várias parcialidades ou visões estreitas de certas dogmáticas cristãs. O espírito e a essência do catolicismo encontram-se na seguinte afirmação da Escola de Tübingen: "O fato central é a revelação do plano de Deus na humanidade. Esse plano é um todo orgânico que se desenvolve progressivamente na história".

Contudo, esse caráter social do cristianismo (catolicismo) não pode ser mal-interpretado num sentido coletivista que destrói o indivíduo, porque no centro da doutrina social do catolicismo está sempre a pessoa, que é entendida como uma relação constitutiva com os outros e que se desenvolve num drama como uma vocação para a pessoa humana. A pessoa é um centro centrífugo que, paradoxalmente, precisa da comunidade para ser mais ela mesma. Uma pessoa isolada não tem sentido, assim como uma pessoa plenamente realizada sem Cristo. Não somos plenamente pessoais, exceto dentro da pessoa do Filho, pelo qual participamos na comunhão das pessoas trinitárias. O cristianismo afirma tanto a fraternidade universal em Cristo como o valor absoluto de todo ser humano. Seu caráter social e histórico não diminui o valor atribuído pelo catolicismo a cada pessoa, na qual brilha a imagem do Eterno.

Finalmente, esse duplo caráter histórico e social do catolicismo não deve ocultar a presença do Eterno e sua transcendência inalterável, "como o Lugar em que, geração após geração, a humanidade é reunida; o Centro para onde tudo converge; o Eterno que a totaliza; o Absoluto que, no sentido mais forte e plenamente atual da palavra, a traz à existência; o Amante que a atrai; o Outro ao qual se entrega" (Lubac, 1988, p. 249).

Em suma, Henri de Lubac situou a Igreja de Cristo em coordenadas verticais e horizontais que constituem sua essencial forma católica, uma forma que, de fato, possui a forma de cruz: a linha vertical ou a transcendência do cristão, apresentada como uma única figura histórica na qual acontece a novidade de Deus como salvação do mundo em sua totalidade; e a linha horizontal-temporal, na qual a acontece a transcendência do tempo da promessa no tempo da plenitude, significando a passagem da Antiga para a Nova Aliança (cf. Balthasar, 1976, p. 50-74).

A forma católica do cristianismo refere-se, em última instância, ao mistério da cruz. Pois a humanidade nunca poderá alcançar seu desejo e objetivo de unidade a menos que primeiro renuncie a tomar a si mesma como um fim, já que "só há fraternidade definitiva em comum adoração" (Lubac, 1988, p. 258). A forma da cruz é a forma católica do cristianismo. Por ela, a obra do Verbo de Deus manifestou-se a todos, e suas mãos estenderam-se para abraçar e reunir todos os seres humanos (Irineu de Lião) (cf. Irineu de Lião, *Adversus haereses*, V, 14,4).

c) Yves Congar: a catolicidade como dom de Deus e realização humana

Após traçar o significado do termo "católico", Yves Congar o define como a característica quantitativa e extensiva da Igreja que expressa sua universalidade e como a característica qualitativa que significa verdade (Congar, 1984, p. 492-501). Se a apologética clássica usou essa nota externa para provar que a Igreja Católica (Romana) é a verdadeira Igreja de Cristo, ao contrário de outras confissões cristãs, o teólogo francês a entende como a expressão de uma realidade interior que define a Igreja não tanto em termos de eclesiologia como em termos de cristologia.

A catolicidade da Igreja está enraizada no mistério trinitário, que se manifesta no plano salvífico do Pai, realizado pelo Filho e levado à plenitude pelo Espírito. Por Cristo e em Cristo, Deus se comprometeu definitivamente a obter para toda a humanidade e para o mundo o cumprimento de suas aspirações mais profundas. E essa obra é realizada pelo Espírito, que não realiza uma obra diferente da do Filho, mas a realiza a partir de dentro de cada pessoa, a fim de que repercuta em todos os povos e culturas e assim torne possível a verdadeira catolicidade: a unidade da diversidade sem aniquilar essa diversidade (Congar, 1984, p. 501-505).

Essas raízes teológicas da catolicidade, que brotam de sua fonte divina, correspondem a nossas raízes históricas e temporais, que nascem de nossa fonte terrena. A humanidade é essencialmente histórica e cósmica. Seu destino é comum e tem sido ligado ao destino do cosmos (Congar, 1984, p. 508-515).

Tendo essas fontes na sua origem, a catolicidade só pode ser realizada histórica e concretamente na Igreja, o lugar em que se unem como num sacramento o desígnio de Deus e o caminho para a unidade da natureza e da história (potencial humano). Entretanto, essa realização eclesial é paradoxal. Por um lado, a Igreja já é católica como *Ecclesia congregans*, ou seja, em seus princípios temporais; por outro lado, ela tem que se tornar assim e realizá-lo em sua vida como *Ecclesia congregata*.

A catolicidade é um dom de Deus dado à sua Igreja, mas é também uma tarefa que ela deve realizar no tempo. A catolicidade é dada à Igreja não como cabeça, mas como corpo. É um atributo de toda a Igreja, também de cada igreja local e inclusive de cada cristão. Pois o essencial da catolicidade consiste em estar voltada à totalidade, ao centro da revelação de Deus, à totalidade do testemunho bíblico e apostólico, por fim, ao conteúdo harmônico da fé (analogia da fé). E tudo isso sem perder de vista que a catolicidade também significa estar essencialmente aberta a um dinamismo de alcance universal (sacramento universal da salvação) que, como sinal de sua vitalidade e fecundidade, a torna aberta à incorporação de diferentes povos e culturas (Balthasar, 1988a, p. 7).

d) Hans Urs von Balthasar: a catolicidade a partir do fragmento único e singular

O teólogo suíço também questionou o significado da catolicidade como uma forma positiva e essencial do cristianismo. Para esse autor, a catolicidade deve ser entendida em um sentido qualitativo como totalidade e completude. "Católico se refere a uma qualidade. É totalidade e universalidade, e sua compreensão pressupõe uma certa atitude espiritual do homem" (cf. Balthasar, 2004). Universalidade e totalidade são, portanto, as palavras que definem a catolicidade.

A Igreja pode ser chamada de "católica" porque é a esfera de revelação e comunicação da totalidade divina. Uma totalidade, portanto, revelada no fragmento. A teologia de Balthasar tenta mostrar que essas duas características fundamentais da catolicidade não são contraditórias. Por essa razão, o universalismo cristão nunca pode estar em contradição com seu caráter católico essencial (plenitude). É essa totalidade revelada no fragmento que tem vocação para se estender a todos os cantos da terra.

1) O universalismo cristão: o todo no fragmento

Balthasar, em diálogo com seu amigo Karl Barth, se perguntou como entender o universalismo cristão. Ele concorda com o teólogo calvinista reformado que esse universalismo não pode ser realizado a partir de baixo, ou seja, a partir da afirmação de uma base comum de experiência religiosa (F. Schleiermacher). A universalidade tem que ser afirmada de cima, ou seja, da revelação gratuita de Deus (K. Barth). Mas, ao contrário do grande teólogo de Basileia, para Balthasar, o universalismo cristão, que é fundado e estabelecido de cima (do mistério de Deus), deve integrar o movimento legítimo de baixo (a partir da realização humana). A revelação de Deus não é uma realidade pensável e dedutível de baixo, o todo não pode ser postulado *a priori* e antecipadamente a partir dos fragmentos, mas torna-se evidente e credível a partir de sua própria manifestação livre no amor. Nesse sentido, os fragmentos podem ser integrados em um Todo somente porque o Todo se revelou, se manifestou e se entregou *em* e *como* fragmento: "Somente o todo *no* fragmento porque o todo se manifestou *como* fragmento" (cf. Balthasar, 1990, p. 291). Para Balthasar, Barth tem razão quando postula que o universalismo cristão só pode ser realizado de cima. Mas, em contraste com sua postura radical e negativa sobre tudo o que não é Deus, o universalismo cristão, entendido em sua forma católica, integra, preserva e consuma o movimento a partir de baixo (universalismo antropológico) e a partir de fora da revelação que teve lugar no Novo Testamento (outras religiões).

A universalização do Logos não é realizada por uma perda da particularidade ou pela "relativização do movimento da encarnação do Logos em favor de uma presença universal neutra do Logos na razão criada" (Balthasar, 1964b, p. 314). Mas também deve ser dito que "o evento de Cristo não se encerra totalmente no quadro apertado de uma teologia cristológica, mas deixa espaço para uma *metafísica da criação* (cosmologia e antropologia em todas as suas ramificações) e para uma filosofia da história e da cultura" (Balthasar, 1985b, p. 44-45).

Esse universalismo não é postulável nem dedutível de baixo, da abstração de uma natureza humana religiosa expressa em vários ritos. Ao contrário, ele é realizado a partir da parte mais concreta da história, da cruz do Senhor, que se abre para o maior universalismo concebível, pois o Senhor, que se entregou à morte pela vida do mundo, é aquele que é ao mesmo tempo o Alfa e o Ômega da história.

Qualquer tentativa de realizar uma teologia cristã do pluralismo religioso que não leve a sério a novidade que surgiu em Jesus de Nazaré, e que não queira colocar o ponto de convergência no Senhor crucificado da glória, não será fiel à mensagem do Novo Testamento (cf. 1Cor 1–2). O universalismo cristão, sua pretensão à catolicidade e sua capacidade de integração não são realidades que justificam um imperialismo cultural e religioso latente por parte do cristianismo, mas o sinal de fidelidade a um fato absolutamente novo na história das religiões e da humanidade, a saber, que Deus se fez homem e morreu por nós para que todos os homens sem exceção possam participar plenamente de sua vida divina.

Nesse sentido, não se pode perder de vista o fato de que "a possibilidade de ser cristão existe entre muitas visões de mundo, com uma oferta a ser escolhida. Não se pode colocar em primeiro lugar jogando violência ao vento. Isso seria contrário ao espírito de seu fundador e ao de seus melhores representantes. Ela deve procurar provar sua credibilidade e (de acordo com sua própria compreensão) sua peculiaridade por meio de argumentos puramente espirituais, o que, suficientemente paradoxal, nunca pode ser 'constrangido', pois eles nunca devem frustrar o desafio da livre-fé e da livre-entrega" (Balthasar, 1998a, p. 15). E Balthasar acrescenta: "Esse mistério também pode ser aceito em sua revelação como verdadeiro e, portanto, acreditado apenas em uma livre-decisão, trazida pela graça de Deus; pelo que se sublinha mais uma vez que esse processo total de integração de todos os fragmentos do significado da existência não pode ser um direito estrito da verdade da fé cristã" (Balthasar, 1998a, p. 39).

2) Catolicidade

O significado dessa catolicidade, que pode ser vivida na diáspora ou na dispersão, provém de Henri de Lubac, e em particular de seu livro *Catolicismo*, que o próprio Balthasar havia traduzido para o alemão[107]. Mas

---

107. Uma obra traduzida por Balthasar para o alemão com dois títulos significativos: *Kirche als Gemeinschaft* ("A Igreja como comunhão") na primeira edição de 1945, e *Glauben aus der Liebe* ("Fé pelo amor") em reimpressões posteriores. O último título lembra o de sua obra programática *Glaubhaft ist nur Liebe* ("Só o amor é digno de fé").

também de uma paixão partilhada por ambos os autores: a teologia dos Padres da Igreja.

Referindo-se a seus anos de estudos teológicos em Lião e a seu encontro com De Lubac e outros jesuítas, Balthasar escreve: "O significado da vinda de Jesus Cristo é redimir o mundo e abrir totalmente o caminho ao Pai: a Igreja é apenas o meio, um vislumbre que a partir do Deus-homem aparece em todas as áreas por meio da pregação, do exemplo e do seguimento. Para nós, patrística significava cristianismo que ainda quer penetrar até o último canto dos povos e que ainda espera a redenção do mundo" (Balthasar, 1998a, p. 42).

O cristianismo carrega em si essa reivindicação de *catolicidade*, em competição com outras religiões e cosmovisões que também tentam responder ao significado do homem e ao destino da história. Para Balthasar existem apenas duas respostas alternativas ao cristianismo: o budismo e o marxismo (judaísmo)[108], já que ambas são respostas que olham para o alfa e o passado da história ou para o ômega e o futuro. Ambas são uma fuga do presente, já que consideram que não tem sentido. O budismo foge para o alfa ou para a origem da história; trata-se de uma evasão vertical. O marxismo escapa na horizontal, em busca de um futuro rei vindouro e messiânico.

O cristianismo, tomando o testemunho da Sagrada Escritura, professa no credo que Cristo é o *Alfa* e *Ômega* da história a partir da história concreta e atual[109]. O Filho é designado como Alfa e Ômega, ao mesmo tempo que se refere ao Pai como Alfa e ao Espírito como Ômega. Podemos dizer que o Filho é Alfa e Ômega, deixando que o Pai e o Espírito sejam, respectivamente, Alfa e Ômega. Em sua livre-entrega à morte, Ele *dá lugar*

---

108. No budismo estão integradas as religiões orientais ou o que Balthasar chama em outro lugar de tendência asiática. No marxismo, que se tornou uma forma de configurar a sociedade a partir de um modelo cultural, político e econômico, o autor percebe um fascínio pelo judaísmo e, a partir daí, pelo islamismo, que para ele é uma zona neutra em que se combina o que as religiões antigas têm de primado do "absoluto" ou "do divino" com um retorno ao Deus do Antigo Testamento, elevado acima do mundo (cf. Balthasar, 1985b, p. 9).

109. A estrutura do credo é trinitária: Pai (criação-origem), Cristo (redenção-história), Espírito (consumação-futuro). A partir da história concreta da encarnação e da cruz, o Filho se abre para a origem (Pai) e se expande para o futuro (Espírito).

tanto à esfera criadora, própria do Pai, quanto à esfera profética e inventiva, própria do Espírito. Dessa forma, Cristo, como o Filho que volta ao Pai por obediência, é o cumprimento de toda religião como um retorno à origem. Mas na medida em que outorga antecipadamente o Espírito e deixa espaço para a autoconstrução do ser humano para que se desdobre conforme as audácias de sua liberdade humana, dotada de criatividade e profecia, é o cumprimento da utopia, como uma abertura para o Futuro absoluto (cf. Balthasar, 1998a, p. 42-45)[110].

Nesse sentido, Balthasar pode afirmar que "uma religião que sempre se chamou universal pode levar adiante a reivindicação de continuar em si mesma todos os elementos positivos das demais e, contudo, plenificá-las, transcendendo-as" (Balthasar, 1992, p. 69). Essa reivindicação de universalidade do cristianismo baseia-se na singularidade de uma figura única, sem história universal, que cumpre em si mesma a reivindicação das religiões orientais, do judaísmo e do islamismo, na medida em que eleva para si mesmo a reivindicação da autoridade divina e da comunicação da vida. Somente em Cristo o desejo de se tornar um com Deus é realizado sem que o ser humano perca seu ser pessoal (Balthasar, 1992, p. 68-71).

O cristianismo busca essa reivindicação católica e o diálogo ecumênico, antes de tudo, por meio de suas testemunhas. Assim, com as *religiões orientais*, propõe o amor pessoal que nasce de um Deus pessoal e que funda, sustenta e protege o homem como valor absoluto e destinatário do meu amor concreto até o fim (Teresa de Calcutá). Com o *mundo muçulmano*, compartilha o serviço aos pobres e a adoração da Eucaristia como sinais supremos da imanência e da presença do Deus absoluto, porque, como diz o adágio clássico, "que o máximo possa conter o mínimo é algo divino"[111] (Charles de Foucauld). Com as demais *confissões cristãs*, segue o mesmo caminho de aprofundar a tradição viva da Igreja, abraçando a herança dos Padres (ortodoxia) e o tesouro da Escritura (reforma), ambas mediações que levam à unidade católica viva de hoje (John Henry Newman).

---

110. A mesma imagem encontra-se em *"Lo católico en la Iglesia"* (Balthasar; Ratzinger, 1998, p. 125-127).

111. Citado *supra*, p. 55, nota 31.

Conclusão

O catolicismo é cristianismo em sua vocação de universalidade e plenitude. Dado por Deus em seu ser íntimo e procurado com luz e sombra através da história. O caráter quantitativo do católico (extensão e universalidade) cresce em proporção direta com a manifestação de sua plenitude qualitativa (plenitude e integralidade).

Deus e o homem (princípio teológico da analogia), Cristo e o Espírito (princípio histórico da *oikonomia*), Maria e a Igreja (princípio mariano da existência cristã) são os princípios fundamentais da compreensão católica do cristianismo, que nos remetem à totalidade da fé e à plenitude do mistério cristão. Mas ao mesmo tempo são uma exigência para que essa conexão com a catolicidade se traduza em um esforço mais vigoroso para estender essa plenitude a todos os homens, tornando a Igreja verdadeiramente o sacramento universal da salvação e reconciliação no mundo.

IX

A biografia da teologia

Introdução

A teologia tem sua própria tarefa original que a identifica como uma ciência. Por essa razão, mesmo que sua forma externa mude no decorrer de sua história (biografia)[112], a natureza de sua prática permanece inalterada. Esse exercício deve levar em conta o "objeto" singular com o qual lida (a revelação de Deus), bem como o sujeito e o lugar a partir dos quais é realizado. E justamente do espaço que surge dessa relação entre o objeto e o sujeito nasce o método teológico. Esse método, entendido como *auditus – intellectus – actio fidei*, parte da alma que sustenta e vivifica a teologia (Escritura), da memória que a interpreta e a atualiza historicamente (Tradição) e enquadra sua reflexão tentando concordá-la com a interpretação autorizada que a limita e define (magistério). Essa maneira de entender o método teológico a partir da integração da alma, da memória e da estrutura da teologia produziu uma determinada forma, que podemos chamar de católica, ou seja, uma teologia que quer dar uma razão para a totalidade em extensão universal e em intensidade qualitativa. Além disso, essa forma tem sua própria biografia, embora a essência de seu trabalho permaneça inalterada, a forma concreta de

---

112. Agradeço a Alejandro Labajos por sua sugestão para o título deste capítulo.

sua realização teve expressões muito diversas ao longo da história (cf. Tillich, 1965; Schreiter, 1985, p. 80-93)[113].

A teologia, como toda ação humana, está ligada à história. Nesse sentido, quando se trata de seu estudo e prática, deve-se levar em conta sua dimensão histórica essencial, que surge tanto do ponto de vista do "objeto" que ela estuda quanto do "sujeito" que a realiza. Do ponto de vista do objeto, a teologia é a obediência à economia da salvação realizada por Deus por meio da "lei da encarnação". Isso a obriga a estar sempre ligada à história da salvação e à história concreta da humanidade. Mas, ao mesmo tempo, do ponto de vista do sujeito, é uma ciência humana cujo modo de pensar é histórico e limitado.

Para realizar o exercício da teologia é necessário estar ciente do pensamento histórico. É importante estar ciente de que não é a mesma coisa ler um documento da tradição cristã escrito no século II ou III e a reflexão de um teólogo no século V, após os grandes concílios, especialmente o de Niceia (325). Essa diferença se torna mais aguda se nos referirmos a qualquer teólogo do segundo milênio, que escreve no início do escolasticismo, no século XI, ou durante seu esplendor, no século XIII, ou em seu crepúsculo, em meados do século XVIII. Entre todos esses pensadores há uma descontinuidade em sua abordagem dos problemas teológicos, mas também na forma de sua expressão. No entanto, não se pode perder de vista o fato de que, nessa diversidade, há uma profunda semelhança e unidade entre os vários estilos quando lidam com problemas teológicos reais e permanentes.

1 As diferentes formas de teologia na história

Não é fácil resumir dois milênios de história. A biografia da teologia é longa e complexa (Vilanova, 1987). Apesar disso, a resumiremos em cinco formas ou estilos fundamentais, que correspondem a cinco momentos decisivos na história da teologia.

---

113. Esse autor propõe quatro formas fundamentais assumidas pela teologia em sua história: 1) a teologia como variações de um texto sagrado; 2) a teologia como sabedoria; 3) a teologia como conhecimento seguro; 4) a teologia como práxis. O monge beneditino G. Lafont (1999) propõe dois modos fundamentais de discurso teológico: profecia e sabedoria.

a) Em primeiro lugar, olhamos para a teologia patrística. Esses são os primeiros anos em que a teologia cristã enfrentou dois momentos decisivos. O primeiro refere-se aos séculos II e III, em que nos encontramos no início da reflexão teológica propriamente dita. Aqui se destacam autores como Justino, Irineu, Tertuliano e Orígenes. O denominador comum é a compreensão da teologia como uma ciência da fé, pensada em diálogo e a partir de um ponto de vista histórico. Teologia como ciência da fé, não no sentido que lhe daria Tomás de Aquino no século XIII, mas sim no sentido de que o ponto de partida da teologia dos Padres da Igreja é sempre a fé (a regra da fé), de cujo fundamento se parte para aprofundar temas abertos e discutíveis a partir da razão em diálogo com a cultura (apologética) e de um vínculo estreito com a história da salvação e da revelação (razão histórica)[114].

O segundo, ainda dentro desse primeiro estágio fundamental, refere-se ao que podemos chamar de idade de ouro da teologia, situada entre os séculos IV e V. Aqui foi forjado o credo da fé da Igreja. O cristianismo abre-se de fato à universalidade, mantendo sua originalidade e irredutibilidade à ética, à estética ou à metafísica. É o estágio mais significativo na determinação dogmática da fé com relação à compreensão de Deus (Pai, Filho, Espírito) e da salvação cristã (graça e liberdade). Esse é o passo que foi chamado da Escritura para o Símbolo. Da teologia narrativa da Escritura ao símbolo da fé que interpreta e garante seu verdadeiro significado.

b) Da Idade Antiga passamos à Idade Média, da teologia patrística ao nascimento do escolasticismo. Do século V saltamos para o século XI e o nascimento da teologia crítica entendida como pergunta (*quaestio*) de uma razão crítica (*ratio*) que questiona a razoabilidade de sua própria fé no diálogo apologético (Anselmo de Cantuária). Do Símbolo como uma expressão de fé dogmática e doxológica que interpreta a Escritura no espaço litúrgico e na comunhão eclesial, passa-se à teologia formulada como uma afirmação encontrada nas Escrituras e na Tradição (*consensus Patrum*) que deve ser justificada com base nas autoridades que as apoiam e com base na lógica e na dialética da razão (Abelardo). Aqui vemos a transição do Símbolo para as sentenças, cujo autor mais representativo é Pedro Lombardo.

---

114. Um dos exemplos mais claros pode ser encontrado em Orígenes, *De Principiis* I, 4.

c) Se o século XI viu o nascimento de uma nova forma de teologia em continuidade com a anterior, o século XIII foi a época de seu maior esplendor. Esse período viu o surgimento das universidades nascidas dos claustros e das escolas das catedrais. Se o período patrístico nos mostra a capacidade da fé de entrar em diálogo com uma cultura diferente, esse século mostra sua vitalidade para gerar uma cultura a partir de si mesma. A teologia alcançou sua expressão máxima como um "edifício de Deus", como uma catedral, como uma suma teológica (Alexandre de Hales, Alberto Magno, Tomás de Aquino). Juntamente com a compreensão clássica da teologia como sabedoria e seguimento de Cristo (Boaventura), nesse período começa a ser entendida também como uma ciência, como uma ciência da fé (Tomás de Aquino).

d) O século XVI foi, de certa forma, uma tentativa de um novo começo (renascimento) a partir de um desejo de retornar à fonte da teologia (Escritura) sem a mediação da Tradição e das tradições que a escondem de nós. Diante da densa mediação da teologia escolástica e especulativa, surge uma teologia histórico-positiva que estuda as origens do cristianismo a partir do imediatismo da experiência subjetiva. Embora ao longo de sua história sempre tenha havido diferentes teologias, nesse período as diferenças se tornaram mais agudas, dando origem a diferenças confessionais. Da unidade expressa na *Suma*, passamos à divergência das confissões.

e) Finalmente, voltamos nosso olhar para o século XX. Com esse salto cronológico não queremos dizer que entre os séculos XVI e XX não houve uma teologia rica e rigorosa digna de nossa atenção, embora seja verdade que, em uma ampla revisão histórica, não encontramos fatos ou autores muito relevantes. Nesse século, dentro da Igreja Católica, ocorreu um evento decisivo que marcaria a história da Igreja e da teologia: o Concílio Vaticano II. Ele reuniu os movimentos de reforma teológica do início do século XX e, especialmente, aqueles desenvolvidos durante o período entreguerras. A teologia está entrando em encontro e diálogo com o mundo moderno a partir de sua respiração original (um retorno às fontes) e de uma percepção cada vez mais consciente de seu relacionamento com diferentes culturas e latitudes. Tudo isso levará a uma mudança que, de forma global, chamamos de passagem das confissões para uma "nova" teologia integradora e ecumênica e, a partir daí, a uma enorme variedade e pluralidade de diferentes teologias, dependendo do contexto cultural e geográfico em que é realizada.

2 Da Escritura ao Símbolo

O primeiro estágio na biografia da teologia é caracterizado pela interpretação das Escrituras. Nesse estágio, ocorre a primeira mudança decisiva na forma da teologia: da Escritura para o Símbolo. Isso não significa que a Escritura deixa de ser a fonte e a alma da teologia, mas ela tem de ser interpretada em um novo contexto, dando origem ao Símbolo como critério supremo de interpretação. Depois de uma breve pesquisa sobre a teologia do Novo Testamento, vamos agora nos voltar para esse estágio rico e frutífero da teologia cristã, no período anterior ao Concílio de Niceia. Em seguida, consideraremos brevemente a importância do Símbolo Niceno da fé no desenvolvimento da teologia, bem como o papel decisivo das heresias e o importante fenômeno das escolas teológicas como um sinal da unidade da fé e da pluralidade das teologias. Concluímos essa etapa oferecendo algumas características fundamentais da imponente figura de Agostinho de Hipona e do período de síntese que encerra essa etapa e lança as bases para a posterior. O leitor perceberá que dedicamos mais espaço e atenção a ele do que ao restante. Isso se deve à importância objetiva que esse período patrístico tem tido ao longo de sua biografia. Esses primeiros séculos de sua história foram decisivos e determinantes para toda a história subsequente.

a) Paulo de Tarso, o primeiro teólogo cristão

A primeira teologia cristã começa no século II, embora existam alguns autores que já falam de teologia no Novo Testamento. De fato, o primeiro teólogo cristão foi São Paulo (cf. Becker, 1996). Esse judeu convertido ao cristianismo desenvolve a primeira teologia cristã, na medida em que, a partir de sua experiência pessoal e do contexto particular em que escreve, elabora as primeiras reflexões sobre o Deus que se revela como o Pai de nosso Senhor Jesus Cristo e que nos envia seu Espírito para nos tornar uma nova criatura, fazendo parte do Corpo de Cristo. Essa participação no *Abba* de Cristo (Gl 4,4-6; Rm 8,14-16) torna possível um novo relacionamento com Deus (filiação) e estabelece uma nova forma de fraternidade, em virtude da qual devemos viver de acordo com uma determinada ética e modo de vida. Nesse sentido, pode-se dizer que Paulo é um teólogo, embora devamos estar cientes de que ele não escreve tratados sobre teologia. Sua teologia pode ser caracterizada como uma teologia apostólica, realizada juntamente com sua tarefa missionária e de evangelização. Por essa razão, a forma de sua teologia é epistolar e poética, com o objetivo de encorajar, exortar, confortar e repreender as comunidades cristãs fundadas ou evangelizadas por ele. É aqui que Paulo nos deixou sua teologia com uma compreensão do mistério de Deus, da pessoa de Cristo, do homem em pecado e justificado, da Igreja de Deus, do fim último do homem.

Se, desse ponto de vista, podemos considerar Paulo de Tarso como o primeiro teólogo cristão, depois dele temos que mencionar os autores dos evangelhos (Marcos, Mateus, Lucas, João). Eles nos contaram a história de Jesus em seu próprio estilo e a partir das circunstâncias pessoais e comunitárias que viviam, dando origem a uma teologia particular (cf. Schnackenburg, 1998). Assim, podemos falar de uma teologia joanina, lucana, mateana e marcana (cf. Gnilka, 1998; Stuhlmacher, 1999, 2005). Este não é o lugar para um estudo detalhado das características específicas de cada evangelista. O importante é que o mistério insondável da pessoa de Cristo deu origem a diferentes documentos no Novo Testamento, que, longe de serem heterogêneos, mostram uma admirável unidade na diversidade (cf. Aletti, 2000).

No entanto, dado que esse testemunho do Novo Testamento foi considerado normativo em um processo de canonização que começou no século II (diante da corrente gnóstica do cristianismo) e que terminará no século XVI (nos debates entre as confissões católica e protestante) com a recepção completa e definitiva do cânon da Bíblia (embora praticamente no século IV esse processo já esteja definido), ele não pode ser entendido simplesmente como uma parte da história da teologia. Como já tivemos a oportunidade de ver no capítulo 5, ele (juntamente com o Antigo Testamento) é a alma, a fonte e o fundamento permanente da teologia, e não apenas outra forma dela que pode ser substituída por outras posteriores.

b) Teologia cristã primitiva

A teologia surge quando os primeiros cristãos têm de dar conta de sua vida e fé em um contexto diferente no qual a revelação de Deus ocorre e a experiência e o testemunho cristãos originais emergem. O primeiro momento desse relacionamento é o encontro no diálogo e no confronto do cristianismo nascido em um contexto judaico com a razão grega e a cultura romana. Os nomes de Justino, Irineu, Clemente de Alexandria, Tertuliano, Orígenes, Cipriano etc., entre os mais proeminentes, são uma expressão qualificada dessa relação frutífera que se realizou, por um lado, com uma clara consciência da identidade e da novidade do cristianismo diante da cultura circundante, mas, por outro lado, com a convicção da profunda harmonia que existia com ela. Que relação o cristianismo estabelece com essa vida e cultura anteriores? Basicamente, podemos resumi-la no fato de que a herda, em um exercício que envolve um triplo movimento que constituirá a forma quase normativa de todo o diálogo posterior do cristianismo no encontro com outras culturas: assume-a, purifica-a e transforma-a (LG 17; AG 9).

Essa relação originária pode ser muito bem resumida na frase formulada por Paulo de Tarso na Carta aos Filipenses, que seria constantemente comentada pelos autores cristãos: "Tudo o que é verdadeiro, tudo o que é nobre, tudo o que é justo, tudo o que é puro, tudo o que é amável, tudo o que é honroso, tudo o que é digno de louvor, tudo o que é virtuoso ou valioso, tende-o em alta estima" (Fl 4,8). Na verdade, esse cristianismo primitivo age assim porque tem consciência de que essa realidade boa e verdadeira que encontra é expressão do Logos amoroso e criador de Deus, que vem semeando fragmentos de sua presença na vida dos homens, conduzindo-os com uma luz interior, sem violar sua liberdade (consciência), até sua presença definitiva no Logos encarnado. A partir dessa cristologia do Logos, presente de forma incipiente no prólogo do Evangelho de João e desenvolvida mais tarde, nos séculos II e III, o cristianismo estabelecerá um diálogo com a cultura que o precede e com a qual se encontra não tanto na esfera das religiões e de seus mitos (*theologia mitica*), mas com a filosofia (*theologia philosophica*) centrada na busca da verdade, a partir da primazia do logos e do exercício da *paideia* (Jaeger, 1998).

A teologia nesse ponto inicial deve ser entendida como um comentário e uma interpretação atualizada do testemunho das Escrituras nesse novo contexto cultural. Mas uma interpretação que seja uma atualização verdadeira de sua mensagem sem sucumbir a um esvaziamento de seu conteúdo e verdade. Nesse estágio, encontramos três tipos fundamentais de obras: obras apologéticas, que expõem e defendem a fé cristã em face da cultura pagã; obras de controvérsia, que aprofundam o significado autêntico de uma declaração das Escrituras em face de alguma interpretação errônea da doutrina cristã (cf. Orbe, 1981, p. 693-695); comentários bíblicos, para a exposição positiva da fé e o crescimento espiritual dos crentes. Entretanto, apesar dessa forma diferente de exposição em função do objetivo final da obra, o método utilizado é comum a todas elas: a interpretação correta das Escrituras. O interesse também é unânime: a salvação do homem na história por Deus, fazendo-se Ele mesmo história e homem. Assim, esses três pontos estarão no centro da teologia desses primeiros séculos: história, homem, Deus – e Cristo é o ponto em que os três se encontram sem confusão e sem separação.

c) O Símbolo como um critério de interpretação

Nesse contexto, a teologia terá que introduzir um critério objetivo de interpretação, parcialmente tomado da Escritura e, em parte, realizado de fora dela. Essa é a função da regra de fé, que mais tarde se tornou o Símbolo da fé, como o critério mais elevado para a interpretação da Escritura. No cristianismo primitivo havia diferentes símbolos e credos (Kelly, 1980). O mais conhecido é o Símbolo do Concílio de Niceia, que, sendo o primeiro a emergir do primeiro concílio ecumênico da Igreja, tornou-se a expressão suprema e mais significativa de como a relação entre a Escritura e os símbolos da fé, ou entre a Bíblia e o dogma, deve ser estabelecida. É por isso que os teólogos fazem a mesma pergunta repetidas vezes: O Concílio de Niceia é a expressão da helenização do cristianismo que hoje temos que rejeitar e superar definitivamente? Ou, ao contrário, é um marco inalienável na história da teologia cristã em relação ao qual é impossível voltar atrás?

O Concílio de Niceia não inventa, mas interpreta a Escritura. Para preservar, é necessário interpretar e aplicar. A fé nicena representa a corrente "progressista" que entende que, para preservar a tradição, é necessário interpretá-la com novas palavras, até mesmo palavras estranhas à Escritura, em oposição a uma corrente "biblicista conservadora" que, sob aparente fidelidade à linguagem da Escritura, interpreta-a a partir de pressupostos filosóficos que são realmente heterogêneos a ela e que permaneceram ocultos à sua percepção (helenização). Se o cristianismo tivesse adotado a tese ariana teria sido uma verdadeira helenização, pois isso significaria entender Deus em termos de neoplatonismo ou platonismo médio, que, com base em uma teologia negativa radical, não poderia aceitar a verdadeira e plena encarnação de Deus no mundo. Niceia afirma, interpretando as Escrituras, que Deus não é um Deus solitário e inacessível, incapaz de entrar em contato real com o mundo. O Deus cristão é comunicação em amor constitutivo: comunicação dentro de si mesmo e comunicação fora de si mesmo. Deus é relacionamento em si mesmo e, por essa razão, Ele pode entrar em um relacionamento livre e verdadeiro com o mundo.

Alois Grillmeier nos dá a chave para o significado do Símbolo niceno em sua relação com as Escrituras quando afirma que "os padres nicenos tiveram a coragem de manter com todo o seu rigor a tradição bíblica e eclesial do Filho-Palavra, em parte em linguagem não bíblica" (Grillmeier, 1997, p. 450-451). Embora no início os padres nicenos tenham tentado formular sua doutrina em linguagem bíblica, eles logo perceberam a impossibilidade desse caminho, pois não havia nenhum termo bíblico que não pudesse ser interpretado em um sentido ariano. Por isso, foi dito que, na realidade, "Niceia de fato se resume a um conflito de interpretação... O paradoxo da função dogmática reside precisamente nisto: cria algo novo a fim de evitar a 'hemorragia de sentido' (G. Widmer) da antiga confissão. Pois, por hipótese, no momento, as palavras antigas não são suficientes para esclarecer o debate" (Sesboüé, 1996, p. 197). A expressão "isto é", que apareceu no credo niceno e foi posteriormente excluída no chamado credo niceno-constantinopolitano, mostra que os padres não queriam acrescentar nada de novo ao querigma e à fé tradicional da Igreja, mas simplesmente interpretar essa fé. É uma explicação autorizada e autêntica da Sagrada Escritura, uma precisão linguística, pois os padres do Concílio de Niceia não querem fazer outra coisa senão "uma interpretação autêntica da Escritura à luz da regra de fé" (cf. González de Cardedal, 2000, p. 230).

d) "É necessário que haja 'heresias' entre vós" (1Cor 11,19)

A heresia tem sido um elemento determinante na história do dogma e na história da teologia. A relação entre a história do dogma e a história das heresias pode ser entendida de três maneiras diferentes. Em primeiro lugar há o entendimento clássico. Para ele, a ortodoxia está na origem, e somente em um estágio posterior as heresias aparecem como desvios perversos e malévolos de um sujeito ou de um grupo devido à sua fraqueza racional ou à deficiência de sua vida moral. Em segundo lugar, temos a proposta feita por Walter Bauer em 1934 (cf. Bauer, 1964) e que tem sido repetida de uma forma ou de outra posteriormente. De acordo com esse autor, o ponto original e inicial da teologia cristã era a heterodoxia, e o derivado e secundário era a ortodoxia. Esta última conseguiu se impor graças à sua conivência com o poder secular. A chamada ortodoxia seria o triunfo de uma facção dentro de uma pluralidade que é radical em sua origem, mas impossível de ser alcançada em sua substância. O cristianismo em sua origem é heterogêneo e irredutível a uma ortodoxia (cf. Fierro, 1974, 1982). Em terceiro lugar, a relação entre ambas deve ser entendida à maneira hegeliana: como uma relação dialética entre uma e outra que termina em uma síntese integradora e superadora de ambas (Köstenberger, 2010).

Sem entrar na avaliação de cada uma das propostas, há uma pergunta muito simples que podemos fazer a nós mesmos: Como podemos julgar uma heresia como tal se ela não pertence ao que chamamos de regra de fé ou cânone da verdade? "No cristianismo, a dialética ortodoxia-heresia era diferente. Os dados originais de Jesus de Nazaré recebiam a única leitura possível com garantia suficiente das testemunhas diretas, aceitas como tal na comunidade. Foi nessa linha que se estabeleceu a ortodoxia; foi fora desse sulco, mais tarde designado tecnicamente como 'apostólico', e sem prescindir dele, que se falou de heresia, que, portanto, não pode ser definida senão em relação à ortodoxia" (Grossi, 1998, p. 1017-1019).

A heresia nasce como uma tendência teológica legítima. Legítima porque, em sua origem, parte de uma dimensão autêntica da verdade da fé. O problema vem da absolutização que ela faz de uma de suas afirmações e da negação daquelas que ela tem dificuldade de integrar em seu sistema teológico, precisamente por causa dessa absolutização. A heresia geralmente está certa naquilo que afirma, pois é uma parte essencial do dogma da Igreja; mas não está certa naquilo que nega, pois essa parte também pertence ao corpo da verdade. A teologia deve dar conta do todo, em sua complexidade e em seu paradoxo, sem cair na tentação do reducionismo de qualquer tipo. A frase paulina que fala da necessidade de heresias pode ser entendida como a necessidade histórica do pensamento humano de se aproximar de toda a verdade, às vezes caindo em erros inevitáveis.

O estudo de doutrinas heterodoxas não deve ser feito a partir de um julgamento moral dos autores que as sustentaram ou das tendências teológicas que podem ter algo delas hoje. O interesse deve ser mostrar que o pensamento, até mesmo o pensamento teológico, é histórico e que a Igreja, guiada e assistida pelo Espírito, está se movendo em direção à verdade completa. O estudo das doutrinas heterodoxas não deve oferecer um plano para uma busca obsessiva por heresias na teologia contemporânea, mas sim fornecer as ferramentas necessárias para uma compreensão mais profunda da teologia cristã em suas origens, com suas conquistas e sucessos, com seus limites e fracassos, a fim de aprender onde os problemas fundamentais devem ser tratados ao enfrentar os problemas teológicos reais, que, de alguma forma, voltam sempre.

e) As diferentes escolas de teologia

A unidade da fé e a pluralidade na teologia têm sido uma constante ao longo da biografia da teologia desde seus primórdios até os dias atuais. Essa unidade plural já pode ser vista nos vários escritos do Novo Testamento, bem como na teologia inicial dos Pais da Igreja. Entre eles, há uma diversidade de métodos de interpretação dos mesmos dados das Escrituras. O contexto cultural em que a teologia é desenvolvida e os destinatários a quem ela se destina determinam em grande parte a imposição fundamental de cada escola teológica.

Na opinião de Antonio Orbe, um dos maiores conhecedores dessa primeira teologia cristã, a diferença entre as várias escolas tem seu fundamento último na concepção antropológica a partir da qual cada escola trabalha, pois esta condiciona a visão de salvação de que o homem necessita, bem como a reflexão que se faz sobre ela. E não podemos nos esquecer de que, no início da reflexão teológica, a teologia é essencialmente soteriologia, ou seja, a questão de Deus está essencialmente ligada à questão da salvação do homem: "A teologia reflete a antropologia na qual ela se apoia. E não por causa de sua teologia rigorosa, mas porque mesmo esta está inserida na *oeconomia salutis* (*hominis*) e tem a salvação do homem como seu objeto final. Sendo o *homo* definido como *spiritus* ou *anima* ou *caro*", era óbvio definir a teologia em termos de *Salus spiritus/animae/carnis*" (Orbe, 1981, p. 697).

Desse ponto de vista, há três grandes escolas ou correntes teológicas nos primórdios da teologia cristã[115]: a asiática, a alexandrina e a gnóstica (cf. Orbe, 1967, p. 522-576). Suas divergências fundamentais estão na concepção antropológica a partir da qual trabalham, que se traduz em uma compreensão diferente da Escritura e dos mistérios cristãos fundamentais[116]. Duas delas são ortodoxas: a asiática e a alexandrina; e uma heterodoxa: a gnóstica. Todas as três partem da definição clássica e pagã do homem como "animal racional capaz de intelecto e conhecimento", mas cada uma delas procurará enfatizar um aspecto particular e característico. O texto básico é: "Que o próprio Deus, o Deus da paz, os torne perfeitamente santos e conserve todo o seu ser, espírito, alma e corpo sem mácula, para a volta de nosso Senhor Jesus Cristo. Aquele que os chamou é fiel e o cumprirá" (1Ts 5,23), em que se menciona a totalidade do ser humano referindo-se a seus três componentes fundamentais: espírito, alma e corpo. Cada uma das escolas enfatizará um elemento sem quebrar a unidade, exceto o gnosticismo, que falará de três tipos diferentes de seres humanos que são irredutíveis uns aos outros.

1) Teologia asiática

A escola asiática, cujos principais autores são Irineu e Tertuliano, enfatiza o corpo (tradição paulina) e, além disso, o ser humano entendido como carne (tradição joanina). Essa escola enfatiza a extrema pobreza e a fragilidade do ser humano. A origem do homem é a *sarx*, a lama da terra, mas seu destino é a glória do Criador (cf. Orbe, 1992, p. 267)[117].

---

115. Sobre o fenômeno das escolas na Antiguidade, cf. Pelland (1994, p. 431-467, em espec. p. 431-442, 458-467).

116. "A definição clássica do homem como 'animal racional mortal, suscetível de intelecto e conhecimento' não se aplica aos autores cristãos do século II. Os eclesiásticos gostariam de caracterizá-lo como 'animal racional carnal, suscetível à visão de Deus', ou também 'plasma feito à imagem e semelhança de Deus': com ênfase em sua origem humilde e seu destino divino. Os gnósticos o definiriam como 'vivo (configurado) à imagem de Deus', com uma forte ênfase na forma" (Orbe, 1967, p. 576).

117. O autor aponta como a famosa frase de Santo Irineu poderia ser perfeitamente assumida pela gnose valentiniana. O significado dado pelo bispo de Lião a essa abordagem gnóstica é que o homem, em sua carne, é chamado à claridade e à glória do Pai Criador.

O homem, criado à imagem de Deus, deve progredir, sustentado pelas mãos do Pai, até alcançar a semelhança: *"Homo caro capax Dei est"*. Em contraste com a explicação gnóstica que enfatiza o pneuma, por um lado, e o retorno à origem e à unidade original perdida, por outro, Irineu enfatizará o aspecto carnal do ser humano, bem como a progressão do início ao fim (cf. Irineu de Lião, *Demonstração da pregação apostólica*, 11)[118]. A carne que é o homem será transformada em uma carne gloriosa como a do Filho, que foi glorificado pelo Espírito na ressurreição (cf. Hilário de Poitiers, *Tractatus super psalmos*, 150; Pelland, 1993b, p. 618-614).

2) Teologia alexandrina e antioquena

A antropologia da escola alexandrina enfatiza a alma, embora sem negar o resto, já que tanto para Clemente de Alexandria quanto para Orígenes, dois autores proeminentes dessa escola, é o homem todo que será salvo. A insistência na alma é entendida pelo contexto cultural no qual ela se desenvolve e que deve ser evangelizado (Cf. Balthasar, 1985a, p. 123-132; Leonard, 1985, p. 28-32). De acordo com Clemente, auxiliado pela filosofia estoica, o homem é uma unidade, não de elementos da mesma ordem que formam uma *craxis*, mas de elementos diversos hierarquicamente unidos por um superior e constituindo uma *parathesis*. O homem é uma síntese viva, organizada e hierarquizada pelo elemento superior, que é alcançado não automaticamente, mas por meio do exercício da liberdade, em um processo permanente (*epektasis*) que começa no Batismo e atinge sua consumação na visão. Assim começa uma longa jornada para o homem, cujo alfa e fundamento é a fé (*pistis*), e cujo ômega e consumação é o conhecimento (*gnosis*), construído sobre o fundamento da fé (Balthasar, 1985a, p. 129).

A abordagem de Orígenes é mais rica e mais complexa, pois não pode ser apresentada em um único esquema, mas de diferentes perspectivas. Em uma primeira abordagem, Orígenes considera o homem como uma alma. Mas a "alma" deve necessariamente ter uma especificação ou determinação característica, seja da *sarx*, seja do *pneuma*. Se, na liberdade,

---

118. Essa é uma das diferenças fundamentais com a gnose valentiniana. Contra uma conversão da escatologia em protologia, Santo Irineu elaborará uma autêntica teologia da história e do progresso.

ele optar pela primeira, será um homem carnal e, se optar pelo segundo, será um homem espiritual. A vida consiste em uma luta permanente, um combate espiritual entre essas duas tendências irredutíveis e inalienáveis, entre as quais o homem deve tentar encontrar seu justo meio ou equilíbrio. Sua segunda perspectiva considera que a alma é criada por Deus à imagem da verdadeira imagem de Deus, que é Cristo. Somente a Palavra é a verdadeira imagem de Deus. O homem é considerado como uma bússola que aponta sempre para a única imagem verdadeira, que é Cristo. Toda a história do homem é a transformação da alma, puxando e atraindo seu corpo em direção a ela, a fim de conformá-lo à única Imagem verdadeira, real e autêntica. A verdade do homem, sua vocação mais original e íntima, consiste em caminhar em direção ao Logos (cf. Orígenes, *Filocalia*, 8).

Teologia antioquena. No século IV, essa Escola de Alexandria encontrará outra escola teológica que de forma legítima enfatizará aspectos diferentes: a Escola de Antioquia.

Assim, em contraste com uma exegese que prioriza a exegese alegórica e o sentido espiritual da Escritura, a Escola de Antioquia enfatiza seu sentido literal (Luciano, Diodoro de Tarso, Teodoro de Mopsuéstia). Em contraste com uma cristologia que trabalha a partir de um esquema *Logos-sarx* para entender a encarnação da Palavra, enfatizando o papel e o protagonismo da pessoa divina de Cristo, a Escola de Antioquia trabalhará a partir de um esquema *Logos-antropos*, com uma sensibilidade maior para enfatizar a humanidade única de Jesus Cristo. Ambas as ênfases e escolas de exegese são legítimas, desde que a primeira afirme a verdade e a integridade da natureza humana assumida pelo Verbo (em oposição ao apolinarismo), e a segunda afirme claramente a unidade pessoal de Cristo na pessoa divina (em oposição ao nestorianismo).

3) Teologia gnóstica

Não podemos entender a teologia dos séculos II e III sem levar em conta que muitas de suas afirmações são uma refutação da teologia gnóstica (Brakke, 2013), especialmente da teologia valentiniana. No século II, "a luta contra o gnosticismo é um fator decisivo no processo de consolidação ou constituição da grande Igreja" (Trevijano, 1995, p. 67). O gnosticismo é um movimento muito complexo e muito difícil de se delimitar e erradicar, porque "não é uma ruptura, mas um deslizamento que se desgarra" (Manaranche, 1996, p. 19). De fato, há autores hoje que falam de um retorno do gnosticismo, sob diferentes formas e disfarces (cf. Sudbrack, 1997, p. 474-485; Manaranche, 1996, p. 19-88)[119], que estabelece um desafio renovado à Igreja (Figura, 1997, p. 486-484).

Ramón Trevijano apontou quatro aspectos centrais de seu sistema teológico: a) Conhecimento teosófico e antroposófico. O homem se reconhece em seu eu profundo como parte integrante da divindade. b) Dualismo anticósmico, entre o eu profundo e o mundo. c) Ele radicaliza essa divisão entre o eu e o mundo projetando-a na divindade: o mundo não vem diretamente de Deus, mas de uma divindade inferior. d) Essa concepção dualista da realidade é elaborada sobre um fundo monista, que se expressa, com o recurso à mitologia, em um duplo movimento de degradação e reintegração na divindade (Trevijano, 1995, p. 72). A salvação é a reintegração desses elementos no *pleroma* (a escatologia é identificada com a protologia) (Trevijano, 1995, p. 75)[120].

Como aponta Ysabel de Andía (1997, p. 452-473, em espec. p. 471-472), a falsa gnose constitui uma perda de unidade: da unidade de Deus, da unidade da Escritura (Antigo Testamento – Novo Testamento), da unidade da Igreja. Destrói a unidade da fé da Igreja e a unidade do homem, pois, ao dividir o homem em três partes, não só menospreza a carne do homem, mas também sua razão, pois a gnose quer passar da ignorância do Deus desconhecido (agnosticismo) à gnose secreta sem a necessária mediação racional (gnosticismo). "Essa passagem do agnosticismo ao gnosticismo se repete novamente em nossa época, que, cansada do ceticismo de um racionalismo sem espírito, volta-se para um espiritualismo

---

119. O autor apresenta os novos gnosticismos: fé nos limites da mera razão; fé nos limites da subjetividade; fé nos limites do existencial; fé nos limites da história; fé nos limites da utilidade social; fé nos limites da antropologia.

120. O Deus transcendente é um Deus que se comunica em uma série de emanações (30, segundo os valentinianos), que constituem a plenitude da divindade. Desse Deus (o Pai, o incompreensível, o inconcebível) procede diretamente o Todo divino e, em última análise, não há nada que não seja, de alguma forma, derivado dessa única realidade absoluta. Ora, como explicar a multiplicidade real a partir desse monismo radical (unidade)? A multiplicidade, o mundo, é o fruto da queda do último dos *éons* (*Sophia*) emanado do Pai. Esse *éon* deixou o *pleroma*, permanecendo no vazio exterior. Como um *"big bang"* mítico, ele deu origem à eclosão de todo o conglomerado atual de elementos divinos, o psíquico e o material.

no qual a razão não tem mais lugar" (Andía, 1997, p. 472)[121]. Diante dela, o cristianismo defende a espiritualização e a verbificação da carne do homem por meio do Espírito-Amor e do Filho-Logos de Deus (Andía, 1997, p. 472).

f) Agostinho de Hipona: uma encruzilhada

Agostinho de Hipona (354-430) foi o maior teólogo da Igreja latina na Antiguidade. Ele levaria a teologia ocidental à maturidade e lhe ofereceria contribuições que seriam decisivas para seu futuro, exercendo uma enorme influência sobre a teologia posterior. Agostinho não era um teólogo de gabinete. Ele elabora sua teologia a partir da experiência de sua conversão, da tarefa apostólica que tem de realizar e das diferentes crises que tem de enfrentar na Igreja e na sociedade. Sua teologia, levando em conta o desenvolvimento histórico, pode ser considerada, com razão, uma teologia cristocêntrica, em que o problema central continua sendo o problema fundamental de toda a teologia patrística: a salvação do homem. Seguindo a excelente síntese feita pelo estudioso beneditino da patrística Basil Studer (1978, p. 158-159), podemos resumir sua trajetória teológica em cinco estágios.

O primeiro estágio está relacionado à sua própria conversão, que consistiu fundamentalmente em uma controvérsia com o maniqueísmo e o platonismo. Agostinho falou de Cristo como *auctoritas*, *via*, *patria*. Dessa forma, ele respondeu a seus próprios problemas acerca do conhecimento religioso, bem como às profundas aspirações de seus contemporâneos sobre o desejo de buscar a verdade e o amor (Agostinho de Hipona, *Confissões*). Em segundo lugar, o trabalho teológico de Agostinho tem de enfrentar a controvérsia donatista. Sua resposta também seria cristológica, pois ele afirmaria sem ambiguidade a presença de Cristo na Igreja, que garante a *communio sanctorum* e, por meio da santidade dos sacramentos, a *societas sanctorum*. A autoridade de sua presença sempre permanece na Igreja, que, unida a Cristo, forma o *totus Christus*. Em terceiro lugar, de 412 até o fim de seus dias, Agostinho teve de lidar com a controvérsia

---

121. Não deveríamos entender nesse contexto uma das principais insistências de Joseph Ratzinger, como teólogo, e mais tarde do Papa Bento XVI? Cf. o novo prólogo à obra de J. Ratzinger (2006b); Bento XVI (2006).

pelagiana. E, mais uma vez, sua resposta foi fundamentalmente cristológica. Cristo não é apenas exemplo ou modelo para a vida cristã, mas também *adiutorium*, fonte de graça. A morte de Jesus é *exemplum et sacramentum*. Em quarto lugar, Agostinho teve de elaborar uma nova teologia da história para enfrentar o problema da queda e do desaparecimento do Império Romano. Aqui temos que colocar sua grande obra *De civitate Dei*, há muito preparada. Nela, Cristo, sua encarnação, sua presença permanente na história (XI-XXII) está no centro. Finalmente, em seus últimos dias, Agostinho teve que enfrentar problemas cristológicos propriamente ditos (diante de Leporius, que havia sido chamado de Nestório do Ocidente). Nesse ponto, ele esclareceria as posições sobre a unidade pessoal de Cristo que havia desenvolvido anteriormente em face dos arianos.

g) A síntese tardia

Finalmente, nesse primeiro estágio da teologia cristã, tão fértil e rico em propostas e nuanças, devemos ter em mente outra série de obras que pertencem a um período posterior ao que normalmente consideramos como patrística. Esse estágio é importante não tanto para a criação teológica, mas para o esforço de sistematizar e transmitir o florescente estágio anterior. Aqui devemos mencionar as obras de Máximo o Confessor (579-655) e João Damasceno (650-750).

Máximo o Confessor, tornou-se o melhor intérprete e defensor da fé calcedônia na controvérsia contra os monotelitas. Toda a sua obra é regida pela ideia de síntese[122]. Cristo é a síntese na qual o mistério de Deus e do homem são unidos sem confusão e separação, onde a liberdade deste último na presença suprema de Deus não apenas não diminui, mas cresce e aumenta, sendo Deus a possibilidade infinita de seu aumento e promoção (Máximo o Confessor, *Opuscula theologica*, 91, PG 96 D-97A)[123].

João Damasceno pode ser considerado o último representante da teologia patrística. Sua obra constitui um passo essencial do Símbolo para a

---

122. Essa é a tese principal da grande obra sobre esse autor (cf. Balthasar, 1961).

123. Essa afirmação foi retomada por K. Rahner (1972, p. 559); K. Hemmerle (2005, p. 55-56). Essa ideia já está refletida na obra de Irineu de Lião, *Adversus Haereses*, III, 20, 2-3, e em Leão Magno, *Tomus ad Flavianum*, 3, 17 (*humana augens*) (Simonetti, 2003, p. 426).

Suma[124], ou seja, para a articulação da teologia que será elaborada durante a Escolástica. Sua principal obra é intitulada *Fonte da gnose*. Há três partes nessa obra: 1) *"Capitula philosophica"*; 2) *"Liber de haeresibus"*; 3) *"Expositio fidei"* (*"De fide orthodoxa"*) (João Damasceno, 2003). Essa última parte, a mais conhecida de sua obra, é a mais influente, especialmente por causa da maneira como divide seu conteúdo[125]. Se até aquele momento a teologia estava centrada na relação entre *theologia* (o mistério de Deus) e *oikonomia* (sua revelação e salvação na história), João Damasceno introduz de forma explícita e sistemática os problemas relativos à criação do mundo e do homem, bem como aqueles relativos à vida moral e sacramental, estabelecendo assim a forma na qual a síntese teológica seria posteriormente realizada nas sentenças e, mais tarde, na suma.

3 Do Símbolo às sentenças

O segundo grande estágio na biografia da teologia coincide com a transição do Período Antigo para a Idade Média. Como já dissemos, Agostinho de Hipona seria o autor mais influente em termos do conteúdo concreto da teologia, assim como o *De fide orthodoxa* de João Damasceno seria o mais influente em termos de sua estrutura. Lentamente, houve uma mudança de uma teologia centrada nas Escrituras e na liturgia para uma teologia centrada na tradição patrística, iluminada pela razão crítica e dialética. Ordem e sistema foram impostos, em oposição a comentários e glosas. Uma tendência que se forjaria primeiro nas sentenças e depois nas sumas de teologia.

a) Anselmo de Cantuária: a racionalidade da incompreensibilidade de Deus

O autor mais importante e significativo nesse estágio é, sem dúvida, o monge beneditino Anselmo de Cantuária (1033-1109). Ele foi capaz de realizar uma bela síntese entre a teologia patrística e o novo pensamento

---

124. A expressão é tomada de um artigo clássico de Grillmeier (1975, p. 585-636).

125. A estrutura é a seguinte: 1. Trindade (cap. 1-14); 2. Criação e antropologia (cap. 15-44); 3. Cristologia (cap. 45-81); 4. Sacramentos, moral, etc. (cap. 82-99); 5. Ressurreição (cap. 100).

dialético que se desenvolveria na Idade Média. Anselmo será chamado de "pai do escolasticismo" com o programa de teologia que ele resumiu magistralmente como a fé que busca compreender ("*fides quaerens intellectum*").

Um exemplo dessa nova teologia é sua conhecida declaração sobre a possibilidade de "conhecimento ontológico de Deus", a partir da qual ele pretende fornecer um argumento racional para a existência de Deus. Descartes refletiu sobre a possibilidade desse conhecimento na quinta de suas *Meditações metafísicas* e, mais tarde, Kant o chamou com a famosa expressão "argumento ontológico" na *Crítica da razão pura*. Talvez por essa razão, sua teologia tenha sido injustamente criticada como racionalista, não entendendo o significado profundo do que Anselmo chamou de razões necessárias e não compreendendo o profundo dinamismo de colocar o excesso de pensamento sobre Deus, ou seja, a ideia de Deus, acima da qual nada pode ser pensado. A expressão "razões necessárias" não significa, como geralmente tem sido entendido, que sua teologia é uma dedução racional construída *a priori* dos artigos de fé, mas uma expressão racional da obediência da fé. Elas são a expressão da coerência interna da economia da salvação e expressam o desenvolvimento da racionalidade interna do credo da Igreja (Corbin, 1988, p. 291, nota a).

A obra de Anselmo é polarizada por esse evento de Deus que ultrapassa todas as palavras e todo o conhecimento. Para Anselmo, a teologia consiste em pensar e dizer esse *magis* de Deus. A isso ele dedica uma de suas obras mais importantes, *Cur Deus homo*, na qual ele inicia explicitamente uma reflexão teológica específica que chamamos de soteriologia. Apesar da dificuldade e estranheza de sua linguagem e forma de expressão, essa tem sido uma das obras teológicas mais malcompreendidas ao longo da história, especialmente em nossos dias. Nela, Anselmo elabora uma doutrina de salvação que nada tem a ver com a honra feudal ou com a ofensa que exige reparação na medida da ofensa.

Anselmo rejeita desde o início dessa obra qualquer ideia perversa da necessidade de um sacrifício de inocentes para apaziguar Deus por nossa redenção (Anselmo de Cantuária, *Cur Deus homo*, I, 10). A categoria "honra de Deus", central na soteriologia de Anselmo, deve ser entendida não tanto a partir do contexto cultural em que ele vive, mas como a tradução adequada àquele momento histórico da categoria bíblica de glória,

glória de Deus, entendida fundamentalmente como manifestação da santidade de Deus e do peso (*pondus*) de seu amor pelo homem. Na realidade, a compreensão da justiça, que Anselmo toma da Bíblia, não consiste na expiação dos pecados (termo que não aparece em toda a sua obra) ou na satisfação da honra ofendida, mas na capacidade dada por Deus ao homem de forma gratuita, para que ele mesmo pague a dívida ou, em outras palavras, para que se eleve para unir-se realmente a Deus como seu verdadeiro filho. Por meio dessa libertação da liberdade criada, o homem se torna capaz de responder, no impulso de um amor livre maior, um amor preveniente e superabundante (Anselmo de Cantuária, *Cur Deus homo*, II, 20; cf. Jo 1,12).

O acento de sua soteriologia é colocado na categoria da Aliança ou no desejo de Deus de suscitar no amor um parceiro autêntico e livre que responda ao amor livre e gratuito de Deus, um amor que é primeiro e sempre maior do que podemos pensar ("*quo maius cogitari nequit*") (Anselmo de Cantuária, *Proslogion*, 2), embora isso não signifique que perca o direito e a força de se fazer entender em sua incompreensibilidade ("*consideratio rationabiliter incomprehensibili esse*") (Anselmo de Cantuária, *Monologion*, 64; cf. Balthasar, 2004, p. 137). A teologia consiste justamente em perceber e estar atento a essa racionalidade da incompreensibilidade do excesso e do amor de Deus (Cordovilla, 2014a, p. 205-226).

b) Da "lectio" à "quaestio"

A mudança mais significativa nesse período está no método teológico. Se até agora o método dominante havia sido a interpretação da Escritura, no qual a teologia era entendida fundamentalmente como uma leitura da palavra de Deus (*lectio divina* ou *sacra pagina*), agora um novo método começa a ter seu ponto de partida na pergunta (*quaestio*), lançando as bases para que a teologia seja entendida como uma articulação racional do conteúdo da fé (*sacra doctrina*). Isso não ocorre porque a *lectio* deixa seu lugar, mas porque a *quaestio* e a *disputatio* apareceram ao lado dela, substituindo gradualmente a primeira em benefício das outras duas. Em outras palavras, esse período viu o início do método dialético.

Pedro Abelardo (1079-1142). O primeiro autor mais significativo a usar esse método foi Pedro Abelardo, considerado o precursor do nominalismo, que questionou a existência dos universais em virtude de uma filosofia do indivíduo e do concreto. Ele foi professor e diretor da importantíssima Escola de Paris. Sua maior contribuição é a análise sistemática das doutrinas tradicionais de um ponto de vista filosófico. Abelardo escreveu três grandes obras de teologia: *Theologia Summi boni* (1120), condenada e queimada no Sínodo de Soissons, *Theologia christiana*, uma edição nova e bastante ampliada de sua obra anterior (1123-1125) e, finalmente, *Theologia scholarium*, publicada dez anos depois (1134-1135)[126].

Uma de suas obras mais originais é *Sic et non*. Essa obra consiste em um prólogo e duas partes principais. A primeira parte reúne afirmações da Escritura, dos Padres e dos concílios, embora as mais abundantes sejam as dos Padres. O livro é composto de 158 capítulos. Sua estrutura básica é dividida em três partes: fé, sacramento e caridade. A característica mais marcante desse livro é que cada um dos capítulos é composto de opiniões patrísticas aparentemente contraditórias, que falam a favor de e contra um argumento ou afirmação teológica (Mews, 1998; Wieland, 1993, p. 9-10; Jolivet, 1995; Niggli, 2003a). Especialistas nesse autor destacam que a novidade dessa obra de Abelardo não está tanto no dossiê de afirmações contraditórias, nem mesmo na estrutura da obra, já que anteriormente essa mesma fórmula havia sido usada por seu mestre Anselmo de Laon e Guilherme de Saint-Thierry em sua obra *De sacramentum altaris*, mas no prólogo ele escreve sobre questões metodológicas, constituindo quase um autêntico manifesto do método escolástico na teologia (Bezner, 2003, p. 661).

Bernardo de Claraval (1091-1153). A história da Igreja e da teologia colocou Bernardo de Claraval nos antípodas de Abelardo. Enquanto o teólogo parisiense tem sido considerado um dos maiores expoentes de uma teologia racional e dialética com um forte senso crítico, o monge cisterciense é considerado como tendo desenvolvido uma teologia mística e monástica, articulada fundamentalmente a partir dos elementos ascético-contemplativos da teologia patrística (cf. Leclercq, 1965; Gilson, 1987). Como sempre, as linhas gerais são úteis para uma primeira abordagem, mas depois temos que esquecê-las e deixá-las, a fim de realmente entrar nos textos e na teologia dos autores, que sempre nos mostram uma maior variedade e complexidade de tendências e posições.

---

126. Sobre o conteúdo e a função dessas três obras, cf. Niggli (2003b, p. 246-248).

c) As sentenças: uma nova forma de síntese teológica

O grande sistematizador desse período foi Pedro Lombardo (1095-1160), que pertencia à escola teológica de Paris, especificamente à de Notre-Dame. A partir do novo método teológico centrado na *quaestio*, inaugurado por Abelardo, o mestre parisiense tentou articular toda a teologia em um livro que teria uma influência central na teologia: as *Sentenças*, escritas por volta de 1156-1158. A obra é uma coleção de declarações dos Padres (*patrum sententie*) articuladas em 933 capítulos que começam com uma pergunta (*quaestio*). A obra é dividida em quatro livros estruturados da seguinte forma: o primeiro livro é dedicado a Deus e à Trindade, e consiste em 210 capítulos; o segundo livro trata da criação visível e invisível, do homem e de sua queda, em 269 capítulos; o terceiro livro trata da cristologia e da salvação, com 164 capítulos; e, finalmente, o quarto livro, dedicado aos sacramentos e à escatologia, composto de 290 capítulos. Embora, em 1170, o Papa Alexandre III, em uma carta ao Arcebispo Guilherme de Sens, tenha expressado sua discordância com um aspecto da cristologia de Lombardo que significava que ele não enfatizava suficientemente a plena humanidade de Cristo (niilismo cristológico)[127], sua obra se tornaria o manual fundamental para o estudo teológico até que o Concílio de Trento, no século XVI, a substituísse pela *Suma* de São Tomás.

4 Das Sentenças à Suma

As sentenças marcaram a transição de uma teologia bíblica narrativa para uma teologia crítica e especulativa. Mas essa forma tinha a desvantagem de incentivar a dispersão e a fragmentação. A partir do século XII surgiu uma nova forma e uma nova estrutura para a teologia: a *Summa*. Diante da dispersão e do caos no estudo teológico causado pelo comentário sobre as *Sentenças* de Lombardo, ou pelas inúmeras notas e glosas que são integradas à Bíblia no decorrer de sua leitura e interpretação, a *Summa* tenta resumir, articular e colocar em ordem todo o conteúdo anterior. De agora em diante, a fim de mostrar a racionalidade da fé, não é mais o argumento específico sobre uma determinada questão que é tão importante, mas a harmonia interna do todo.

---

127. Carta *Cum in nostra* do Papa Alexandre III ao Arcebispo Guilherme de Sens (DH 749).

a) A suma: o triunfo da pedagogia

A suma da teologia facilita significativamente seu ensino. Com uma estrutura simples e um método comum, as questões fundamentais da teologia são organizadas de forma sistemática. Alexandre de Hales (1185-1245), Alberto Magno (1206-1280) e Tomás de Aquino (1225-1274) foram os teólogos mais importantes no desenvolvimento de várias súmulas. Dos três, o mais significativo é Santo Tomás que, junto com Santo Agostinho, será considerado o grande teólogo da tradição teológica ocidental. Aquino dá à razão um papel importante na reflexão teológica, colocando sua interpretação de Aristóteles como base de sua teologia, com uma forte visão otimista da realidade. Sua obra mais importante é a *Summa theologiae*, com uma construção transparente e rigorosa, que, no entanto, ele deixou incompleta.

Já mencionamos que o principal objetivo dessa obra é fundamentalmente pedagógico, por isso sua estrutura é muito simples. Em um esquema circular, no qual Deus sai de si mesmo para o mundo e para o homem, e retorna a si novamente por meio de Cristo, entendido como o caminho, Santo Tomás expõe o conteúdo fundamental da teologia cristã. Esse esquema foi descrito em termos do esquema neoplatônico *exitus-reditus*, mas, independentemente dessa referência, não há dúvida de que esse esquema simples está no centro da estrutura da história da salvação, como pode ser visto nos hinos cristológicos encontrados no Novo Testamento (Ef 1,3-14) e nas declarações do Evangelho de João: "Saí de Deus e estou voltando para Deus" (Jo 16,28). Após o prólogo no qual Santo Tomás explica a razão pedagógica para escrever a *Summa de theologia*, ele explica brevemente sua estrutura:

> Portanto, uma vez que o objetivo principal desta doutrina sagrada é o conhecimento de Deus, e não apenas como ser, mas também como princípio e fim de todas as coisas, especialmente das criaturas racionais, como foi demonstrado (q. 1, a. 7), em nossa tentativa de expor esta doutrina, trataremos do seguinte: primeiro, de Deus; segundo, da marcha do homem em direção a Deus; terceiro, de Cristo, que, como homem, é o caminho em nossa marcha em direção a Deus (Tomás de Aquino, *Suma de teologia*, I, q. 2).

b) Tomás de Aquino, o teólogo

Tomás de Aquino também é uma encruzilhada na história da teologia. Ele reúne toda a história da teologia antes dele e abre um novo caminho. No entanto, é preciso ter em mente que isso não aconteceu imediatamente. Além das dificuldades que ele encontrou durante sua vida por introduzir Aristóteles em sua teologia e lutar pela presença da teologia como ciência nas universidades nascentes, deve-se observar que sua obra não teve uma influência geral na Igreja até o século XVI. A partir dessa época, a *Summa* se tornou o livro-texto de teologia, e ele o autor mais influente na teologia latina ocidental, especialmente na teologia católica.

Infelizmente, porém, com o passar do tempo, a leitura desse autor foi feita por meio de seus discípulos e comentaristas que não tinham nem seu gênio nem seu conhecimento. Houve uma dupla redução na leitura de sua obra: em primeiro lugar, em sua própria obra, já que as diferentes obras que ele escreveu, especialmente seus profundos comentários bíblicos e literatura espiritual, foram esquecidas para se concentrar na que era acadêmica: a *Summa*. E, em segundo lugar, esta última foi interpretada a partir da leitura oferecida por autores posteriores, que não tinham a formação nem o conhecimento do mestre.

Em uma meditação muito bonita e profunda sobre a figura de Tomás de Aquino, Karl Rahner destacou três características essenciais de sua teologia, que podem e devem ser buscadas por qualquer teólogo que se preze. Em primeiro lugar, há sobriedade e objetividade na apresentação das declarações teológicas. Na opinião do teólogo jesuíta, qualquer pessoa que ler a *Suma teológica* perceberá imediatamente que seu autor nunca aparece na primeira pessoa, mas sempre em uma presença humilde e contida. Em segundo lugar, sua teologia provém da profundidade de sua própria vida espiritual. Essa perspectiva não foi suficientemente enfatizada pela teologia posterior, mas devemos reconhecer, juntamente com Jean-Pierre Torrell, que Tomás de Aquino é realmente um mestre espiritual. Sua teologia, "seguindo os passos de João Evangelista e dos Padres da Igreja, tem uma orientação claramente contemplativa, tão profundamente espiritual quanto doutrinária" (Torrell, 1998b, p. 6). E, em terceiro lugar, em conexão com essa característica, sua teologia é a de um místico que viveu da adoração diante do mistério incompreensível de Deus, e diante do qual toda linguagem teológica fica aquém e pequena (cf. Rahner, 2006, p. 201-204). Se o ato de crer não termina nas fórmulas do credo, mas na própria realidade divina[128], podemos entender que, diante da proximidade do mistério de Deus, Tomás considerava toda a sua obra como palha a ser queimada pelo fogo do amor que excede todo conhecimento e entendimento[129].

c) A teologia como ciência e sabedoria

Embora a pluralidade teológica manifestada nas escolas patrísticas e nas diferentes escolas de teologia no início do escolasticismo continue, um fenômeno de unificação está ocorrendo gradualmente. No entanto, a pluralidade e a diversidade dos métodos teológicos continuam sendo uma constante na biografia da teologia.

Não podemos falar de Tomás de Aquino sem mencionar seu oponente: Boaventura de Bagnoregio (1221-1274), teólogo que representou os antípodas de Santo Tomás e que exerceu enorme influência sobre a chamada escola franciscana, mais preocupada com uma teologia cordial, que leva em conta mais explicitamente a vida do Espírito no homem e a profundidade espiritual da devoção popular. Se Tomás de Aquino representa a legítima e profética reivindicação da teologia como ciência no ambiente universitário, juntamente com outras ciências e ramos do conhecimento, Boaventura representa a legítima e profética reivindicação de que a teologia é uma ciência especial que tem mais a ver com a sabedoria humana e divina do que com ciência positiva. Boaventura reivindica a teologia como o itinerário do homem em direção a Deus a partir do seguimento de Cristo, a chave e a síntese de todo o conhecimento teológico (cf. Hemmerle, 1975; Carpenter, 2006).

5 Da suma às confissões

Quando a *Suma* de Tomás de Aquino é imposta como manual e forma determinante do trabalho teológico, surge uma nova forma de teologia

---

128. *"Actus autem credentis non terminatur ad enuntiabile sed ad rem"* (Tomás de Aquino, *Suma de teología* II-II, q. 1, a. 2, ad 2).

129. Dessa perspectiva deveríamos entender a lenda que diz que Tomás de Aquino, no final de seus dias, decidiu não escrever mais nada e queimar tudo o que já havia escrito (cf. Torrell, 1994).

que desejará contornar essa mediação escolástica. Em um primeiro momento, a serviço da reforma da Igreja e, finalmente, a serviço das diferentes confissões.

a) Lutero: a experiência faz o teólogo

É difícil classificar a obra de Lutero (1483-1546). Por um lado, ele pertence à espiritualidade e à piedade do final da Idade Média, algo muito evidente em sua polêmica e controvérsia com Erasmo sobre a liberdade humana, mas, por outro lado, ele inaugura o período que chamamos de Idade Moderna, pois coloca a experiência e a liberdade no centro de sua problemática teológica, duas questões que serão centrais na Modernidade. Se a teologia escolástica estava centrada nos conceitos de natureza e pessoa, ambos compreendidos a partir do que podemos definir de forma geral como uma metafísica da substância, agora, com Lutero, vemos o início do que tem sido chamado de uma metafísica da subjetividade (cf. Hünermann, 1997, p. 270-275). O monge agostiniano tem clara consciência da ruptura com o passado, especialmente com a teologia que utiliza como instrumento essencial a metafísica clássica aristotélico-tomista, na qual a *analogia entis* estabelece a mediação necessária e a textura unificadora necessária para a elaboração de uma teologia sistemática e equilibrada. Em contraste com essa teologia escolástica, Lutero propôs um retorno à Bíblia sem mediações metafísicas, uma teologia existencial e querigmática que coloca em primeiro plano a relação entre a *historia salutis* e a experiência humana concreta. A esse respeito, a expressão de Lutero é muito significativa: "O que os outros aprenderam na teologia escolástica, que julguem por si mesmos. Ali perdi Cristo, e agora eu o recuperei em São Paulo". Mas não podemos ser ingênuos, pois ninguém trabalha em um vácuo filosófico. Sem filosofia não há teologia, e toda leitura e interpretação das Escrituras, da Tradição eclesial, da própria experiência pessoal realiza-se a partir de uma determinada metafísica ou filosofia, assumida explícita ou implicitamente. Lutero herdou uma nova metafísica transcendental (D. Escoto, G. Ockham, G. Biel), que rompeu com a metafísica tomista (*analogia entis*) e abriu um novo caminho (moderno) na vontade. A teologia de Lutero é claramente influenciada pelo escotismo, aquela escola teológica que é entendida em oposição ao tomismo, especialmente em sua concepção de metafísica. Essa escola enfatiza o amor como a categoria que melhor expressa a essência de Deus, da qual se deduz a primazia da vontade, da liberdade e da individualidade, juntamente com um caráter existencialista e crítico de sua teologia (cf. Rahner, 1961, p. 336). Daí a famosa expressão do teólogo agostiniano de que *"experientia facit theologum"*; somente ela constitui a base da teologia e nos torna teólogos[130].

Não se pode negar que Lutero tirou a teologia de seu esquema excessivamente formal e a colocou novamente em uma chave eminentemente bíblica e soteriológica. Nesse sentido, ele se conecta com a melhor teologia patrística e, até certo ponto, torna seus textos mais contemporâneos e mais fáceis de entender do que os de Anselmo e Tomás de Aquino. Lutero é um grande teólogo e místico, que reconduz a teologia às suas fontes, em um momento em que ela poderia estar estagnada em mesquinharias inúteis. Mas sua maior dificuldade está na escolha metafísica e filosófica, explícita ou implicitamente assumida. Lutero trabalha a partir da filosofia nominalista de Guilherme de Ockham, transmitida por Gabriel Biel. Tudo é puro ato, sem consistência metafísica e sem mediação pessoal.

Por essa razão, também acho justo observar que o teólogo da Reforma não tem a mediação filosófica necessária para apoiar e fundamentar muitas de suas intuições de forma adequada e apropriada, que terão de ser purificadas, refinadas e desenvolvidas posteriormente. Por exemplo, Lutero está muito certo ao entender a doutrina da graça e da justificação como um relacionamento. O ponto de vista está correto, conforme expresso no decreto sobre a justificação assinado pela Igreja Católica e pela luterana, mas faltou a Lutero a mediação de uma filosofia personalista e de uma metafísica do relacionamento para compreender verdadeira e completamente o escopo de sua descoberta" (cf. Menke, 2006). O mesmo pode ser dito de sua compreensão de Deus a partir de sua revelação na história e não de uma metafísica prévia, o que torna impossível pensar em toda a sua profundidade o que a encarnação de Deus e a morte do Filho significam e implicam para a compreensão do ser de Deus[131].

---

130. *"Experientia, [quae sola] facit theologum"*, Lutero, capítulo 4 de sua Lição sobre Isaías (1527-1529). Tomado de Batlogg (2001, p. 119).

131. Sobre esse tema, cf. Gesché (2007).

b) O lugar (confessional) da teologia: Philipp Melanchthon e Melchior Cano

A teologia de Lutero foi uma autêntica revolução em sua época e provocou uma verdadeira renovação. No entanto, Lutero causou uma ruptura confessional na teologia latina ocidental, cujas consequências ainda são irreversíveis. A unidade alcançada na síntese tomista tornou--se uma ruptura em diferentes teologias confessionais, não apenas entre o catolicismo e o protestantismo, mas também dentro do próprio protestantismo (calvinismo, luteranismo etc.). Se a pluralidade tem sido uma nota dominante na teologia desde suas origens, agora parece que essa pluralidade está se movendo em direção a um pluralismo irreconciliável.

Os dois autores mais representativos dessa nova teologia confessional (e nesse sentido de controvérsia) são Philipp Melanchthon (1497-1560), do lado luterano, e Melchior Cano (1509-1560), do lado católico. Ambos foram grandes sistematizadores de suas respectivas dogmáticas e métodos teológicos. Como já afirmamos em outro lugar, Jared Wicks percebeu claramente a distinção fundamental entre os dois métodos. Enquanto Melanchthon, seguindo Lutero, realiza um processo contínuo de concentração e redução ao máximo do adjetivo *sola* ("*Scriptura*", "*fides*", "*gratia*", "*Deus*"), Melchior Cano faz o caminho inverso: amplia a perspectiva ao máximo possível (dez lugares teológicos), admitindo certa hierarquia e estrutura, pois dá inquestionável primazia à Escritura e à Tradição, em suma, à compreensão da Escritura na Igreja.

O primeiro escreveu sua obra *Loci communes* (1521) como um guia fundamental para o estudo da Sagrada Escritura, tendo a Carta aos Romanos como fonte de inspiração e com um forte cunho soteriológico. Em contraste com os problemas especulativos dogmáticos da teologia escolástica, Melanchthon se concentra nas ações salvíficas de Cristo. Um programa que, a princípio, é libertador e muito atraente, mas que, a longo prazo, se volta contra a doutrina da própria Escritura. Uma Escritura sem um lugar autorizado para guardá-la e protegê-la dos vários sistemas filosóficos que implicitamente agem como pré-compreensões, a partir das quais ela é de fato interpretada, acaba esvaziando o próprio conteúdo da Escritura. Ao lado da obra de Melanchthon devemos mencionar novamente o *De locis theologicis*[132] de Melchior Cano. Trata-se de um texto de metodologia teológica que segue o sentido clássico da palavra *lugar* na filosofia de Aristóteles, Cícero e Agrícola (cf. Andrés, 1983, p. 601-604). Se para Melanchthon os lugares teológicos se referem ao conteúdo essencial da teologia determinado pela Escritura e especialmente pela Carta aos Romanos, para o teólogo dominicano eles se referem ao lugar heurístico e hermenêutico a partir do qual a teologia deve ser feita para tornar relevante o conteúdo estudado.

As duas obras marcarão, para o bem e para o mal, o caminho de ambas as teologias. Na busca de imediatismo entre o sujeito e o conteúdo da Escritura, o protestantismo correrá o risco um tanto perigoso de perder o próprio conteúdo, identificando-o demais com a subjetividade e a experiência humana e religiosa geral. Por outro lado, o catolicismo, mais consciente de que a mediação é necessária para tal imediatismo, correrá o risco de se perder em mediações muitas vezes excessivamente fortes e relevantes, até certo ponto mascarando o conteúdo original.

c) A fecundidade da teologia mística trinitária

Ao lado da teologia especulativa, desenvolveu-se uma teologia mística e espiritual que demonstrou uma sensibilidade especial pela teologia trinitária em suas repercussões e impacto na vida do cristianismo[133]. Essa talvez seja a contribuição mais importante e significativa para a teologia, especialmente a teologia trinitária, após a grande síntese de Santo Tomás.

Os teólogos místicos não tentaram entender a vida trinitária em si mesma, mas em sua relação com o homem e na forma concreta de nossa integração a ela. É preciso mencionar como foram importantes os grandes

---

132. Autor pertencente à prestigiosa e importante Escola de Salamanca. Foi discípulo de Francisco de Vitoria, professor da Universidade de Alcalá e Salamanca, teólogo do Concílio de Trento. Foi nomeado bispo das Ilhas Canárias, para o que renunciou à cátedra de teologia. Finalmente, renunciou à sede episcopal e retirou-se para Piedrahíta (Ávila), onde se dedicou a escrever sua obra *De locis*, seguindo a intuição de seu Professor Francisco de Vitoria. A obra permaneceu incompleta. Talvez seja a obra mais influente da teologia espanhola até os dias de hoje.

133. Uma seleção dos textos mais importantes sobre a teologia trinitária a partir dessa perspectiva mística pode ser consultada em Pikaza (2005, p. 449-488, cap. 12: "Mística, contemplação trinitária").

místicos renanos da Idade Média, como Mestre Eckhart e Johannes Tauler, juntamente com Ruysbroeck, e os maiores representantes da mística espanhola no início da Idade Moderna (século XVI), como Teresa de Jesus e João da Cruz. Este, por exemplo, não apenas legou-nos textos admiráveis sobre a inabitação do Deus trinitário no crente, de grande profundidade espiritual e teológica[134], como essa doutrina e perspectiva trinitária pode ser vista na articulação e estrutura de toda a sua obra. Nesse sentido, a *Subida ao Monte Carmelo* e a *Noite escura* referem-se fundamentalmente ao itinerário que a pessoa deve percorrer em sua busca do mistério que é Deus; o *Cântico espiritual* apresenta o Filho como Esposo, enquanto a *Chama viva de amor* alude ao Espírito como água e fogo na alma do crente. Essa teologia mística trinitária pode ser vista antecipada em Catarina de Sena (século XIV) e continuada por Teresa de Lisieux e por Elisabeth da Trindade (século XIX).

d) A renovação da teologia no século XIX

Em ambas as confissões houve grandes teólogos, impossível mencionar todos aqui. Entre eles, gostaria de citar alguns do século XIX que prepararão a importante reforma da teologia que ocorrerá no século XX.

1) Friedrich Schleiermacher: teologia como pneumatologia

Dentro da teologia protestante devemos mencionar o pai do protestantismo moderno, Friedrich Schleiermacher (1768-1834) (cf. Gerrish, 2001)[135]. Há duas obras fundamentais desse autor: *Discurso sobre a religião* e *A fé cristã*. Esta última é considerada uma obra-mestra da teologia protestante. A primeira foi escrita em 1799, e a segunda em duas edições sucessivas, de 1820 a 1821 e de 1830 a 1831. Essa sucessão nas obras, bem como na própria estrutura da fé cristã, nos mostra a dinâmica e a

---

134. Isso pode ser visto em suas declarações muito ousadas sobre como o homem pode se tornar Deus por participação (cf. *Cântico espiritual* B, estrofe 39; *Chama viva de amor*, 4,17).

135. Embora devamos estar cientes de que esse julgamento não é compartilhado por todos, pois enquanto para alguns ele foi capaz de intuir e prolongar o ponto de partida da teologia de Lutero (experiência), para outros ele foi aquele que esvaziou o Evangelho de seu conteúdo, reduzindo-o a uma experiência puramente subjetiva e antropológica.

forma mental do pensamento de Schleiermacher: ele pensa e reflete do mais geral ao mais particular e concreto.

Friedrich Schleiermacher tenta sair da estreiteza em que a religião em geral e o cristianismo em particular foram colocados. Na opinião desse grande teólogo, a religião é uma realidade específica da vida humana, que não está relacionada, em primeiro lugar, nem ao conhecimento (razão) nem à ação (moralidade), mas ao *sentimento*, "sua essência não é nem pensamento nem ação, mas intuição e sentimento" (Schleiermacher, 1990, p. 35)[136]. A religião não é uma metafísica que tenta explicar e determinar o universo, nem é uma moral que tenta aperfeiçoá-lo e consumá-lo a partir da ação e da liberdade humanas. Enquanto a metafísica e a moral têm o homem como um ser finito em seu centro, a religião se concentra no homem como um ser finito, mas descobre nele o Infinito, sendo sua marca e manifestação. Mas não podemos falar de sentimento simplesmente. Ele se distingue de outros sentimentos porque é um sentimento de dependência absoluta da divindade. A religião é um sentimento, um sentido e um gosto pelo infinito. Mas esse sentimento (*Gefühl*) não consiste em uma realidade difusa, mas na presença imediata de toda a existência, tanto sensível quanto espiritual (Brito, 1999, p. 1070).

A piedade (*Frömmigkeit*) é o que vem primeiro no cristianismo, uma piedade "que não é nem um saber nem um fazer, mas uma determinação do sentimento ou da autoconsciência imediata" (Schleiermacher, 2013, § 3). Em seguida, situa-se a doutrina e a teologia como reflexão honesta, persistente e crítica da piedade. Esta, e não principalmente os dogmas, é o objeto da reflexão teológica. Nesse sentido, podemos dizer que Schleiermacher segue e confirma o caminho de Lutero, para quem a fé e a experiência tinham prioridade sobre os dogmas e a reflexão teológica. "Somente a experiência faz o teólogo", disse Lutero. Schleiermacher, cita trechos de dois textos de Anselmo em sua obra *A fé cristã* – o primeiro, do *Proslogion* 1: "Não quero entender para crer, mas crer para entender"; e o segundo, do livro *Sobre a fé trinitária* 2: "Quem não crê não pode experimentar, e quem não experimenta (não é experiente) não pode entender". Em uma época em que o acesso a Jesus estava se tornando particularmente problemático, seja por causa da crítica e do racionalismo, por um

---

136. "*Ihr Wesen ist weder Denken noch Handeln, sondern Anschauung und Gefühl*" (Schleiermacher, 2001, p. 79).

lado, seja por causa do supranaturalismo e do dogmatismo, por outro, o teólogo alemão afirma o imediatismo do crente em relação à pessoa e à obra de seu Redentor. Em contraste com a razão e os dogmas, Schleiermacher apela para a experiência de crença da comunidade cristã. O que vem primeiro é a experiência da redenção, que é vivida de forma corporativa e eclesial (Schleiermacher, 2013, § 100, p. 3).

Karl Barth, um teólogo calvinista que estava no lado oposto da teologia liberal inspirada pelo teólogo de Breslau, advertiu sobre a possibilidade de retornar a um relacionamento frutífero com a teologia de Schleiermacher. Para ele, o ponto de encontro está no desenvolvimento do terceiro artigo do credo, na construção da teologia como uma teologia do Espírito Santo, uma vez que "tudo o que deve ser crido sobre Deus Pai e o Filho deve ser mostrado e iluminado em seus fundamentos a partir do Espírito Santo, o *vinculum pacis inter Patrem et Filium*" (Barth, 1990, p. 263)[137]. Uma tarefa na qual a teologia está atualmente embarcada.

2) Os precursores do Concílio Vaticano II: John Henry Newman e a Escola de Tübingen

Talvez no catolicismo não tenhamos tido uma figura tão relevante quanto Schleiermacher, mas houve vários teólogos que, sem serem excessivamente significativos na época em que viveram, foram decisivos para a história posterior. Entre eles, devemos mencionar o Cardeal Newman como um caso excepcional, bem como as escolas teológicas de Roma e Tübingen, especialmente a última.

John Henry Newman (1801-1890) foi um teólogo à frente de seu tempo. Sacerdote da Igreja anglicana, ele inicialmente defendeu o anglicanismo como um meio-termo entre o catolicismo e o protestantismo, até que, depois de estudar o fenômeno do então chamado semiarianismo do século IV, converteu-se à Igreja Católica. Como todos os "convertidos", ele não foi compreendido nem pelos companheiros que deixou nem por aqueles que encontrou no novo lugar ao qual se juntou. Antes de deixar a Igreja anglicana, Newman teve que enfrentar ataques virulentos contra a integridade de sua pessoa. Em resposta a esses ataques (ao escritor

---

137. Não é por acaso que E. Brito intitulou sua grande obra sobre Schleiermacher *La Pneumatologie de Schleiermacher* (1994).

Charles Kingsley), ele escreveu um relato autobiográfico no qual oferece a jornada íntima e religiosa de sua vida, bem como uma bela reflexão e um testemunho pessoal sobre o caminho da *santidade da inteligência*[138]. Esse livro foi considerado as novas *confissões*, escritas na Era Moderna (Newman, 1994).

Se a *Apologia* (1864) é a justificativa biográfica de sua transição da confissão anglicana para a católica, seu *Ensaio sobre o desenvolvimento da doutrina cristã* (1845) constitui sua justificativa teológica[139]. Se na primeira sua reflexão sobre a santidade da inteligência pode ser considerada como uma de suas grandes contribuições à teologia e à vida da Igreja, na segunda a palavra-chave é desenvolvimento (*development*), aplicada à doutrina e ao dogma cristãos (Biemer, 2002, p. 127-143). Por meio de sete notas, Newman mostra como podemos verificar a continuidade da doutrina cristã atual com a fé apostólica, possibilitando compreender a historicidade da doutrina cristã em uma fundamental identidade e continuidade com a ideia e a doutrina originais[140].

Com relação à escola romana, seguindo uma teologia clássica, ela representa uma autêntica renovação na teologia católica, como pode ser visto em autores da estatura de Ioannes Perrone (1794-1876), Carlo Passaglia (1812-1887) e outros, tão importantes na teologia e no desenvolvimento do Concílio Vaticano I. Mas, mais próxima da teologia de Newman e mais decisiva no desenvolvimento da teologia do século XX, estará a nova escola teológica de Tübingen, iniciada por Johann Sebastian Drey (1777-1853) e continuada por discípulos eminentes como Johann Adam Möhler (1796-1838), Franz Anton Staudenmaier (1800-1856), Johann Evangelist Kuhn (1806-1887), que, a partir de uma preocupação em introduzir a perspectiva histórica na compreensão católica do dogma e da tradição, prepararão o caminho para muitas das soluções para os problemas teológicos mais significativos que serão encontrados 70 anos depois no Concílio Vaticano II.

---

138. Essa é a profunda intuição de Segundo Galilea ao se referir à teologia de J.H. Newman.

139. A "conversão" ocorre um ano antes da publicação desse livro (cf. Arnold, 2003, p. 280).

140. Essas notas de um desenvolvimento genuíno de uma ideia, em oposição à sua corrupção, são: 1) preservação de seu tipo; 2) continuidade de seus princípios; 3) seu poder de assimilação; 4) sua sequência lógica; 5) antecipação do futuro; 6) ação conservadora de seu passado; 7) seu vigor crônico (cf. Newman, 2003, p. 169-206).

6 Das confissões à(s) teologia(s) no contexto

O século XX foi um dos mais férteis na biografia e na história da teologia. Como em todos os momentos que descrevemos acima, é muito difícil sintetizar esse rico período. Rosino Gibellini escreveu uma história da teologia do século XX muito esclarecedora sobre as diferentes correntes teológicas desenvolvidas no século passado (Gibellini, 1999). Depois de sua leitura, fica-se com a impressão de que o denominador comum no último século foi um retorno às origens da teologia (Bíblia, Padres, liturgia etc.) e uma abertura ao mundo moderno (razão, história, movimentos de libertação etc.). Essa dupla orientação para as origens e para o lugar contemporâneo em que se desenvolve é o que favoreceu um impulso teológico sem paralelo, ao mesmo tempo que produziu uma enorme variedade e pluralidade de teologias.

a) Os quatro movimentos teológicos do século XX

Rosino Gibellini, no epílogo de sua obra, seguindo o filósofo alemão Jürgen Habermas, aponta quatro movimentos teológicos no século XX, que podem nos servir muito bem para sintetizar a história da teologia desse século. Seguimos esse esboço, acrescentando alguns detalhes e introduzindo algumas nuanças (Gibellini, 1999, p. 553-554)[141].

1) A virada fenomenológica

O primeiro movimento teológico do século XX ocorreu na chamada *teologia dialética*, cujo maior representante foi Karl Barth. Aqui, em pé de igualdade com a filosofia, há o que podemos chamar genericamente de giro fenomenológico, uma vez que a teologia volta a "atender fenomenologicamente ao sujeito que lhe é próprio" (Gibellini, 1999, p. 553), ou seja, a Deus. Um movimento percebido, em 1929, pelo filósofo espanhol Ortega y Gasset, que o descreveu com estas palavras precisas:

> Não podemos nos surpreender – uma vez que tenhamos vislumbrado essa tendência do novo pensamento – com a recente aparição de uma teologia que se revela contra a jurisdição

---

141. A obra de J. Habermas, *Pensamento pós-metafísico*, identifica quatro movimentos na filosofia do século XX.

filosófica. Pois a teologia tem sido, até agora, uma tentativa de adaptar a verdade revelada à razão filosófica, uma tentativa de tornar acessível a esta última a incompreensibilidade do mistério. Mas a nova teologia dialética rompe com um uso tão distante e declara o saber de Deus totalmente soberano. Inverte, assim, a atitude do teólogo, cuja tarefa específica era partir do ser humano em suas normas científicas e adaptá-las à verdade revelada; portanto, falar sobre Deus a partir do ser humano. Isso resultava em uma teologia antropológica. Mas Barth e seus colegas invertem tal processo e elaboram uma teologia teocêntrica (Ortega y Gasset, 1964, p. 306).

Esse movimento é a reação da teologia protestante à teologia liberal do século XIX e inícios do XX, cujo máximo expoente foi o historiador do dogma, Adolf von Harnack (1851-1930). O século XIX legou à teologia do século XX um problema: Como integrar na teologia e no dogma a experiência humana e a história religiosa, cientes de que a teologia não é uma ciência eterna e inamovível, tampouco uma disciplina que pode ser dissolvida em mera filosofia ou fenomenologia da religião? Diante do excesso da teologia liberal, a reação de Barth foi legítima e necessária, embora não suficiente, pois sua resposta, sendo unilateral, deixou a questão central sem solução.

2) A virada antropológica

O segundo movimento pode ser denominado como *virada antropológica* em teologia, representado pela teologia existencial de Rudolf Bultmann, pela teologia na fronteira e no limite de Paul Tillich e pela teologia transcendental de Karl Rahner. Esses autores, entre os mais representativos, percebem a importância da resposta do teólogo suíço ao apelar, de modo legítimo, para a *soberania de Deus* na teologia, mas, por sua vez, se dão conta da insuficiência de sua resposta. Onde fica o ser humano, com sua experiência e história, com sua experiência e subjetividade, no acontecimento da revelação da palavra de Deus? Somente há revelação de Deus e palavra de Deus ao ser humano (Barth), se tal revelação chega a um ser humano que tem em si a capacidade de sentir-se interpelado por essa palavra na dimensão e na profundidade de sua existência, se há uma correlação entre Deus e o homem para que seja possível entrar em diálogo e em relação, ou se esse ser humano for constituído previamente como um ouvinte dessa palavra de Deus para poder acolhê-la em sua interioridade e plasmá-la em sua vida. Não obstante, é preciso considerar que essa dimensão antropológica da teologia não se desenvolve a partir de uma ideia do ser humano independente da revelação de Deus, mas em uma clara relação e dependência com ela. Se nessa compreensão da relação entre Deus e homem podemos dizer que o homem é a pergunta e Deus é a resposta ao ser humano, é preciso estar consciente de que "a resposta veio como pergunta, Deus como homem, para que compreendamos que na pergunta já se escondia a resposta" (K. Rahner).

3) A virada histórico-social

Mas o homem não é um indivíduo isolado, nem um ser abstrato em sua asséptica experiência transcendente. Vive em uma história concreta, em uma comunidade política determinada, em uma sociedade estruturada e inter-relacionada. Por isso, por volta dos anos 1960, produz-se o terceiro movimento na teologia, que podemos chamar como virada histórico-social, já que se produz um movimento da *teologia para a história e a política*. Daqui surge toda uma série de teologias da história de diversas matrizes e com diferentes perspectivas (O. Cullmann, W. Pannenberg, H.U. von Balthasar etc.) (Pasquale, 2001), bem como diferentes teologias políticas (J.B. Metz, J. Moltmann, C. Boff) que deságuam de uma outra forma nas diferentes teologias da *libertação* (G. Gutiérrez, I. Ellacuría, J.L. Segundo etc.)[142].

A teologia da história tem razão em afirmar que Deus não vem ao homem apenas na profundidade do ser e da razão, ou no dinamismo de seu conhecimento e liberdade transcendentais, mas em uma história particular. Uma história que é a história da salvação, que já tem sua plenitude em seu centro, que é Cristo, mesmo que ainda não esteja totalmente consumada (Cullmann). No entanto, essa consumação foi prolepticamente antecipada na ressurreição de Cristo, que é como uma janela aberta para o destino final que nos aguarda (Pannenberg). À medida que caminhamos nessa história em direção à sua consumação final, há um diálogo e

---

142. Dentre as obras mais representativas dessa corrente, destacam-se: Gutiérrez (1972, 2004) e a obra coletiva *Mysterium liberationis* (Ellacuría; Sobrino, 1989).

um confronto entre a liberdade finita e a infinita, pois vivemos em uma história dramática, que se desenvolve em um ritmo e um desdobramento trinitários (Balthasar).

Mas o homem também é um ser social. Por essa razão, Deus vem ao homem e fala com ele não apenas a partir das profundezas de sua existência, do dinamismo de sua liberdade e da história salvífica, mas também a partir da sociedade em que ele vive. Não para divinizar, sem mais, cada uma dessas dimensões, mas para esclarecê-las a partir de sua justiça, à luz de seu plano original para toda a criação (Ef 1,3-14) e do destino definitivo no Reino de Deus (1Cor 15,28). A palavra de Deus é um julgamento sobre o mundo que desmascara a violência e a injustiça estabelecidas que deixam inúmeras vítimas na sarjeta da história. A teologia tem de tomar o partido delas a fim de iniciar a partir delas um processo de libertação que nos aproxime o máximo possível desse projeto e do Reino de Deus.

4) A virada contextual

Encontramo-nos em uma situação em que a teologia está inserida em um contexto ecumênico e planetário. Ela está mais consciente do desafio interno do ecumenismo para as confissões cristãs, bem como do crescente impulso do pluralismo religioso. Juntamente com essa consciência ecumênica e pluralista, percebe-se a importância do contexto concreto a partir do qual cada teólogo faz teologia (contextual) e o desafio da globalização.

Essa consciência elevada de fazer teologia no contexto é vivenciada a partir de duas perspectivas básicas. A primeira refere-se a um tipo de teologia que, diante dessa situação plural, opta por uma busca de seu significado e relevância a partir de ciências adjacentes, como a fenomenologia, a sociologia, a filologia, a história (das religiões), pedindo insistentemente à teologia que abandone seu método tradicional para se adaptar à nova situação global. É evidente que a teologia se fechou em suas próprias esferas e hoje quase ninguém se interessa por ela. Sem afirmá-lo explicitamente, dá a impressão de que a teologia está diluída nessas ciências que, embora necessárias para ela, são insuficientes para dar conta de seu objeto e método.

A segunda opção refere-se àqueles que, reconhecendo também a pluralidade, veem nessa situação uma possibilidade de voltar a um exercício próprio da teologia, conscientes de sua situação humilde, relativa e minoritária, mas também do fato de que a teologia, como ciência da fé, tem uma palavra única que não pode esconder nem calar. Uma teologia que tem consciência de pertencer a uma determinada comunidade de referência, a uma tradição linguística e a uma esfera de memória, a partir da qual pode realizar melhor sua tarefa e missão. A teologia é chamada a recuperar uma certa unidade essencial de conteúdo e seu significado universal, a partir de um conhecimento rigoroso das diferentes disciplinas que a compõem e da consciência de sua singularidade específica. "Na Europa, a teologia só pode assumir adequadamente os desafios eclesiais e sociais do emergente século XXI se tiver clareza sobre sua tarefa específica e, ao afiná-la, abrir-se para fora, sem colocar em jogo sua própria identidade" (Ruh, 2007, p. 110).

b) O retorno ao único necessário

É difícil saber qual será a forma teológica do futuro (cf. Cordovilla, 2015b, p. 51). Mas uma coisa parece clara: se a teologia quiser perdurar, ela tem de ser realmente teologia. No primeiro capítulo falei de suas diferentes dimensões (altura, amplitude e profundidade). Sem dúvida, a forma do futuro terá de atender a essas três dimensões essenciais: uma teologia teológica (altura), uma teologia histórica (profundidade) e uma teologia ecumênica (amplitude). Mas é essencial que a teologia, qualquer que seja a forma que assuma no futuro, seja necessariamente e permaneça teo-logia, ou seja, a palavra de Deus e sobre Deus.

As quatro viradas e movimentos da teologia do século XX devem nos permitir perceber a importância das dimensões acima. Uma teologia dialética que coloca Deus no centro não é possível se não atender à verdade última daquele a quem é dirigida. Mas também não é possível atender à estrutura fundamental do destinatário da revelação e da palavra de Deus se não o contemplarmos como um ser histórico e social, um ser que vive em um determinado contexto. Portanto, as mudanças na teologia não significam uma derrota da perspectiva anterior, mas a necessidade de sua integração recíproca. Nenhum movimento teológico é perdido se for verdadeiramente teológico: ele é integrado ao seguinte, sendo assumido e interpretado em uma estrutura mais elevada.

Sem esquecer essa história e tomando em sua devida medida os diferentes movimentos teológicos do século XX, faço minhas as palavras de Eberhard Jüngel quando, referindo-se ao futuro da teologia, diz: "A liberdade da teologia é a exigência de caminhar para a concentração no que é necessário"[143]. Seu futuro depende de seu retorno à sua tarefa específica e essencial. Como Marta, a teologia parece ter sido absorvida em uma infinidade de tarefas, mas agora é hora de ela se voltar, como Maria, para a única coisa necessária. A teologia está agonizantemente enclausurada em suas próprias inquisições "científicas", ou implorando por fóruns e esferas de tarefas que não lhe pertencem. Ela só terá um futuro se se concentrar em sua tarefa específica, mas sem se fechar em seu próprio campo teológico. Os teólogos devem estar cientes de que o lugar fundamental de sua prática é a Igreja, e o destino de sua tarefa é a sociedade.

Conclusão

Para realizar essa biografia da teologia, sistematizamos cinco formas essenciais ao longo da história.

Elas não contêm toda a riqueza espiritual e o dinamismo intelectual dos diferentes teólogos que desenvolveram seu trabalho em cada época, pois nenhuma história sociológica das formas de teologia pode perceber sua profundidade última e seu impulso central. No entanto, esses cinco estilos podem servir de guia para elaborar a teologia que cada geração de crentes é instada a desenvolver em seu próprio tempo. E como hoje não somos obrigados a simplesmente repetir formas concretas do passado ou declarações felizes, devemos assumir o compromisso inevitável de nos esforçarmos para integrar o impulso e o dinamismo interior que nos foram legados, a fim de realizar nossa própria teologia na Igreja, de acordo com os tempos e com o profissionalismo exigido de cada ciência.

Dessa grande riqueza teológica que herdamos, gostaria de destacar os elementos essenciais. Neles é possível perceber o que é teologicamente válido para o nosso tempo:

---

143. "*Die Freiheit der Theologie ist die Zumutung, die Konzentration auf das Notwendige zu wagen*" ["A liberdade da teologia é a imposição de ousar se concentrar no que é necessário"] (Jüngel, 1980, p. 35, tese 6.81).

l. "Da Escritura ao Símbolo": o papel fundamental da Escritura como fonte da teologia, sua interpretação em um novo contexto cultural (inculturação) com a clara convicção da vocação universal do cristianismo e a obediência radical à história da salvação (*oikonomia salutis*).

2. "Do Símbolo às sentenças": o esforço pelo conhecimento rigoroso deve ser recuperado, partindo da pergunta que questiona e interroga (*quaestio*) e das aparentes contradições das afirmações teológicas (dialética).

3. "Das sentenças à suma": o gosto pela expressão sóbria e pela estrutura sistemática deve ser preservado em favor de uma verdadeira pedagogia teológica.

4. "Da suma às confissões": o fogo que nasce da experiência religiosa e que se torna a verdadeira fonte do trabalho teológico (Lutero), bem como a amplitude e a largura do olhar para compreender os lugares a partir dos quais se faz teologia (Melchior Cano).

5. "Das confissões à(s) teologia(s) em contexto": as quatro viradas que ocorreram na teologia do século XX – Deus, homem, história-sociedade e contexto – devem ser assumidas para avançar de maneira convicta e firme em direção ao único aspecto necessário da teologia: pensar Deus para o homem e a sociedade de hoje.

X

Teologia, amizade de Deus e dom do Espírito

> Não vos chamo mais de servos, mas de *amigos*,
> porque vos *dei* a conhecer tudo o que meu Pai
> me disse.
> (Jo 15,15)

Introdução

Por que estudar teologia? Por que dedicar a vida à verdade por meio do exercício da teologia? A resposta é simples: por vocação apostólica e amizade teológica. Hoje, para sermos testemunhas, precisamos ser verdadeiramente teólogos. Uma teologia que cultive uma amizade profunda e enraizada com Deus. Porque a teologia não é uma ciência autossuficiente e autônoma, mas uma ciência a serviço da missão da Igreja no mundo e da vida espiritual dos crentes.

Neste último capítulo apresento dois textos que vão ao cerne do que é a teologia. Embora tenham sido escritos há mais de meio século, eles ainda são surpreendentemente válidos por seu conteúdo e profundidade. Ambos foram proferidos em uma conferência de formação cristã no verão de 1937, em Salzburgo. O primeiro é uma homilia (Rahner, 1997a, p. 294-295) de um jovem que viria a se tornar um dos maiores teólogos do século XX: Karl Rahner (1904-1984). Nele, ele reflete sobre o significado da formação cristã como um elemento fundamental para o crescimento da amizade com Deus. O segundo texto (Stolz, 1937b, p. 17-23) é uma palestra proferida pelo monge beneditino Anselm Stolz (1900-1942) para pessoas que estavam apenas começando na prática da teologia. Espero que sua leitura ajude o leitor a entender melhor o que está no cerne dessa ciência e a identidade do teólogo.

Dessa forma simples, eu também gostaria de prestar homenagem a esses dois teólogos e a uma teologia realizada no período entreguerras. Talvez hoje esses esforços estejam um pouco esquecidos, embora tenham sido extremamente enriquecedores e decisivos para a grande renovação teológica que ocorreu a partir da década de 1960.

1 Contexto dos textos

As semanas de Salzburgo de 1937 são fundamentais para entender o trabalho filosófico de Rahner de um ponto de vista teológico. Naquele ano, o autor alemão foi para Innsbruck para assumir o ensino de teologia fundamental na universidade, embora acabasse ensinando teologia da graça ("*De gratia Christi*") e teologia da criação ("*De Deo creante*"). Durante o verão, ele também foi encarregado de ensinar as mesmas matérias nas semanas de Salzburgo, que estavam começando a se tornar relevantes e significativas no ambiente eclesial e cultural da Europa Central. Foi ali que Rahner começou seu trabalho teológico.

A primeira semana sob a direção de Rahner apresentou uma série de palestras (*Religionsphilosophie und Theologie*) que seriam a semente de seu famoso livro sobre filosofia da religião, *Ouvinte da palavra* (*Hörer des Wortes*). Seguindo as reflexões de *Espírito no mundo* (*Geist in Welt*), ele medita sobre a teologia como a ciência de ouvir a livre-revelação do Deus vivo. Não é à toa que ele entende a teologia como uma ciência baseada na existência do homem, um ser essencialmente aberto à escuta dessa possível livre-revelação de Deus. Além disso, o homem se descobre como um espírito no mundo e um ouvinte da palavra da revelação de Deus. Suas palestras se destacam como uma reflexão sobre uma ontologia do poder obediente do homem para a revelação de Deus.

Contudo, naquelas semanas frutíferas em Salzburgo, eles não se dedicaram apenas ao estudo da teologia, mas também a outras disciplinas. Na semana em que ocorreu a homilia a que vamos nos referir, as aulas foram divididas em três áreas diferentes: a) teologia como ciência; b) formação e crescimento cristão; c) religião e medicina. Além disso, o professor de dogmática do centro romano de Santo Anselmo, o beneditino Anselm Stolz, deu a sugestiva aula "O que é teologia?", na qual delineia uma teologia da revelação a partir de uma clara perspectiva cristocêntrica, sua ideia-guia coincidindo com a visão que Karl Rahner expôs em 1951 em seu famoso artigo "Problemas atuais da cristologia", e que mais tarde retomou no decreto sobre a formação sacerdotal do Concílio Vaticano II (OT 14).

2 Karl Rahner: teologia como amizade

Por ocasião da festa do Apóstolo Bartolomeu, Karl Rahner dirige uma homilia sobre Jo 15,12-16 aos participantes dos dias de formação cristã em Salzburgo, que foi publicada com o título: *Amigos de Deus* (*Freunde Gottes*) (Rahner, 1997b, p. 294-295). A circunstância litúrgica dá origem a uma reflexão simples e profunda sobre o significado da formação teológica na vida cristã e apostólica. Para Rahner, a teologia é um dom e uma exigência. Como dádiva, ela tem a ver com a Palavra do Pai, que é dada gratuitamente ao coração humano por meio do Batismo. Como exigência, essa Palavra, dada de uma vez por todas e sem reservas, deve alcançar gradualmente em nós uma densidade e uma presença maiores: no intelecto (*Head*), por meio de uma maior intelecção e compreensão; no coração (*Heart*), por meio de um amor ardente; nas mãos (*Hand*), por meio de uma ação realizada cada vez mais a partir da lógica de sua palavra e de seu amor. De acordo com essa lógica, a teologia é "o esforço para deixarmos de ser servos e nos tornarmos cada vez mais amigos de Deus".

A seguir, segue minha própria versão dessa homilia, que se tornou um clássico do trabalho teológico.

O teólogo: apóstolo de Jesus Cristo e amigo de Deus

"Este é o meu mandamento: Amai-vos uns aos outros como eu vos amei. Ninguém tem maior amor do que aquele que dá a vida pelos amigos. Eu vos chamo de amigos, se fizerdes o que eu vos disser. De agora em diante, não vos chamo mais servos, mas amigos, pois o servo não sabe o que faz o seu senhor. Desde agora, chamo-vos de amigos, porque vos dei a conhecer tudo o que ouvi de meu Pai. Não fostes vós que me escolhestes, mas eu vos escolhi e vos enviei para dardes frutos abundantes e duradouros. Assim, o Pai vos dará tudo o que pedirdes em meu nome" (Jo 15,12-16).

As palavras ditas pelo Senhor em seu discurso de despedida no Evangelho de João nos dizem hoje, de acordo com o desejo da Igreja nesta vigília do Apóstolo Bartolomeu, o que é o apóstolo de Jesus Cristo. Por apóstolo entendemos aquele que é escolhido pela livre-graça de Deus, aquele que cumpre o mandamento do Senhor, aquele que ama até a morte, aquele que faz obras e produz frutos e, finalmente, o amigo de Cristo e de Deus. E isso que nosso Senhor diz de modo especial aqui sobre todo homem cristão e todo apóstolo é o mais belo e definitivo. "Não vos chamo servos, mas amigos" (*"Non iam dico vos servos, sed amicos"*). Para nós que somos sacerdotes, essa palavra ressoa docemente desde o dia de nossa ordenação. Mas ela também é válida para todos nós que, por meio do Batismo, nos tornamos amigos de Deus.

[A teologia em sua origem permanente: a Palavra do Pai]

Cristo explica por que somos dele e amigos de Deus: "O servo não sabe o que o seu senhor está fazendo. Mas a vocês eu dei a conhecer tudo o que ouvi de meu Pai". Jesus, nosso Senhor, a Palavra de Deus, ouviu tudo do Pai. Nessa Palavra, que desde o princípio estava com Deus, o Pai foi plenamente falado. E como essa Palavra é espírito, ela se reconhece como a Palavra do Pai e ouve a própria comunicação do Pai que ela mesma é.

[O princípio e o fundamento da teologia: o Batismo]

Essa Palavra do Pai, que tudo ouve, falou em nosso coração. Pois desde o dia em que fomos feitos participantes da natureza divina (essa Palavra foi falada e dirigida pelo Pai ao nosso ser), ela ressoa nas profundezas de nossa alma agraciada. E, dessa forma, Jesus já nos manifestou o que sempre ouviu do Pai. Pois Ele se entregou a nós; Ele, a única Palavra definitiva do Pai. Mas, na verdade, essa Palavra de Deus falada em nossos corações ainda precisa da pregação externa da fé; essa revelação ainda é obscura para nós; essa Palavra divina, que foi falada nas profundezas de nosso ser, ressoa apenas em voz baixa e como um eco distante nas antecâmaras de nossa vida consciente. E, no entanto, ela já é uma realidade cheia de graça: somos amigos de Deus porque a própria Palavra de Deus habita em nós e já nos disse tudo o que ouviu do Pai.

[Teologia: passagem da servidão para a amizade]

O que nos reuniu aqui nestas semanas? As questões de fé e a formação da vida cristã em seus diferentes aspectos. Basicamente, tudo isso nada mais é do que o esforço para deixarmos de ser servos e nos tornarmos cada vez mais amigos de Deus; para fazer com que a Palavra, que foi falada em nós, seja compreendida cada vez mais claramente. E isso é para nós uma exortação à seriedade e um conforto. Uma exortação à seriedade porque o que fazemos e falamos aqui não é, em última análise, uma coleção de pensamentos e opiniões, de leis e sistemas, mas deve ser uma compreensão clara de uma Palavra que o próprio Deus é. Pois por trás de nossas perguntas e respostas deve haver a seriedade da inteligência; pois se trata basicamente de ouvir cada vez melhor aquela Palavra por meio da qual o Deus infinito quis nos abrir e nos confiar o mistério último e definitivo de sua própria vida.

[O exercício: entre a seriedade e a esperança]

No entanto, essa também é a nossa palavra. É possível que nossos pensamentos e compreensões venham e vão, que se acendam no entusiasmo de um congresso e novamente desapareçam na cotidianidade cinzenta para a qual retornam mais uma vez. Entretanto, trazemos essa Palavra em nós, da qual se diz: a Palavra do Senhor, apesar de tudo, permanece para sempre. E por isso sabemos que veio a nós em plenitude a boa-nova do Evangelho de hoje: Já não vos chamo mais servos, mas amigos, porque vos dei a conhecer aquilo que ouvi de meu Pai.

Breve comentário

Vejamos as principais ideias que Rahner destaca sobre a teologia nesse texto de 1937. O simples fato de destacá-las servirá para compreender e viver o significado da atividade teológica.

a) Teologia como autocomunicação intradivina

A teologia tem sua origem na vida trinitária. Ou seja, a teologia (o logos de Deus) deve ser compreendida, em primeiro lugar, em um sentido objetivo. Há palavra sobre Deus porque primeiramente há uma Palavra de Deus que nos é dada e a nós se comunica.

Mas há Palavra que livremente se doa e comunica porque antes há uma *autocomunicação* de Deus em sua vida intradivina. O Pai se diz e se doa inteiramente por meio do Filho, que é sua Palavra. Esse Filho, como espírito, reconhece-se a si mesmo como Palavra que, por sua vez, ouve a comunicação que ela mesma é[144]. Por isso, sendo Palavra, Ele é o verdadeiro mediador da Palavra e a comunicação que Ele mesmo é e que o Pai quis comunicar ao mundo e ao ser humano. Em primeiro lugar na *criação*, como palavra deficitária e gramática da Palavra última e definitiva; e depois na *encarnação*, como cume dessa palavra e comunicação na criação.

A teologia é possível como gramática que prepara, explica e introduz de modo mais profundo no mistério de Deus revelado em Cristo[145].

---

144. Ideia-chave para o tema da autoconsciência de Jesus e de sua missão.

145. "*Mea grammatica Christus est*" (Pedro Damião, *Ep.* 8, PL 144, 476).

b) O Batismo como fundamento da teologia

Essa Palavra, que é o próprio Deus e que tem consciência de si mesma, é comunicada a nós no Batismo. Em nós, a teologia, como a comunicação da Palavra do Pai, começa no Batismo. Esse sacramento, com seu significado de graça, eclesialidade e fé pessoal, é o fundamento permanente da teologia. Assim, a fé se torna o princípio do conhecimento teológico. A fé é luz e oferece um novo conhecimento (olhos da fé) das verdades reveladas. Entretanto, ela é, acima de tudo, uma nova compreensão da realidade a partir da iluminação dessa nova luz (*lumen fidei*). Esse evento é íntimo e pessoal. Ele é realizado de uma vez por todas (já); mas tem necessidade de um desenvolvimento e de uma plenitude (não ainda). Essa é a base para a liberdade e a individualidade necessárias no trabalho teológico, bem como para a necessidade da intervenção externa e autorizada da Igreja.

c) A teologia, entre o já e o não ainda

É nessa tensão que o trabalho teológico se situa: entre o já da comunicação de Deus no Batismo, de uma vez por todas, e o ainda não de sua plena compreensão (a incompreensibilidade de Deus). A teologia nos ajuda a nos tornarmos cada vez mais conscientes da realidade que nos foi dada: o dom da amizade de Deus, do amor e do conhecimento mútuo, que aumenta pouco a pouco. A partir disso, a teologia pode ser definida como a tarefa de nos tornarmos cada vez mais amigos de Deus; em outras palavras, a passagem da servidão para a amizade com Deus.

d) O próprio Deus é o objeto da teologia

O objeto da teologia não são as palavras, nem os sistemas, nem os conceitos, mas o próprio Deus, no mistério último e definitivo de sua própria vida. Como já dizia Tomás de Aquino, o pensamento do homem não permanece no conceito ou na afirmação, mas transcende e tende, por sua dinâmica interna, à própria realidade. Deus transcende a objetividade para se tornar, no final, o único sujeito da teologia, ou seja, a realidade inesgotável para a qual se tende e que se busca compreender.

e) A teologia, a partir da seriedade da inteligência e da confiança da amizade

Se Deus é o objeto da teologia e aquele que está por trás de nossa palavra, isso deve necessariamente afetar nosso trabalho teológico. A seriedade e a confiança são duas de suas notas básicas. A confiança de quem sabe que é acolhido e sustentado por uma Palavra preveniente que o ultrapassa e supera infinitamente. Uma palavra que nos é dada como graça e que provoca em nós a resposta em palavras humanas como ação de graças (louvor) a Deus e gratidão aos irmãos. Mas também a seriedade do intelecto, porque o que está em jogo é a compreensão do próprio Deus e a vocação última do homem.

A partir de uma teologia como a descrita, é compreensível que seu exercício deva ser vivido com seriedade e esperança. De maneira séria e responsável, porque por trás de tudo o que estudamos, escrevemos, dizemos ou repetimos não está um conjunto de sistemas, leis ou palavras vazias, mas a Palavra única do Pai, por meio da qual o Deus infinito quis abrir e nos confiar o mistério último e definitivo de sua própria vida. Mas também de maneira consoladora e esperançosa, porque essa Palavra não é a nossa. Ou melhor, nossas palavras frágeis e gaguejantes são encorajadas e sustentadas pela Palavra de Deus que dura para sempre e nos torna eternos.

3 Anselm Stolz: teologia, dom do espírito (carisma)

Infelizmente, esse beneditino e professor em Santo Anselmo (Roma) morreu prematuramente[146]. Elmar Salmann resumiu a contribuição teológica de Stolz em quatro notas essenciais: a) uma renovada interpretação da *analisis fidei* segundo Santo Tomás, seguindo o caminho iniciado por

---

146. É assim que G.J. Békés (1988, p. 22), explica: "No final do ano acadêmico, no verão de 1942, o Abade Primaz de Fidelis Stotzingen pediu a Dom Anselmo que fosse ao mosteiro de Sorrento para substituir o capelão durante os meses de verão. Ele provavelmente estava visitando um hospital alemão quando contraiu tifo. Retorna a Roma em estado febril e, sem descansar para se curar, vai a Camaldoli para pregar exercícios espirituais aos monges.... Volta a Roma no final de setembro... No dia 18, a crise o atingiu e, no dia 19, faleceu. Devido ao perigo de infecção, seus pertences pessoais foram queimados".

Pierre Rousselot (Stolz, 1933)[147]; b) um conceito renovado da mística[148], que, se no início foi causa de discussão e controvérsia, mais tarde foi recebido e confirmado por meio de uma compreensão teológica da mística (Lubac e Balthasar) e da liturgia (Vagaggini)[149]; c) uma apresentação místico-sapiencial dos escritos de Anselmo de Cantuária (Salmann, 1988b, p. 101-124); d) uma abertura interna da escolástica ao mundo dos Padres da Igreja[150]. Por outro lado, cada um desses quatro núcleos de sua atividade teológica estava fortemente imbuído de uma teologia místico-sapiencial.

No verão de 1937, Anselm Stolz compartilhou com Karl Rahner uma das famosas semanas teológicas de Salzburgo (*Salzburger Hochschulwochen*), na qual várias palestras foram proferidas sobre a relação entre a filosofia da religião e a teologia da revelação[151]. Nesse contexto insere-se sua lição *O que é teologia?* ("*Was ist Theologie?*"), cujo pano de fundo é a consideração da teologia como ciência ("*Theologie als Wissenschaft*"). Ao fazer isso, ele vê a revelação com um forte acento cristocêntrico e uma ênfase especial nos carismas (cf. Stolz, 1937b, p. 17-23), respondendo assim à natureza e ao conteúdo da teologia.

A obra mais representativa de Stolz, *Teologia mística* (Stolz, 1937a; Calati, 1988, p. 25-48; Lipari, 1988, p. 49-69), segue a mesma linha da teologia da pregação. Nela, ele tenta *libertar* a teologia de uma reflexão fria, separada da vida real do cristianismo e da humanidade, e iniciar a busca por uma teologia viva, capaz de trazer o homem e Deus, a razão e a história para uma relação próxima.

---

147. Com essa obra se inicia a prestigiosa coleção *Studia Anselmiana*. Cf. Salmann (1988b, p. 5-11; 1988a, p. 71-99).

148. Esse é o cenário de seu famoso livro *Theologie der Mystik* (1937). A ruptura com uma interpretação psicológica e subjetivista do misticismo em favor de uma interpretação objetiva e teológica é favorecida pela chegada de teólogos ortodoxos russos às universidades francesas. Cf. González de Cardedal (1986).

149. Cipriano Vagaggini é o mais famoso discípulo de A. Stolz. No verbete "*Theologia*" do *Nuovo Dizionario di Teologia* (1977, p. 1597-1711), ele aprofundou o significado e o programa de uma teologia sapiencial iniciada por seu mestre. Cf. Salmann (1988b, p. 7, nota 7).

150. Essa abertura interna é expressa na série de manuais de teologia.

151. A preocupação subjacente às lições tanto de Rahner quanto de Stolz é o debate em torno da questão da possibilidade ou não de uma "filosofia cristã", como pode ser visto no final da lição de Stolz. Cf. K. Rahner (1997c, p. 285-293); Balthasar (1946); Coreth (2006, p. 244-256).

A teologia é uma tarefa humana, fruto do esforço de seu pensamento, mas é também uma graça e um carisma, pois o fundamento último de sua obra é o aprofundamento da graça e do dom da fé. A teologia como um discurso sobre Deus (*"Reden über Gott"*) é possível porque ela é anteriormente o discurso do próprio Deus (*"Reden von Gott"*). Em outras palavras, há teologia porque há revelação e encarnação em Jesus Cristo[152]. Seu fundamento é a graça da fé, que se situa entre dois tempos: entre a libertação dos ídolos e a expectativa da vinda do Senhor como consolo e encorajamento na espera[153].

Nessa linha de pensamento, Stolz considera urgente recuperar a unidade da teologia. A especialização só é possível em um sentido material, porque há apenas um objeto formal. Para ele, resulta impensável uma distinção, do ponto de vista do objeto formal, entre teologia positiva e especulativa. Essa unidade encontra-se em Cristo. Dele fala toda afirmação da fé e tal é o sentido da tese clássica que afirma que Cristo é o objeto da teologia (cf. Rahner, 1965, 1998).

A grande renovação teológica trazida pelo Vaticano II, o evento eclesial mais importante do século XX, levou ao obscurecimento de todos os esforços teológicos anteriores. No entanto, a década de 1930 foi um período de grande fecundidade teológica, como evidenciado pelas novas correntes teológicas e filosóficas nascidas naquela época: a teologia da pregação (J.A. Jüngmann, H. Rahner), a renovação da filosofia cristã no espírito da filosofia da vida e da fenomenologia (R. Guardini, E. Stein), a abertura e o retorno ao mundo dos Padres (K. Adam, H. de Lubac, J. Daniélou, H.U. von Balthasar), bem como a reinterpretação do escolasticismo em diálogo com a filosofia moderna: perspectiva kantiana (P. Rousselot, J. Maréchal), Kant e Heidegger (K. Rahner, G. Siewert, J.B. Lotz), Hegel (A. Marc) e Hartmann (G. Sohngen).

Mas não há nada melhor do que ter acesso pessoal a esse texto paradigmático de Anselm Soltz, que é constantemente mencionado nestas linhas. Para tanto, dele apresento minha versão.

---

152. Para se entender as declarações de Stolz, temos de levar em conta o debate sobre a natureza da teologia (*Was ist Theologie?*) entre K. Barth, E. Peterson e o próprio A. Stolz. Cf. Nichtweiss (1992, p. 499-721).

153. Essa compreensão da teologia é compartilhada por Rahner; cf. a homilia final dessas jornadas (Rahner, 1997a, p. 294).

O que é teologia?

Faz todo sentido perguntar sobre a natureza da teologia, porque a resposta não busca um interesse puramente científico, mas iluminar toda a existência cristã em sua relação com a Palavra de Deus.

[1. Teologia como discurso *de* Deus e *sobre* Deus]

A teologia é, em termos gerais, falar de Deus (*"Reden von Gott"*). Isso pressupõe que Deus tenha falado às pessoas sobre si mesmo. No entanto, a palavra de Deus chega até nós por meio dos livros inspirados da Sagrada Escritura e, à sua maneira, na encarnação do Filho, a Palavra eterna e divina. A teologia só é possível, em seu sentido pleno, se houver a Sagrada Escritura e a encarnação. Sem ambas [as realidades], haveria, no máximo, um discurso *sobre* Deus (*"Reden über Gott"*), mas não um discurso *de* Deus, ou seja, um discurso que tem seu ponto de partida em Deus. E, basicamente, um discurso sobre Deus dificilmente é capaz de dizer algo sobre a realidade da vida interior de Deus (por exemplo, sobre sua paternidade).

[Teologia e revelação]

Quando falamos da revelação de Deus, nos referimos à palavra escrita de Deus e à encarnação. O que é revelação? Temos que distinguir um conceito duplo de revelação: um apologético e outro dogmático. O primeiro compreende a revelação em oposição ao racionalismo, o qual não reconhece nenhuma verdade suprarracional e quer dissolver toda a teologia em filosofia, bem como a comunicação de verdades suprarracionais. Isso levou a falar de uma revelação "natural", na medida em que Deus se deu a conhecer ao homem na natureza, e também de uma teologia natural (teodiceia), que é elaborada com base nesse conhecimento natural. O teólogo dogmático, aderindo à linguagem usada no Novo Testamento, refere-se a isso como a manifestação do Reino de Deus (*"Offenbarwerden des Reiches Gottes"*). Um reino que foi preparado no Antigo Testamento, em Cristo alcançou seu pleno e misterioso início e, com o julgamento final, chegará à sua plena realidade. Esse conceito supera o primeiro. Aqui também é afirmada a comunicação de verdades suprarracionais, mas não em primeiro lugar. Os paralelos entre uma revelação "natural" e a teologia estão próximos, mas não são enfatizados, porque para a revelação do Reino de Deus não há paralelos na natureza como tal. Além disso, entende-se que o conhecimento dos teólogos, que falam do verdadeiro Reino de Deus, embora ainda esteja oculto, deve se tornar compreensível para os crentes, assim como deve ser compreendido em todo o processo de revelação (cf. Mt 16,17: "A carne e o sangue não o revelaram"). Uma teologia sem fé, que apenas assume declarações hipotéticas de fé e desenvolve um sistema lógico a partir delas, não é capaz de dizer nada sobre o verdadeiro falar do Deus que se revela na história da salvação. A teologia é, por outro lado, uma função necessária no corpo de Cristo, porque a Palavra de Deus (Logos), que a Igreja tem nas Sagradas Escrituras e em Cristo, vive e age e não pode permanecer em silêncio em nós (Ambrósio de Milão).

[O conceito de "teologia"]

É instrutivo investigar por que a Tradição da Igreja chamou esse "falar de Deus" (*"Reden von Gott"*) pelo termo "teologia". Essa palavra, cuja origem não é bíblica, foi emprestada no século III da antiga linguagem sagrada. Originalmente, ela dava o nome a um cântico entusiasmado sobre os deuses e seus efeitos graciosos sobre a humanidade. Clemente de Alexandria e Orígenes usaram essa palavra pela primeira vez (os primeiros apologistas não falam de "teologia", mas de "verdadeira filosofia"). Com ela, eles se referem a um falar de Deus que vem do Espírito Santo e que, ao mesmo tempo, é louvor e oração a Deus. A partir disso, podemos entender por que os monges antigos consideravam a teologia como um certo grau da vida mística. A teologia é o dom de falar a Deus sobre sua própria vida mística com entusiasmo e louvor. Portanto, a tradição de "falar de Deus" é entendida não tanto como uma ação humana, mas como um carisma do Espírito Santo; não apenas como ciência pura, mas também como oração e louvor. Para expressar essa ideia, eles escolheram o nome "teologia".

[2. Teologia como carisma]
[A teologia diante da idolatria]

Carisma é um dom eficaz do Espírito Santo, que permite que os cristãos desenvolvam seu ser cristão em uma determinada direção. Os carismas são um efeito do Espírito Santo; em outras palavras, eles abrem a estreiteza da natureza por meio do poder sobrenatural de Deus. Nesse sentido, todo cristão é um carismático, ou seja, alguém que direciona sua vida de graça para o pleno desenvolvimento. Na teologia antiga, apenas certas ações eram consideradas carismas (consolação, obras de misericórdia), que viviam lado a lado com outros dons da graça, como a expulsão de demônios e a fala da sabedoria. Toda expressão da vida cristã é "carismática". A teologia posterior limitou esse conceito aos dons da graça que, de certa forma, servem a toda a comunidade cristã, por exemplo, o dom de línguas, o discernimento de espíritos, o dom de operar milagres etc. Se a teologia é definida como carisma no sentido da teologia antiga, é para salientar que o falar de Deus vem do Espírito de Deus, que desce sobre a estreiteza da pura natureza e em que o puro pensamento não pode intervir. Por outro lado, como o falar carismático de Deus, a teologia é um sinal do senhorio emergente de Deus. No entanto, como um curso que vem do Espírito consolador, ela pode não ser primariamente um discurso sistemático e doutrinário, mas aquela palavra que facilita o tempo de espera entre a primeira e a segunda vinda e traz conforto aos crentes. O discurso de Deus nesse tempo de espera é um sinal para que a humanidade seja libertada do domínio dos ídolos mudos (1Cor 12,2), que não apenas não dão glória a Deus, mas roubam dos homens o verdadeiro conhecimento e a verdadeira adoração. Por essa razão, a teologia também é um encontro com os poderes inimigos, que tentam envolver os homens no engano.

[Os teólogos, herdeiros dos mestres do Novo Testamento]

A natureza do carisma teológico é iluminada pela conexão com o carisma do *didáskalos* (mestre). Na Igreja antiga, o mestre era considerado um *status* próprio depois dos apóstolos e profetas (1Cor 12,28; cf. Ef 4,11). O apostolado sempre ocupa o primeiro lugar, pois é o fundamento, a raiz e a recapitulação dos outros ofícios: "A plenitude dos demais carismas está encerrada no apostolado como na cabeça" (João Crisóstomo). O profeta do Novo Testamento é iluminado pelo Espírito Santo para ser uma iluminação dos mistérios de Deus e um anúncio da vontade divina. Uma reintegração do dom de profecia constrói o dom de discernimento de espíritos. Com ele, o carismático pode decidir se um profeta fala por inspiração divina ou por um espírito maligno. O mestre (*didáskalos*) é ordenado para esses carismas. Ele é (diferentemente do apóstolo e do profeta, sob os quais ele está) aquele que ordena uma determinada comunidade, torna a doutrina da fé compreensível em sua unidade e conforta os fiéis até a vinda do Senhor. O mestre, ao mesmo tempo e em contraste com o profeta, é essencialmente referido e depende do estudo pessoal. São essas propriedades que os teólogos assumiram legitimamente. Nos teólogos, o mestre (*didáskalos*) do cristianismo primitivo continua vivo e, como mestres, eles recebem uma parte do magistério da Igreja e se tornam participantes de um dom espiritual. O bispo de Roma, em quem o apostolado permanece, é, antes de tudo, o portador do carisma do ensino. A plenitude de seu carisma de ensinar mostra-se sobretudo na universalidade de sua tarefa magisterial e na infalibilidade de suas decisões dogmáticas. O bispo possui esse carisma para sua diocese, o pároco para sua paróquia, o teólogo para seu círculo, para o qual lhe foi dada a tarefa. Além disso, é preciso observar que o carisma docente (com exceção das decisões pontifícias) depende essencialmente da colaboração dos portadores do carisma no que diz respeito ao seu impacto.

O ser carismático dos teólogos é fundado na graça da fé que força sua natureza a compreender a visão de Deus em profundidade e plenitude. A graça da fé é aprofundada em uma "experiência" do divino, na qual o crente se torna místico. Ele tem a possibilidade e a tarefa de expressar seu profundo conhecimento e compartilhá-lo com os outros. O aprofundamento da graça da fé é, em última análise, o fundamento do trabalho teológico. É por isso que podemos falar de um chamado à mística e à teologia em cada cristão, mas com a limitação de que nem todos têm a capacidade e a tarefa de ser professores.

[Teologia e o dom de línguas]

A teologia como discurso de Deus afirma uma relação com a linguagem e as línguas. Já no discurso entusiasmado do Apóstolo Pedro no Dia de Pentecostes, encontramos essa conexão. O fato de os apóstolos falarem em línguas estrangeiras aponta, em primeiro lugar, para a universalidade da Igreja e também indica que seu ensino não está vinculado a nenhuma nação ou língua em particular. A diversidade de línguas – a punição de Deus aos homens de acordo com a narrativa de Gênesis (Torre de Babel) para dissipar suas aspirações endeusadas de uma unidade autocriada – não tem mais consequências paralisantes na Igreja: cada língua se torna um meio para que todos os homens sejam conduzidos juntos à unidade do corpo de Cristo. No dom de línguas, de fato, é apenas expresso que, em um estado de êxtase, o homem não fala mais com a língua dos homens, mas com a língua dos anjos, como um sinal de que ele é levado novamente à comunhão dos anjos adoradores de Deus. Esse falar com a língua dos anjos é prolongado na linguagem paradoxal dos místicos e na expressividade característica que eles possuem quando se comunicam em seu próprio idioma. É por isso que a linguagem do teólogo, que, como professor, deve transmitir a boa-nova do Evangelho, tem uma relação com o falar carismático da linguagem humana. Sua tarefa é abrir as pessoas, em sua língua materna, para a consolação do Evangelho e, assim, dar ao próprio idioma sua consumação por meio do conteúdo pregado. O teólogo é batizado como um escultor do idioma.

[3. A teologia como ciência]
[A verdadeira filosofia]

A teologia também pode ser vista como uma ciência (*Wissenschaft*). Esse entendimento não é excluído pela visão acima. Os apologistas do cristianismo primitivo deram o primeiro passo em direção a esse entendimento quando qualificaram a doutrina da fé – em oposição à filosofia pagã – como a verdadeira filosofia.

Eles situaram a doutrina cristã e o conhecimento filosófico em uma relação estreita pela primeira vez, e é por isso que podem ser chamados de os verdadeiros fundadores da ciência teológica. Entretanto (e isso decorre de sua posição polêmica em relação à filosofia pagã), os apologistas não podiam enfatizar diretamente o caráter científico da teologia sem antes dizer que a doutrina cristã oferecia a plenitude daquilo que a filosofia pagã havia buscado. Os apologistas conectaram seu entendimento da teologia como filosofia com a doutrina da redenção: Cristo veio ao mundo para nos ensinar a verdadeira filosofia. Desse modo, Ele nos libertou do domínio dos demônios que mantinham a humanidade aprisionada no erro.

[Santo Tomás de Aquino]

Na época de Santo Tomás, as coisas mudaram, ele conscientemente falou da teologia de uma forma que enfatizava seu caráter científico. Ao fazer isso, ele se deixou guiar fielmente pelo pensamento aristotélico: a teologia, como qualquer outra ciência, contém verdades fundamentais (as afirmações de fé) das quais novos conhecimentos podem ser extraídos por meio da aplicação de um método científico rigoroso. Entretanto, a teologia continua sendo uma ciência com seu próprio método, que se baseia naquilo que está em seu fundamento, ou seja, a fé. Pois, na teologia, a aceitação das verdades da fé não deriva, como nas outras ciências, da capacidade do pensamento humano (*Einsicht*), mas do que acontece na fé sobrenatural realizada pela graça. Por essa razão, o caráter científico da teologia não pode ser tomado em um sentido absoluto. As propriedades da teologia são esclarecidas por meio do que se entende por ciência, mas, com isso, sua essência não é totalmente compreendida.

Os apologistas do cristianismo primitivo, ao compreenderem e perceberem a teologia como uma verdadeira filosofia, por sua vez, provocaram o desenvolvimento da exegese cristã. Nesse sentido, é muito significativo que as antigas escolas teológicas sejam caracterizadas pela exegese das Escrituras realizada por seus fundadores. Cristo é entendido como o fundador da "verdadeira filosofia" e os livros da Sagrada Escritura como o fruto e o sedimento de seu ensino. Uma vez que a teologia é entendida como o discurso de Deus ("*Reden von Gott*"), ela deve ser buscada na Palavra de Deus escrita, mas essa relação se torna ainda mais forte pelo entendimento de Cristo, o fundador da "verdadeira filosofia". A exegese da Escritura feita pelas escolas teológicas permaneceu decisiva na Idade Média. Somente com o estabelecimento do entendimento tomista posterior do caráter científico da teologia é que ocorreu a dissolução do ensino propriamente teológico da Escritura (que havia sido preparado pelas *Sentenças* de Pedro Lombardo). A doutrina do caráter científico da teologia teria, entre outras consequências importantes, o desejo de uma síntese ("*ordo disciplinae*"), que naturalmente não poderia vir de uma ruptura. A compreensão tomista do caráter científico da teologia teve o mérito de conduzir a exegese diversificada das diferentes escolas teológicas, em sua degeneração já alegórica, para os caminhos da objetividade, protegendo a teologia, assim, do racionalismo da dialética. A teologia, como ciência ordenada ao conhecimento de Deus ("*scientia subalternata*"), não se satisfaz com uma compreensão racional das verdades da fé, mas tende sempre à própria realidade.

A compreensão tomista do caráter científico da teologia tem em si, no entanto, o perigo de separar a teologia de suas fontes (especialmente da Sagrada Escritura). O escolasticismo tardio nem sempre conseguiu evitar esse problema. Isso levou a um declínio na teologia, que foi combatido no período humanista pela emergente teologia positiva. A reforma ainda não foi concluída. A próxima tarefa da teologia deve ser integrar esse novo material bíblico e patrístico harmoniosamente ao sistema doutrinário escolástico.

[Teologia e filosofia]

Ao entender a teologia como uma ciência, ela é colocada em relação com outras ciências, especialmente com a filosofia. A teologia é influenciada por essa área do conhecimento natural? Essa pergunta é respondida de diferentes maneiras pelos estudiosos católicos na disputa sobre a "filosofia cristã". Aqui fica claro que a questão decisiva é a seguinte: Em que sentido uma filosofia pode ser colocada ao lado da teologia? Esse companheirismo não deve, em nenhum caso, ser entendido de forma absoluta (como iluminação total da realidade). Nesse sentido, há apenas uma filosofia: a teologia. O ponto de vista histórico-filosófico não deve ser generalizado, ou seja, transferido para a teologia de tal forma que o problema teológico em si seja esquecido e os problemas filosóficos investigados a partir das fontes da fé sejam colocados em primeiro plano.

[Teologia e magistério]

De especial interesse hoje é a relação entre a teologia e o magistério, uma relação que geralmente é malcompreendida, ou seja, a relação entre a teologia e as decisões infalíveis de fé de um concílio geral ou dos papas. Uma vez que essas decisões infalíveis (como pode ser deduzido das declarações dos padres do Concílio Vaticano I) não são necessariamente um fim para qualquer desenvolvimento dogmático, a teologia não pode, enquanto nenhuma heresia perturbar a Igreja, prever sua tarefa a fim de introduzir qualquer decisão magisterial. A teologia tampouco construirá seus tratados sobre dogmas ou sobre as declarações únicas definidas como os pontos cardeais dos tratados, porque nem todos os pontos essenciais da doutrina da fé e da teologia estão definidos.

[A unidade da teologia]

Uma desvantagem da teologia atual é sua falta de unidade. O conhecimento teológico está fragmentado em inúmeras disciplinas isoladas, que muitas vezes são fracamente integradas. E, no entanto, a teologia deve ser uma ciência, como Santo Tomás expressamente ensinou. A dispersão moderna em disciplinas teológicas, que juntas possuem apenas uma unidade vazia, decorre da separação da teologia de suas fontes, como ocorreu na escolástica tardia. As disciplinas teológicas derivadas que são compostas a partir das fontes (teologia bíblica, teologia patrística, história dos dogmas, ou seja, as disciplinas da "teologia positiva") estão em oposição à chamada teologia "especulativa", que é fundada e construída a partir do próprio sistema teológico. Essa divisão da teologia não se baseia no entendimento de Santo Tomás, que queria expressamente dominar o tratamento das fontes da teologia, mas também não se baseia na teologia dos primeiros teólogos "positivos". Eles queriam aceitar conscientemente a tarefa da teologia em sua totalidade, a tarefa da atual teologia especulativa. Eles diferiam dos teólogos escolásticos apenas do ponto de vista do método, libertando-se assim da forma silogística da teologia escolar. A teologia especulativa e a teologia positiva não podem receber um objeto diferente sem quebrar sua unidade. Na teologia, uma divisão de trabalho só é possível do ponto de vista material na medida em que as disciplinas teológicas individuais são tratadas tanto de forma "positiva" quanto "especulativa". Somente dessa forma é possível uma nova vivificação da teologia.

[Unidade em Cristo]

Objetivamente, a teologia encontra sua unidade em Cristo. Toda afirmação de fé fala dele: do Cristo total, do Cristo místico, da cabeça e dos membros. Esse é o significado da antiga tese segundo a qual Cristo é o objeto da teologia. Cristo é o centro da teologia, tanto que é Ele que cresce nos teólogos se o intelecto da fé (*intellectus fidei*) for aprofundado. A graça da fé é a participação na sabedoria eterna de Deus. Somente se a direção dos diferentes problemas teológicos é conduzida ao Cristo total, pode fazer com que os crentes entendam e fiquem satisfeitos internamente.

Breve comentário

Dividi o texto em três partes e introduzi alguns títulos para melhor compreensão do fio condutor da argumentação. A primeira parte refere-se à compreensão da teologia em seu sentido etimológico, ou seja, aquele discurso racional de e sobre Deus. A ideia central do autor é que o cristianismo aceita esse termo pagão invertendo seu significado. Antes de ser o discurso do homem sobre Deus, é a palavra de Deus para o homem. A teologia cristã pressupõe, em última análise, a revelação, a encarnação e a fé. Sem isso, não há teologia cristã.

A segunda parte enfoca a teologia como um carisma, um dom que o Espírito concede a todo crente. Esse carisma faz distinção entre a idolatria de ídolos mudos, que roubam do homem o verdadeiro conhecimento, e o discurso sobre a palavra libertadora e consoladora de Deus na expectativa da vitória final de Deus sobre os poderes deste mundo. Todo cristão é chamado a ser um místico e um teólogo, mesmo que nem todos sejam chamados, em um sentido técnico, a ser professores. Além disso, especificamente, o carisma da teologia está ligado ao ministério de "professores" no Novo Testamento. Nas palavras de Anselm Stolz, antecipando um pouco a tese de Heinz Schürmann, "nos teólogos sobrevive o mestre do cristianismo primitivo". Eles têm uma função específica em relação aos apóstolos e profetas, mas sua atividade está vinculada e sujeita aos dois carismas que nas listas do Novo Testamento aparecem em primeiro lugar. O ensino autorizado dos mestres não se refere à autoridade apostólica, ligada ao Sacramento da Ordem, nem à autoridade do profeta, ligada a um dom especial de testemunho no mundo que antecipa e anuncia o Reino de Deus em meio à vida das pessoas, mas à autoridade da sabedoria, que é pacientemente exercida no estudo diário e acaba se manifestando na perícia do especialista. Esse carisma está ligado ao dom de línguas, em que o teólogo deve ser um filólogo capaz de transmitir no vernáculo a Palavra consoladora do Evangelho e de conduzir essa língua à sua máxima expressividade e consumação em favor da natureza do objeto e do conteúdo proclamado[154].

Na terceira parte, o autor aborda a questão da teologia como ciência. A teologia pressupõe a revelação e a fé. Como um carisma do Espírito no crente, ela atualiza e torna presente o ministério dos mestres no Novo Testamento; mas, como ciência rigorosa, dialoga em profundidade com a filosofia e se entende como "a verdadeira filosofia". Tomás de Aquino demonstrou de forma paradigmática que a teologia, dado seu "objeto" peculiar e, consequentemente, seu método próprio, é também uma ciência rigorosa que deve ser entendida em relação a outras ciências, especialmente a filosofia.

Finalmente, Anselm Stolz apresenta dois temas muito atuais: 1) a relação entre a teologia e o magistério, entendendo as definições dogmáticas como o fim de uma discussão e o início de uma tarefa teológica insuspeitada (Rahner e Balthasar desenvolverão esse ideal posteriormente)[155]; 2) a unidade da teologia em oposição à dispersão dos tratados teológicos, em que tem havido uma divisão doentia entre uma teologia positiva, desconsiderando a tarefa da teologia como um todo, e uma teologia especulativa, que, separada das fontes, é constituída a partir de seu próprio sistema. Nesse ponto, nosso autor segue a tese clássica que vê Cristo como o centro da teologia. Essa tese foi defendida pelos Padres na interpretação da Escritura, destacou-se como convicção-chave da teologia escolástica (sobretudo em São Boaventura) e esteve muito presente na renovação teológica daqueles anos (cf. autores tão diversos como H. Rahner, J.A. Jüngmann, E. Mersch, K. Barth, R. Guardini, Teilhard de Chardin) (cf. Cordovilla, 2004a, p. 68-76).

Somente em Cristo a teologia pode encontrar a razão de sua unidade e o sentido de sua importância pastoral para a vida cristã. Cristo é o coração da teologia do ponto de vista de seu objeto de conhecimento e do ponto de vista do sujeito que conhece.

---

154. A importância de Lutero na criação do idioma alemão moderno ressoa nessa tarefa.

155. Cf. capítulo 7: "A moldura da teologia: o magistério da Igreja".

Referências

ALETTI, J.-N. *Jesu-Cristo ¿factor de unidad del Nuevo Testamento?* Salamanca: Secretariado Trinitario, 2000.

AMENGUAL, G. ¿Cómo pensar y creer en Dios después de Nietzsche? *In*: CORDOVILLA, A.; SÁNCHEZ CARO, J.M.; DEL CURA, S. (eds.). *Dios y el hombre en Cristo: homenaje a Olegario González de Cardedal*. Salamanca: Sígueme, 2006. p. 71-93.

ANDÍA, Y. de. La gnosis de nombre mentiroso: seducción y divisiones. *Communio*, ano 19, p. 452-473, 1997.

ANDÍA, Y. de. Mística y liturgia: retorno al misterio en el siglo del Vaticano II. *In*: CORDOVILLA, A.; SÁNCHEZ CARO, J.M.; DEL CURA, S. (eds.). *Dios y el hombre en Cristo: homenaje a Olegario González de Cardedal*. Salamanca: Sígueme, 2006. p. 473-508.

ANDRÉS, M. La teología en el siglo XVI. *In*: ANDRÉS, M. *Historia de la teología española*. Madri: Fundación Universitaria Española, 1983. vol. 1, p. 579-735.

ARDUSSO, F. *Magisterio eclesial: el servicio de la Palabra*. Madri: San Pablo, 1997.

ARISTÓTELES. *Metafísica*. Edição trilíngue de V. García Yebra. Madri: Gredos, 1998.

ARNOLD, C. An essay on the development of Christian doctrine. *In*: ECKERT, M.; HERMS, E.; HILBERATH, B.J.; JÜNGEL, E. *Lexikon der theologischen Werke*. Stuttgart: Alfred Kröner, 2003. p. 280.

ARTOLA, A.M.; SÁNCHEZ CARO, J.M. *Biblia y palabra de Dios*. Estella: Verbo Divino, 1992. (Introducción al estudio de la Biblia, 2).

BALTHASAR, H.U. von. Von den Aufgaben der katholischen Philosophie in der Zeit. Einsiedeln: Johannes, 1946.

BALTHASAR, H.U. von. *Kosmische Liturgie: das Weltbild Maximus des Bekenners*. Einsiedeln: Johannes, 1961.

BALTHASAR, H.U. von. El lugar de la teología. *In*: BALTHASAR, H.U. von. *Ensayos teológicos: Verbum Caro*. Madri: Guadarrama, 1964a. vol. 1, p. 193-207.

BALTHASAR, H.U. von. *Ensayos teológicos: Verbum Caro*. Madri: Guadarrama, 1964b. vol. 1.

BALTHASAR, H.U. von. Palabra, escritura, tradición. *In*: BALTHASAR, H.U. von. *Ensayos teológicos: Verbum Caro*. Madri: Guadarrama, 1964c. vol. 1.

BALTHASAR, H.U. von. Teología y santidad. *In*: BALTHASAR, H.U. von. *Ensayos teológicos: Verbum Caro*. Madri: Guadarrama, 1964d. vol. 1, p. 235-268.

BALTHASAR, H.U. von. *Henri de Lubac: Sein organisches Lebenswerk*. Einsiedeln: Johannes, 1976.

BALTHASAR, H.U. von. La verdad es sinfónica: aspectos del pluralismo cristiano. Madri: Encuentro, 1979. [Trad.: *A verdade é sinfônica*. São Paulo: Paulus, 2013.]

BALTHASAR, H.U. von. *Gloria: la percepción de la forma*. Madri: Encuentro, 1985a. vol. 1.

BALTHASAR, H.U. von. Pretensión de catolicidad. *In*: BALTHASAR, H.U. von. *Puntos centrales de la fe*. Madri: Biblioteca de Autores Cristianos, 1985b.

BALTHASAR, H.U. von. *Gloria: estilos eclesiásticos*. Madri: Encuentro, 1986. vol. 2.

BALTHASAR, H.U. von. Teología y santidad. *Communio*, ano 9, p. 486-493, 1987.

BALTHASAR, H.U. von. *Católico: aspectos del misterio*. Madri: Encuentro, 1988a.

BALTHASAR, H.U. von. Von der Theologie Gottes zur kirchlichen Theologie. *International Katholische Zeitschrift Communio*, p. 305-315, 1988b.

BALTHASAR, H.U. von. *Das Ganze im Fragment. Aspekte der Geschichtstheologie*. Einsiedeln: Benziger, 1990.

BALTHASAR, H.U. von. *Geist und Feuer: Ein Aufbau aus seinen Schriften*. Einsiedeln: Johannes, 1991.

BALTHASAR, H.U. von. *Incontrare Cristo*. Casale Monferrato: Piemme, 1992.

BALTHASAR, H.U. von. *Teodramática: la acción*. Madri: Encuentro, 1995a. vol. 4, p. 328-337.

BALTHASAR, H.U. von. *Teológica: el espíritu de la verdad*. Madri: Encuentro, 1995b. vol. 3.

BALTHASAR, H.U. von. *Teológica: verdad de Dios*. Madri: Encuentro, 1996. vol. 2.

BALTHASAR, H.U. von. *Teológica: verdad de Dios*. Madri: Encuentro, 1997. vol. 2.

BALTHASAR, H.U. von. *Epílogo*. Madri: Encuentro, 1998a.

BALTHASAR, H.U. von. *Teológica: el espíritu de la verdad*. Madri: Encuentro, 1998b. vol. 3.

BALTHASAR, H.U. von. *Teología de los tres días: el misterio pascual*. Madri: Encuentro, 2000.

BALTHASAR, H.U. von. *Sólo el amor es digno de fe*. Salamanca: Sígueme, 2004.

BALTHASAR, H.U. von. *¿Por qué soy todavía cristiano?* Salamanca: Sígueme, 2005.

BALTHASAR, H.U. von; RATZINGER, J. *María: Iglesia naciente*. Madri: Encuentro, 1998.

BARTH, K. *Das Wort Gottes und die Theologie*. Gesammelte Vorträge. Munique: Kaiser, 1924.

BARTH, K. *Die Kirchliche Dogmatik I: Die Lehre vom Worte Gottes. Prolegomena zur kirchlichen Dogmatik; I, 1: Einleitung. Das Wort Gottes als Kriterium der Dogmatik*. Zurique: Theologischer, 1986 (Kirchliche Dogmatik, § 1,1).

BARTH, K. Appendice autobiografica sui rapporti Barth-Schleiermacher. *In*: BARTH, K. *Introduzione alla teologia evangelica*. Cinisello Balsano: San Paolo, 1990. p. 263.

BARTH, K. *Dogmatik im Grundriss*. Zurique: Theologischer, 1998.

BARTH, K. *Anselmo d'Aosta: fides quaerens intellectum*. Bréscia: Morcelliana, 2001a.

BARTH, K. *Esbozo de Dogmática*. Santander: Sal Terrae, 2001b.

BARTH, K. *Introducción a la teología evangélica*. Salamanca: Sígueme, 2006.

BATLOGG, A. *Die Mysterien des Leben Jesu bei Karl Rahner*. Innsbruck: Tyrolia-Verlag, 2001.

BAUER, W. *Rechtgläubigkeit und Ketzerei im ältesten Christentum*. 2. ed. Tubinga: Mohr, 1964.

BECKER, J. *Pablo, el apóstol de los paganos*. Salamanca: Sígueme, 1996.

BÉKÉS, G.J. Testimonianze personali. *In*: SALMANN, E. (ed.). *La teologia místico-sapienziale di Anselm Stolz*. Roma: Centro Studi Sant'Anselmo, 1988.

BENTO DE NÚRSIA. *Regla de los monjes*. Salamanca: Sígueme, 2006. [Trad.: *Regra*. Rio de Janeiro: Lumen Christi, 2008.]

BENTO XVI. *Glaube und Vernunft: die Regensburger Vorlesung*. Friburgo: Herder, 2006.

BEZNER, F. Sic et non. *In*: ECKERT, M.; HERMS, E.; HILBERATH, B.J.; JÜNGEL, E. *Lexikon der theologischen Werke*. Stuttgart: Alfred Kröner, 2003.

BIEMER, G. John Henry Newman (1801-1890). Heiligkeit und Wachstum. *In*: NEUNER, P.; WENZ, G. (eds.). *Theologen des 19. Jahrhunderts*. Darmstadt, 2002. p. 127-143.

BOEGLIN, J.-G. *La question de la Tradition dans la théologie catholique contemporaine*. Paris: Cerf, 1998.

BORDONI, M. Jesus Christus: die Wahrheit in Person. *In*: MÜLLER, G.L. (ed.). *Einzigkeit und Universalität Jesu Christi im Dialog mit den Religionen*. Einsiedeln: Johannes, 2001.

BORNKAMM, G. Mysterion. *In*: KITTEL, G.; FRIEDRICH, G. *Theologisches Wörterbuch zum Neuen Testament*. Stuttgart: Kohlhammer, 1942. vol. 4, p. 809-934.

BRAGUE, R. Europa zwischen Herkunft und Zukunft. *International Katholische Zeitschrift Communio*, p. 213-224, 2005.

BRAKKE, D. *Los gnósticos: mito, ritual y diversidad en el cristianismo primitivo*. Salamanca: Sígueme, 2013.

BRAMBILLA, G. Teologia biblica e teologia sistematica: per continuare el dialogo. *Teología*, vol. 30, n. 3, p. 283-296, 2005.

BRITO, E. *La Pneumatologie de Schleiermacher*. Lovaina: Leuven University Press, 1994.

BRITO, E. Schleiermacher. *In*: LACOSTE, J.-Y. (ed.). *Dictionnaire critique de Théologie*. Paris: PUF, 1999. p. 1070.

BULTMANN, R. *Glaube und Verstehen*. Stuttgart: Mohr, 1993. vol. 1.

CALATI, B. Linee portanti della mistica di A. Stolz e la spiritualità oggi. *In*: SALMANN, E. (ed.). *La teologia mistico-sapienciale in A. Stolz*. Roma: Centro Studi Sant'Anselmo, 1988. p. 25-48.

CANO, M. *De locis theologicis*. Edição de J. Belda Plans. Madri: Biblioteca de Autores Cristianos, 2006.

CARPENTER, C. *San Buenaventura: la teología como camino de santidad*. Barcelona: Herder, 2006.

CASEL, O. *El misterio del culto cristiano*. San Sebastián: Dinor, 1953. [Trad.: *O mistério do culto no cristianismo*. São Paulo: Loyola, 2007.]

CEBOLLADA, P. Non coerceri maximo, contineri tamen a minimo, divinum est. *Manresa*, 82, p. 247-252, 2010.

CHILDS, B. Interpretation in faith: the theological responsibility of an Old Testament commentary. *Interpretation*, vol. 18, n. 4, p. 432-449, 1964.

COLOMBÁS, G.M. *La lectura de Dios: aproximación a la lectio divina*. Zamora: Monte Casino, 1995. [Trad.: *A leitura de Deus*. São Paulo: Paulus, 2003.]

COMISIÓN TEOLÓGICA INTERNACIONAL. *La interpretación de los dogmas: documento 1988*. Toledo: Cete, 1990.

COMISIÓN TEOLÓGICA INTERNACIONAL. Magisterio y teología (1975), tese I. *In*: POZO, C. (ed.). *Documentos de la Comisión Teológica Internacional (1969-1996): veinticinco años de servicio a la teología de la Iglesia*. Madri: Biblioteca de Autores Cristianos, 2000.

CONFERENCIA EPISCOPAL ESPAÑOLA. *Teología y secularización en España*. Madri: Edice, 2006.

CONGAR, Y. *Verdaderas y falsas reformas en la Iglesia*. Madri: [s. n.], 1953.

CONGAR, Y. *La Tradition et les traditions: essai théologique*. Paris: Artheme Fayard, 1963. vol. 2.

CONGAR, Y. *La Tradición y las tradiciones: ensayo histórico*. San Sebastián: Dinor, 1964. vol. 1.

CONGAR, Y. Pour une histoire sémantique du terme "Magisterium". *Revue des Sciences Philosophiques et Théologiques*, vol. 60, n. 1, p. 85-98, 1976.

CONGAR, Y. La Iglesia es católica. *In*: FEINET, J.; LÖHRER, M. (eds.). *Mysterium salutis: manual de teologia como historia de la salvacion*. Madri: Cristiandad, 1984. vol. 4, tomo 1, p. 492-516. [Trad.: *Mysterium salutis: compêndio de dogmática histórico-salvífica*. Petrópolis: Vozes, 1975. vol. 4, tomo 1.]

CONGAR, Y. *El Espíritu Santo*. Barcelona: Herder, 1991.

CONGREGAÇÃO PARA A DOUTRINA DA FÉ. *"Donum Veritatis"* – sobre a vocação eclesial do teólogo. Cidade do Vaticano: Libreria Editrice Vaticana, 1990.

CONGREGAÇÃO PARA A DOUTRINA DA FÉ. *"Dominus Iesus"* – sobre a unidade e a universalidade salvífica de Jesus Cristo e da Igreja. Cidade do Vaticano: Libreria Editrice Vaticana, 2000.

CORBIN, M. *L'oeuvre de S. Anselme de Cantorbery: L'incarnation du Verbe. Pourquoi un Dieu-homme*. Paris: Cerf, 1988. tomo 3.

CORBIN, M. Prière et raison de la foi: Introduction à l'oeuvre de Saint--Anselme de Cantorbéry. Paris: Cerf, 1992.

CORDOVILLA, A. *Gloria de Dios y salvación del hombre: una aproximación al cristianismo*. Salamanca: Secretariado Trinitario, 1997.

CORDOVILLA, A. *Gramática de la encarnación: la creación en Cristo en la teología de Rahner y Balthasar*. Madri: Universidad Pontificia Comillas, 2004a.

CORDOVILLA, A. La teología es pensar: la relación entre filosofía y teología en K. Rahner. *Estudios Eclesiásticos*, vol. 79, n. 310, p. 395-412, 2004b.

CORDOVILLA, A. Cristo, verdad absoluta de la creación y de la historia. *In*: RICO PAVÉS, J. (ed.). *La fe de los sencillos*. Comentario a la instrucción pastoral "Teología y secularización en España". Madri: Biblioteca de Autores Cristianos, 2007. p. 449-474.

CORDOVILLA, A. *El misterio de Dios trinitario*. Madri: Biblioteca de Autores Cristianos, 2012.

CORDOVILLA, A. El exceso de Dios y la belleza de la salvación: una lectura del "Cur Deus Homo" de Anselmo de Canterbury. *In*: ESNAOLA, M.A. *et al. La unción de la gloria: en el Espíritu, por Cristo al Padre*. Homenaje a Mons. Luis E. Ladaria. Madri: Biblioteca de Autores Cristianos, 2014a. p. 205-226.

CORDOVILLA, A. *En defensa de la teología: una ciencia entre la racionalidad y el exceso*. Salamanca: Sígueme, 2014b.

CORDOVILLA, A. La Sagrada Escritura, alma de la teología. *In*: FERNÁNDEZ SANGRADOR, J. (ed.). *La Sagrada Escritura en la Iglesia*. Madri: Biblioteca de Autores Cristianos, 2015a. p. 355-393.

CORDOVILLA, A. La teología católica emergent. *Qüestions de Vida Cristiana*, n. 251, p. 31-59, 2015b.

CORDOVILLA, A. La liturgia [no] es lugar teológico. *Phase*, ano 56, p. 525-536, 2016.

CORETH, E. *Dios en el pensamiento de los filósofos*. Salamanca: Sígueme, 2006.

DREYFUS, F. Exégèse en Sorbonne, exégèse en Eglise. *Revue Biblique*, n. 83, p. 161-202, 1976.

DREYFUS, F. L'actualisation de L'Ecriture I. Du texte á la vie. *Revue Biblique*, n. 86, p. 5-58, 1979a.

DREYFUS, F. L'actualisation de L'Ecriture II. L'action de I 'Esprit. *Revue Biblique*, n. 86, p. 161-193, 1979b.

DUPUIS, J. *Verso una teología cristiana del pluralismo religioso*. Brescia: Queriniana, 1997.

DUPUIS, J. *Hacia una teología cristiana del pluralismo religioso*. Bilbao: Sal Terrae, 2000.

DUPUY, B.D. (ed.). *La revelación divina*. Madri: Taurus, 1970. vol. 1.

EGGERS LAN, C. Introdução, tradução e notas. *In*: PLATÃO. *Diálogos: la República*. Madri: Gredos, 1998. vol. 4, p. 9-10.

ELLACURÍA, J.; SOBRINO, J. *Mysterium liberationis*. El Salvador: UCA, 1989. 2 vols.

FEINER, J.; LÖHRER, M. (eds.). *Mysterium salutis: manual de teología como historia de la salvación*. Madri: Cristiandad, 1971. vol. 1-5.

FIERRO, A. *La imposible ortodoxia*. Salamanca: Sígueme, 1974.

FIERRO, A. *Teoría de los cristianismos*. Estella: Verbo Divino, 1982.

FIGURA, M. La gnosis y el gnosticismo como reto renovado a la Iglesia. *Communio*, ano 19, p. 486-484, 1997.

FIORES, S. de. *María en la teología contemporánea*. Salamanca: Sígueme, 1989.

FISICHELLA, R. *Introducción a la teología fundamental*. Estella: Verbo Divino, 1992.

FISICHELLA, R. Il teologo e il "sensus fidei". *In*: CONGREGAZIONE PER LA DOTTRINA DELLA FEDE. *Donum veritatis*. Istruzione e commenti. Roma: Libreria Editrice Vaticana, 1993. p. 98-103.

FITZMYER, J.A. Scripture, the source of theology. *In*: FITZMYER, J.A. *Scripture, the soul of the theology*. Nova York: Paulist Press, 1994. p. 39-92.

FLOROVSKY, G. Grégoire Palamas et la patristique. *Istina*, vol. 8, p. 114-125, 1962.

FORTE, B. Creer y pensar la Trinidad a partir de la estructura trinitaria de la "re-velatio". *In*: SILANES, N. (ed.). *Pensar a Dios*. XXX Semana de Estudios Trinitarios. Salamanca, 1995.

FORTE, B. *A la escucha del otro*. Salamanca: Sígueme, 2005.

FRANCISCO DE ASSIS. *Escritos. Biografias. Documentos*. Madri, 1985.

GAILLARDETZ, R.R. *Teaching with authority: a theology of the Magisterium in the Church*. Minnesota: Liturgical Press, 1997.

GARCÍA-BARÓ, M. Ensayo preliminar sobre la libertad. *In*: GARCÍA-BARÓ, M. *Del dolor, la verdad y el bien*. Salamanca: Sígueme, 2006.

GEERLINGS, W. Jesaja 7, 9b bei Augustinus. Die Geschichte einesfruchtbaren Mißverständnisses. *Wissenschaft und Weisheit*, vol. 50, p. 5-12, 1987.

GERRISH, B.A. *A prince of the Church: Schleiermacher and the beginnings of modern theology*. Oregon: Wipf and Stock, 2001.

GESCHÉ, A. *El mal*. Salamanca: Sígueme, 2002. (Dios para pensar, vol. 1).

GESCHÉ, A. *Le mal et la lumière*. Paris: Cerf, 2004.

GESCHÉ, A. *Dios*. Salamanca: Sígueme, 2007. (Dios para pensar, vol. 3).

GESCHÉ, A. *La teología*. Salamanca: Sígueme, 2017.

GIBELLINI, R. *La teología del siglo XX*. Santander: Sal Terrae, 1999.

GILBERT, M. Exégesis integral. *In*: LATOURELLE, R. (ed.). *Diccionario de teología fundamental*. Madri: San Pablo, 1991. p. 459-468.

GILBERT, P. *La semplicità del principio: introduzione alla metafisica*. Casale Monferrato: Piemme, 1992.

GILSON, E. *La teologia mistica di san Bernardo*. Milão: Jaca Book, 1987. [Trad.: *A teologia mística de São Bernardo*. São Paulo: Paulus, 2018.]

GNILKA, J. Die biblische Exegese im Lichte des Dekretes über die göttliche Offenbarung (Dei Verbum). *Münchener Theologische Zeitschrift*, ano 36, p. 5-19, 1985.

GNILKA, J. *Teología del Nuevo Testamento*. Madri: Trotta, 1998.

GONZÁLEZ, A. *Teología de la praxis evangélica: ensayo de una teología fundamental*. Santander: Sal Terrae, 1999.

GONZÁLEZ DE CARDEDAL, O. *El lugar de la teología*. Madri: Real Academia de Ciencias Morales y Políticas, 1986.

GONZÁLEZ DE CARDEDAL, O. *Jesús de Nazaret: aproximación a la cristología*. 3. ed. Madri: Biblioteca de Autores Cristianos, 1993.

GONZÁLEZ DE CARDEDAL, O. *La entraña del cristianismo*. Salamanca: Secretariado Trinitario, 1997.

GONZÁLEZ DE CARDEDAL, O. *Cristología*. Madri: Biblioteca de Autores Cristianos, 2000.

GONZÁLEZ DE CARDEDAL, O. *Fundamentos de cristología: el camino*. Madri: Biblioteca de Autores Cristianos, 2005. vol. 1.

GONZÁLEZ DE CARDEDAL, O. El quehacer de la teología. *Salmanticensis*, vol. 53, n. 2, p. 251-299, 2006a.

GONZÁLEZ DE CARDEDAL, O. La recepción del Concilio en España: reflexiones a los cuarenta años de su clausura. *Communio* (nueva época), ano 1, p. 51-76, 2006b.

GONZÁLEZ DE CARDEDAL, O. *El quehacer de la teología*. Salamanca: Sígueme, 2008.

GRESHAKE, G. *Breve trattato sulla grazia*. Bréscia: Queriniana, 1993.

GRESHAKE, G. *El Dios uno y trino: una teología de la Trinidad*. Barcelona: Herder, 2000.

GRILLMEIER, A. Vom Symbolum zur Summa. Zum theologiegeschichtlichen Verhältnis von Patristik und Scholastik. *In*: GRILLMEIER, A. *Mit ihm und in ihm: christologische Forschungen und Perspektiven*. Friburgo: Herder, 1975. p. 585-636.

GRILLMEIER, A. *Cristo en la tradición cristiana*. Salamanca: Sígueme, 1997.

GROSSI, V. Herejía-hereje. *In*: DI BERARDINO, A. (org.). *Diccionario patrístico de la Antigüedad cristiana.* Salamanca: Sígueme, 1998. vol. 1, p. 1017-1019.

GUARDINI, R. *La esencia del cristianismo.* 4. ed. Madri: Cristiandad, 1984.

GUARDINI, R. *Appunti per un'autobiografia.* Brescia: Morcelliana, 1986.

GUARDINI, R. Heilige Schrift und Glaubenswissenschaft. *Die Schildgenossen*, ano 8, p. 24-57, 1928.

GUNTON, C.E. *The promise of the trinitarian theology.* Edimburgo: T&T Clark, 1997.

GUNTON, C.E. *Father, Son and Holy Spirit: toward a fully trinitarian theology.* Edimburgo: T&T Clark, 2003.

GUNTON, C.E. *A brief theology of revelation.* Londres: T&T Clark, 2005a.

GUNTON, C.E. *Unidad, Trinidad y pluralidad: Dios, creación y cultura de la Modernidad.* Salamanca: Sígueme, 2005b.

GUTIÉRREZ, G. *Hablar de Dios desde el sufrimiento del inocente.* Salamanca: Instituto Bartolomé de Las Casas, 1986.

GUTIÉRREZ, G. *Teología de la liberación.* Salamanca: Sígueme, 1972.

GUTIÉRREZ, G. *Teología de la liberación.* 17. ed. Salamanca: Sígueme, 2004.

HALBWACHS, M. *La topographie légendaire des évangiles en terre sainte: Étude de mémoire collective.* Paris: Alcan, 1941.

HALBWACHS, M. *La memoire collective.* Paris: Presses Universitaires de France, 1950.

HALBWACHS, M. *Les cadres sociaux de la mémoire.* Paris: Presses Universitaires de France, 1952.

HARNACK, A. von. *Lehrbuch der Dogmengeschichte.* Friburgo: Mohr, 1897. vol. 3, p. 692-764.

HARNACK, A. von. *Lehrbuch der Dogmengeschichte.* Tubinga: Mohr, 1909. vol. 1, p. 480-496.

HAZIM, I. Voici, je fais toutes les choses nouvelles. *Irenikon*, 42, p. 351-352, 1968.

HEILER, F. *Der Katholizismus.* Munique: Reinhardt, 1923.

HELL, L. Catholicisme. *In*: LACOSTE, J.-Y. (ed.). *Dictionnaire critique de théologie*. Paris: Presses Universitaires de France, 1998. p. 211-213.

HEMMERLE, K. *Teologie als Nachfolge: Bonaventura, ein Wegfür heute*. Friburgo: Herder, 1975.

HEMMERLE, K. *Tras las huellas de Dios: ontología trinitaria y unidad relacional*. Salamanca: Sígueme, 2005.

HERVIEU-LÉGER, D. *La religión, hilo de memoria*. Barcelona: Herder, 2005.

HÜNERMANN, P. *Cristología*. Barcelona: Herder, 1997.

HUNT, A. *The trinity and the paschal mystery: a development in recent catholic theology*. Minnesota: Liturgical Press, 1997.

IDE, P. *Être et mystère: la philosophie de Hans Urs von Balthasar*. Paris: Culture et Vérité, 1995.

Introduction à la Bible. *In*: *Bible d'étude TOB*. Paris: Cerf & Bibli'O, 2010. [Trad.: Tradução Ecumênica da Bíblia. São Paulo: Loyola, 2020.]

JAEGER, W. *Cristianismo primitivo y paideia griega*. México: Fondo de Cultura Económica, 1998. [Trad.: *Cristianismo primitivo e paideia grega*. Lisboa: Ed. 70, 1999.]

JOÃO DA CRUZ. *Obras completas*. Madri: Espiritualidad, 1988.

JOÃO DAMASCENO. *Exposición de la fe*. Introdução, tradução e notas de J.P. Torrebiarte Aguilar. Madri: Ciudad Nueva, 2003.

JOLIVET, J. *La théologie d'Abélard*. Paris: Cerf, 1995.

JÜNGEL, E. Die Freiheit der Theologie. *In*: JÜNGEL, E. *Entsprechungen: Gott, Wahrheit, Mensch*. Munique: Mohr Siebeck, 1980. p. 35.

JÜNGEL, E. *Dios como misterio del mundo: sobre la fundamentación de la teología del Crucificado en el conflicto entre teismo y ateismo*. Salamanca: Sígueme, 1986.

JÜNGEL, E. *Gott als Geheimnis der Welt*. Tubinga: Mohr, 2001.

JÜNGEL, E. *El Evangelio de la justificación del impío*. Salamanca: Sígueme, 2005.

KANT, I. Beantwortung der Frage: Was ist Aufklärung? (1783). *In*: KANT, I. *Werke*. Darmstadt: Vandenhoeck & Ruprecht, 1975. vol. 9, p. 53.

KANT, I. *La contienda entre las facultades de filosofía y teología*. Madri: Trotta, 1999. [Trad.: *O conflito das faculdades*. Lisboa: Ed. 70, 1992.]

KARRER, M. *Jesucristo en el Nuevo Testamento*. Salamanca: Sígueme, 2001.

KASPER, W. *Unidad y pluralidad en teología: los métodos dogmáticos*. Salamanca: Sígueme, 1969.

KASPER, W. La Tradición como principio del conocimiento teológico. *In*: KASPER, W. *Teología e Iglesia*. Barcelona: Herder, 1989. p. 94-134.

KASPER, W. *El Dios de Jesucristo*. Salamanca: Sígueme, 1998.

KASPER, W. Das Theorie-Praxis-Problem in der Theologie. *In*: KERN, W.; POTTMEYER, H.J.; SECKLER, M. (eds.). *Handbuch der Fundamentaltheologie IV: Traktat Theologische Erkenntnislehre*. Tubinga: UTB, 2000. p. 187-188.

KELLY, J.N.D. *Primitivos credos cristianos*. Salamanca: Secretariado Trinitario, 1980.

KESSLER, H. Religiöse Grunderfahrungen und der Glaube an der dreiei-Gott. *In*: KESSLER, H. *Den verborgenen Gott suchen: Gottesglaube in einer von Naturwissenschaften und Religionskonflikten geprägten Welt*. Paderborn: Brill, 2006. p. 28-51.

KLINGER, E. *Ekklesiologie der Neuzeit*. Friburgo: Herder, 1978.

KÖSTENBERGER, A.J. *The heresy of orthodoxy: how contemporary culture's fascination with diversity has reshaped our understanding of early Christianity*. Illinois: Crossway Books, 2010.

KÜGLER, J. Die Gegenwart ist das Problem! Thesen zur Rolle der neutestamentlichen Bibelwissenschaft in Theologie, Kirche und Gesellschaft. *In*: BUSSE, U. (ed.). *Die Bedeutung der Exegese für Theologie und Kirche*. Friburgo: Herder, 2005. p. 10-37.

LACOSTE, J.-Y. Révélation. *In*: LACOSTE, J.-Y. (ed.). *Dictionnaire critique de théologie*. Paris: Presses Universitaires de France, 1998. p. 1004.

LADARIA, L. *El Dios vivo y verdadero: el misterio de la Trinidad*. Salamanca: Secretariado Trinitario, 2000.

LADARIA, L. *La Trinidad, misterio de comunión*. Salamanca: Secretariado Trinitario, 2002.

LADARIA, L. Encarnación y teología de las religiones. *In*: CORDOVILLA, A.; SÁNCHEZ CARO, J.M.; DEL CURA, S. (eds.). *Dios y el hombre en*

Cristo: homenaje a Olegario González de Cardedal. Salamanca: Sígueme, 2006. p. 223-243.

LAFONT, G. *La Sagesse et la Prophétie: modèles théologiques*. Paris: Cerf, 1999.

LATOURELLE, R. *Teología de la revelación*. Salamanca: Sígueme, 1967.

LECLERCQ, J. *Cultura y vida cristiana: iniciación a los autores monásticos medievales*. Salamanca: Sígueme, 1965. [Trad.: *O amor às letras e o desejo de Deus: iniciação aos autores monásticos da Idade Média*. São Paulo: Paulus, 2012.]

LEGIDO LÓPEZ, M. *Conformar la vida con el misterio de la cruz del Señor*. *In*: SIMPOSIO SOBRE LA ESPIRITUALIDAD DEL PRESBÍTERO DIOCESANO SECULAR, 1986. Madri: EDICE, 1987. p. 101-191.

LEONARD, A. *Pensamiento cristiano y fe en Jesucristo*. Madri: Encuentro, 1985.

LERA, J.M. Sacrae paginae studium sit veluti anima sacrae theologiae: notas sobre el origen y procedencia de esta frase. *Miscelánea Comillas*, vol. 41, n. 78-79, p. 409-422, 1983.

LINDBECK, G. *The nature of doctrine: religion and theology in a postliberal age*. Philadelphia: Westminster John Knox Press, 1984.

LIPARI, A. Teologia della mistica in A. Stolz. *In*: SALMANN, E. (ed.). *La teologia mistico-sapienziale di Anselm Stolz*. Roma: Centro Studi Sant'Anselmo, 1988. p. 49-69.

LOHFINK, N. Der weiße Fleck in Dei Verbum, Artikel 12. *Trierer Theologische Zeitschrift*, ano 101, p. 20-35, 1992.

LOSSKY, V. *The mystical theology of the Eastern church*. Nova York: St. Vladimir's Seminary Press, 1976.

LUBAC, H. de. *Catolicismo: aspectos sociales del dogma*. Madri: Encuentro, 1988.

LUBAC, H. de. *La posteridad espiritual de Joaquín de Fiore*. Madri: Encuentro, 1989. 2 vols.

LUZ, U. Kann die Bibel heute noch Grundlage für die Kirche sein? Über die Aufgabe der Exegese in einer religiös-pluralistischen Gesellschaft. *New Testament Studies*, vol. 44, p. 317-339, 1998.

MADEC, G. *Le Dieu d'Augustin*. Paris: Cerf, 2000.

MADRIGAL, S. *Estudios de eclesiología ignaciana*. Madri: Desclée de Brouwer, 2002.

MANARANCHE, A. *Querer y formar sacerdotes*. Bilbao: Desclée De Brouwer, 1996.

MARÍAS, J. Prologo. *In*: MARÍAS, J. *Introducción a la filosofía*. Madri: Revista de Occidente, [1947].

MARTÍN VELASCO, J. *El encuentro con Dios*. Madri: Trotta, 1997.

MARTÍN VELASCO, J. *Introducción a la fenomenología de la religión*. Madri: Trotta, 2006.

MENKE, K.-H. *Teología de la gracia: el criterio del ser cristiano*. Salamanca: Sígueme, 2006.

MENKE, K.-H. *María en la fe de Israel y de la Iglesia*. Salamanca: Sígueme, 2007.

MEWS, C. Abelardus, Pierre. *In*: LACOSTE, J.-Y. (ed.). *Dictionnaire critique de théologie*. Paris: Presses Universitaires de France, 1998.

MICHON, C.; NARCISSE, G. Lieux théologiques. *In*: LACOSTE, J.-Y. (ed.). *Dictionnaire critique de théologie*. Paris: Presses Universitaires de France, 1998. p. 658.

MILBANK, J. *Theology and social theory: beyond secular reason*. Oxford: Blackwell, 2005.

MILBANK, J.; PICKSTOCK, C.; WARD, G. (eds.). *Radical orthodoxy: a new theology*. Londres: Routledge, 1999.

MOINGT, J. La gnose de Clément d'Alexandrie dans ses rapports avec la foi et la philosophie. *Recherches de Science Religiouse*, vol. 37, n. 4, p. 199, 1950.

MOLTMANN, J. *Teología de la esperanza*. Salamanca: Sígueme, 1969.

MOLTMANN, J. *¿Qué es teología hoy?* Salamanca: Sígueme, 1992.

MOLTMANN, J. *La venida de Dios: escatología cristiana*. Salamanca: Sígueme, 2004.

MOLTMANN, J. *El Dios crucificado: la cruz de Cristo como fundamento y crítica de la teología cristiana*. Salamanca: Sígueme, 2007.

NEWMAN, J.H. *Apologia pro vita sua*. Londres: Penguin Books, 1994.

NEWMAN, J.H. *An essay on the development of Christian doctrine*. Notre Dame: University of Notre Dame Press, 2003.

NICHTWEISS, B. *Erik Peterson: Neue Sicht auf Leben und Werk*. Friburgo: Herder, 1992.

NIGGLI, U. (ed.). *Peter Abaelard: Leben, Werk, Wirkung*. Friburgo: Herder, 2003a.

NIGGLI, U. (ed.). Philosophischer Scharfsinn in der theologischen Kritik. *In*: NIGGLI, U. (ed.). *Peter Abaelard: Leben, Werk, Wirkung*. Friburgo: Herder, 2003b. p. 246-248.

ORBE, A. La definición del hombre en la teología del siglo II. *Gregorianum*, vol. 48, n. 3, p. 522-576, 1967.

ORBE, A. Sobre los inicios de la teología. *Estudios Eclesiásticos*, vol. 56, n. 218-219, p. 689-704, 1981.

ORBE, A. El estudio de los Padres en la formación actual. *In*: LATOU-RELLE, R. (ed.). *Vaticano II: balance y perspectivas*. Salamanca: Sígueme, 1990. p. 1037.

ORBE, A. Gloria Dei vivens homo. *Gregorianum*, vol. 73, n. 2, p. 205-268, 1992.

ORTEGA Y GASSET, J. Qué es filosofía. *In*: ORTEGA Y GASSET, J. *Obras completas*. Madri: Revista de Occidente, 1964. tomo 7.

ORTEGA Y GASSET, J. *¿Qué es filosofía?* Madri: Revista de Occidente, 1972.

PANNENBERG, W. *Teología sistemática*. Madri: Universidad Pontificia Comillas, 1992. vol. 1. [Trad.: *Teologia sistemática*. São Paulo: Paulus: Academia Cristã, 2019.]

PASQUALE, G. *La teologia della storia della salvezza nel secolo XX*. Bolonha: EDB, 2001.

PELLAND, G. Applications diverses d'un thème origénien: le "prosballein". *Bulletin de Littérature Ecclésiastique*, vol. 94, n. 2, p. 83-94, 1993a.

PELLAND, G. Aspects multiples d'une théologie de la louange. *Gregorianum*, vol. 74, n. 4, p. 615-630, 1993b.

PELLAND, G. Le phénomène des écoles en théologie. *Gregorianum*, vol. 75, n. 3, p. 431-467, 1994.

PETERSON, E. ¿Qué es teología? *In*: PETERSON, E. *Tratados teológicos*. Madri: Cristiandad, 1966.

PHILIPS, G. *La Chiesa e il suo mistero: storia, testo e commento della Lumen Gentium*. Milão: Jaca Book, 1975.

PIÉ-NINOT, S. *La teología fundamental*. Salamanca: Secretariado Trinitario, 2001.

PIÉ-NINOT, S. *Eclesiología: la sacramentalidad de la comunidad cristiana*. Salamanca: Sígueme, 2007.

PIKAZA, X. *Enchiridion Trinitatis: textos básicos sobre el Dios de los cristianos*. Salamanca: Secretariado Trinitario, 2005.

PONTIFICIA COMISIÓN BÍBLICA. *La interpretación de la Biblia en la Iglesia*. Madri: PPC, 1994.

POTTERIE, I. de la. Il Concilio Vaticano II e la Bibbia. *In*: POTTERIE, I. de la. *L'esegesi cristiana oggi*. Casale Monferrato: Piemme, 1991. p. 19-42.

POTTERIE, I. de la. La exégesis bíblica, ciencia de la fe. *In*: SÁNCHEZ NAVARRO, L.; GRANADOS, C. (eds.). *Escritura e interpretación: los fundamentos de la interpretación bíblica*. Navarra: Palabra, 2003. p. 84-88.

POTTMEYER, H.J. Tradición. *In*: LATOURELLE, R. (ed.). *Diccionario de teología fundamental*. Madri: San Pablo, 1991. p. 1560-1568.

POTTMEYER, H.J. Normen, Kriterien und Strukturen der Überlieferung. *In*: KERN, W. (ed.). *Handbuch der Fundamentaltheologie*. Friburgo: UTB, 2000a. vol. 4, p. 95.

POTTMEYER, H.J. Wegstationen der Kriteriologie der Überlieferung. *In*: KERN, W. (ed.). *Handbuch der Fundamentaltheologie*. Friburgo: UTB, 2000b. p. 89.

PRÜMM, K. Mystères. *In*: PIROT, L.; ROBERT, A. *Dictionnaire de la Bible*. Paris: Letouzey et Ané, 1928. p. 1-225. Suplemento 6.

PUZICHA, M. (ed.). *Quellen und Texte zur Benediktusregel*. St. Ottilien: Eos, 2007.

RAHNER, H. *Ignatius von Loyola als Mensch und Theologe*. Friburgo: Herder, 1964.

RAHNER, K. Skotismus. *In*: RAHNER, K. *Kleine theologische Wörterbuch*. Friburgo: Herder, 1961. p. 336.

RAHNER, K. Para la teología de la encarnación. *In*: RAHNER, K. *Escritos de teología*. Madri: Taurus, 1964a. vol. 4, p. 151.

RAHNER, K. Sobre el concepto de misterio en la teología católica. *In*: RAHNER, K. *Escritos de teología*. Madri: Taurus, 1964b. vol. 4, p. 53-101.

RAHNER, K. Problemas de cristología actual. *In*: RAHNER, K. *Escritos de teología*. Madri: Taurus, 1965. vol. 1.

RAHNER, K. Ensayo de esquema para una dogmática. *In*: RAHNER, K. *Escritos de teología*. Madri: Taurus, 1967a. vol. 1, p. 21.

RAHNER, K. Problemas actuales de cristología. *In*: RAHNER, K. *Escritos de teología*. Madri: Taurus, 1967b. vol. 1, p. 167-221.

RAHNER, K. Sagrada Escritura y Teología. *In*: RAHNER, K. *Escritos de teología*. Madri: Taurus, 1969a. vol. 6, p. 108-109.

RAHNER, K. Sagrada Escritura y Tradición. *In*: RAHNER, K. *Escritos de teología*. Madri: Taurus, 1969b. vol. 6, p. 120.

RAHNER, K. (ed.). *¿Infalibilidad en la Iglesia?* Respuesta a Hans Küng. Madri: Paulinas, 1971.

RAHNER, K. Encarnación. *In*: RAHNER, K. *Sacramentum mundi*. Barcelona: Herder, 1972. vol. 2, p. 559.

RAHNER, K. *Curso fundamental de la fe: introducción al concepto de cristianismo*. Barcelona: Herder, 1979. [Trad.: *Curso fundamental da fé: introdução ao conceito de cristianismo*. São Paulo: Paulus, 1993.]

RAHNER, K. Freunde Gottes. *In*: RAHNER, K. *Hörer des Wortes*. Friburgo: Herder, 1997a. p. 294-295. (Obras completas, vol. 4).

RAHNER, K. *Hörer des Wortes*. Friburgo: Herder, 1997b. (Obras completas, vol. 4).

RAHNER, K. *Religionsphilosophie und Theologie*. Friburgo: Herder, 1997c. (Obras completas, vol. 4).

RAHNER, K. *Curso fundamental sobre la fe: introducción al concepto del cristianismo*. Barcelona: Herder, 1998. [Trad.: *Curso fundamental da fé*. São Paulo: Paulus, 1991.]

RAHNER, K. *Grundkurs des Glaubens*. Friburgo: Benziger: Herder, 1999. (Obras completas, vol. 26).

RAHNER, K. *Leiblichkeit der Gnade*. Friburgo: Herder, 2002. (Obras completas, vol. 18).

RAHNER, K. Thomas von Aquin. *In*: RAHNER, K. *Christliches Leben: Aufsätze, Betrachtungen, Predigten*. Friburgo: Herder, 2006. p. 201-204. (Obras completas, vol. 14).

RAHNER, K. Eine Theologie, mit der wir leben können. *In*: RAHNER, K. *Anstöße systematischer Theologie*. Friburgo: Herder, 2009. p. 101-112. (Obras completas, vol. 30).

RÄISÄNEN, B.H. *Neutestamentliche Theologie? Eine religionswissenschaftliche Alternative*. Stuttgart: Katholisches Bibelwerk, 2000.

RANKE, L. von. *Sobre las épocas de la historia moderna*. Madri: Nacional, 1984.

RATZINGER, J. *Lexikon für Theologie und Kirche. Das Zweite Vatikanische Konzil II*. Friburgo: Herder, 1968.

RATZINGER, J. Kommentar zu Dei Verbum. *In*: *Lexikon für Theologie und Kirche. Das Zweite Vatikanische Konzil II*. Friburgo: Herder, 1969.

RATZINGER, J. Ensayo sobre el concepto de tradición. *In*: RAHNER, K.; RATZINGER, J. *Revelación y tradición*. Barcelona: Herder, 1970. p. 27-76.

RATZINGER, J. Fundamento antropológico del concepto de tradición. *In*: RATZINGER, J. *Teoría de los principios teológicos: materiales para una teología fundamental*. Barcelona: Herder, 1985. p. 98-109.

RATZINGER, J. Introduzione. *In*: *Istruzione Donum Veritatis: Sulla vocazione ecclesiale del teologo* (24.5.1990). Roma: Libreria Editrice Vaticana, 1992. p. 11.

RATZINGER, J. *El camino pascual*. Madri: Biblioteca de Autores Cristianos, 2005a.

RATZINGER, J. *La fe como camino: contribución al ethos cristiano en el momento actual*. Madri: Ediciones Internacionales Universitarias, 2005b.

RATZINGER, J. *El Dios de la fe y el Dios de los filósofos*. Madri: Encuentro, 2006a.

RATZINGER, J. *Introducción al cristianismo*. Salamanca: Sígueme, 2006b. [Trad.: *Introdução ao cristianismo*. São Paulo: Loyola, 2006.]

RITTER, A.M. De Polycarpe à Clément: aux origines d'Alexandrie Chretienne. *In*: MONDÉSERT, C. (ed.). *Alexandrina*. Paris: Cerf, 1987.

RIVAS REBAQUE, F. Los profetas (y maestros) en la Didajé: cuadros sociales de la memoria de los orígenes cristianos. *In*: GUIJARRO OPORTO, S. (ed.). *Los comienzos del cristianismo*. Salamanca: Universidad Pontificia de Salamanca, 2006. p. 181-203.

RODRÍGUEZ PANIZO, P. Dios misterio. *Sal Terrae*, tomo 93, n. 1087, p. 241-252, 2005.

RODRÍGUEZ PANIZO, P. Teología fundamental. *In*: CORDOVILLA, A. (ed.). *La lógica de la fe*. Madri: Universidad Pontificia Comillas, 2013. p. 47-83.

ROVIRA BELLOSO, J.M. *Introducción a la teología*. Madri: Biblioteca de Autores Cristianos, 1996.

RUH, U. Wozu Theologie? *Herder Korrespondenz*, 61, p. 110, 2007.

RUIZ DE LA PEÑA, J.L. *Imagen de Dios: antropología teológica fundamental*. Santander: Sal Terrae, 1988.

RUSTER, T. Romano Guardini: "Das Christliche ist er selbst". Grösse und Grenze toralosen Christentums. *In*: DELGADO, M. (ed.). *Das Christentum der Theologen im 20. Jahrhundert: Vom Wesen des Christentums zu den Kurzformel des Glaubens*. Friburgo: Kohlhammer, 2000. p. 97-113.

RUSTER, T. *El Dios falsificado: una nueva teología desde la ruptura entre cristianismo y religión*. Salamanca: Sígueme, 2011.

SABERSCHINSKY, A. *Der gefeierte Glaube: Einführung in die Liturgiewissenschaft*. Friburgo: Herder, 2006.

SALMANN, E. Das Problem der "analisis fidei" bei A. Stolz und P. Rousselot. *In*: SALMANN, E. (ed.). *La teologia mistico-sapienziale di Anselm Stolz*. Roma: Centro Studi Sant'Anselmo, 1988a. p. 71-99.

SALMANN, E. (ed.). *La teologia mistico-sapienziale di Anselm Stolz*. Roma: Centro Studi Sant'Anselmo, 1988b.

SCHAEFFLER, R. *Philosophische Einübung in die Theologie II. Philosophische Einübung in die Gotteslehre*. Munique: Karl Alber, 2004.

SCHELER, M. *Los ídolos del autoconocimiento*. Salamanca: Sígueme, 2003.

SCHELLING, F.W.J. *Philosophie der Offenbarung*. Berlim: Suhrkamp, 1977.

SCHLEIERMACHER, F.E.D. *Sobre la religión*. Madri: Tecnos, 1990.

SCHLEIERMACHER, F.E.D. *Der Christliche Glaube* (1830-1831). Edição preparada por Martin Redeker. Berlim: Gruyter, 1999. p. 137-142.

SCHLEIERMACHER, F.E.D. *Über die Religion*. Berlim: Gruyter, 2001.

SCHLEIERMACHER, F.E.D. *Lo Studio de la teologia: breve presentazione*. Bréscia: Queriniana, 2005.

SCHLEIERMACHER, F.E.D. *La fe cristiana*. Salamanca: Sígueme, 2013.

SCHLIER, H. *La Carta a los Efesios*. Salamanca: Sígueme, 1991.

SCHNACKENBURG, R. *La persona de Jesucristo reflejada en los cuatro evangelios*. Barcelona: Herder, 1998.

SCHNACKENBURG, R. *Das Johannesevangelium*. Friburgo: Herder, 2000. vol. 4.

SCHREITER, R.J. La teología y su contexto: la tradición de la Iglesia como teologías locales. *In*: SCHREITER, R.J. *Constructing local theologies*. Londres: Orbis Books, 1985. p. 80-93.

SCHÜRMANN, H. "Und Lehrer". Die geistliche Eigenart des Lehrdienstes und sein Verhältnis zu anderen geistlichen Diensten im neutestamentlichen Zeitalter. *In*: ERNST, W.; FEIEREIS, K.; HOFFMANN, F. (eds.). *Dienst der Vermittlung. Festschrift zum 25 jährigen Bestehen des Philosophisch-Theologischen Studiums im Priesterseminar Erfurt (5.6.1977)*. Erfurt, 1977. p. 107-164.

SCHÜRMANN, H. *Orientierung am Neuen Testament: Exegetische Gesprächsbeitrage*. Düsseldorf: Patmos, 1978.

SECKLER, M. Theologein. Eine Grundidee in dreifacherAusgestaltung. *Theologische Quartalschrift*, vol. 163, p. 241-264, 1983.

SECKLER, M. Die ekklesiologische Bedeutung des Systems der loci theologici: Erkenntnistheoretische Katholizität und strukturale Weisheit. *In*: BAIER, W. (ed.). *Weisheit Gottes-Weisheit der Welt (FS J. Ratzinger)*. St. Ottilien: Eos, 1987. p. 37-65.

SECKLER, M. Loci theologici. *In*: KASPER, W. *Lexikon für Theologie und Kirche*. Friburgo: Herder, 1997. vol. 6, p. 1014-1016.

SECKLER, M. Theologie als Glaubenswissenschaft. *In*: KERN, W. (ed.). *Handbuch der Fundamentaltheologie*. Tubinga: UTB, 2000a. vol. 4, p. 133-140.

SECKLER, M. Theologie als Wissenschaft. *In*: KERN, W.; POTTMEYER, H.J.; TEKER, M. (eds.). *Handbuch der Fundamentaltheologie*. Tubinga: UTB, 2000b. vol. 4, p. 145-146.

SECKLER, M. Die Communio-Ekklesiologie, die theologische Methode und die loci-theologici-Lehre Melchior Canos. *Theologische Quartalschrift*, vol. 187, p. 1-20, 2007.

SESBOÜÉ, B. *El Dios de la salvación*. Salamanca: Secretariado Trinitario, 1996. (Historia de los dogmas, 1).

SESBOÜE, B. Melchor Cano y los lugares teológicos. *In*: SESBOÜE, B. *La palabra de la salvación*. Salamanca: Secretariado Trinitario, 1997. p. 131-137. (Historia de los dogmas, 4). [Trad.: *A palavra da salvação*. São Paulo: Loyola, 2017. (História dos dogmas, 4).]

SESBOÜÉ, B. *Por una teología ecuménica.* Salamanca: Secretariado Trinitario, 1999.

SESBOÜÉ, B. *El magisterio a examen: autoridad, verdad y libertad en la Iglesia.* Bilbao: Mensajero, 2004.

SEVRIN, J.M. L'exégèse critique comme discipline théologique. *Revue théologique de Louvain,* ano 21, p. 146-162, 1990.

SIMONETTI, M. (ed.). *Il Cristo: Testi teologici e spirituali in lingua Greca dal IV al VII secolo.* Farigliano, 2003. p. 426.

SMITH, J.K.A. *Introducing radical orthodoxy: mapping a post-secular theology.* Michigan: Baker Academic, 2004.

SÖDING, T. El alma de la teología: su unidad a partir del Espíritu de la Sagrada Escritura en la Dei Verbum y según J. Ratzinger. *Communio,* n. 7, p. 37-54, 2007.

SOHM, R. *Kirchenrecht.* Leipzig: Dunker & Humbolt, 1892. vol. 1.

SOLIGNAC, A. Mystère. *In:* DERVILLE, A; LAMARCHE, P.; SOLIGNAC, A. (eds.). *Dictionnaire de Spiritualité.* Paris: Beauchesne, 1980. tomo 10, col. 1861-1874.

SOLIGNAC, A. La memoire selon Saint Augustin. *In: Oeuvres de Saint Augustin. Les Confessions. Livres VIII-XIII.* Edição de M. Skutella, introdução e notas de A. Solignac, tradução de E. Tréhorel e G. Bouissou. Perpignan: Institut d'Études Augustiniennes, 1996. p. 557-567.

STOLZ, A. *Glaubensgnade und Glaubenslicht nach Thomas von Aquin.* Roma: Herder, 1933.

STOLZ, A. *Theologie der Mystik.* Regensburg: Dörffling & Franke, 1937a.

STOLZ, A. Was ist Theologie? *In:* BAUMGARTNER, G. (ed.). *Die Siebenten Salzburger Hochschulwochen.* Salzburg, 1937b. p. 17-23.

STUDER, B. Soteriologie. In der Schrift und Patristik. *In:* SCHMAUS, M. (ed.). *Handbuch der Dogmengeschichte: Christologie, Soteriologie, Mariologie.* Friburgo: Herder, 1978. vol. 3, p. 158-159.

STUDER, B. Das Christusbild des Origenes und des Ambrosius. *In:* STUDER, B. *Mysterium caritatis. Studien zur Exegese und zur Trinitätslehre in derAlten Kirche.* Roma: Centro Studi Sant'Anselmo, 1999. p. 397-424.

STUHLMACHER, P. *Von der Paulusschule bis zur Johannesoffenbarung: der Kanon und seineAuslegung.* Göttingen: Vandenhoeck & Ruprecht, 1999. vol. 2.

STUHLMACHER, P. *Biblische Theologie des Neuen Testaments. Grundlegung von Jesus zu Paulus.* Göttingen: Vandenhoeck & Ruprecht, 2005. vol. 1.

SUDBRACK, J. Gnosis y gnosticismo en la modernidad. *Communio*, ano 19, p. 474-485, 1997.

SULLIVAN, F.A. *Il magisterio nella Chiesa Catolica.* Assis: Cittadella, 1993 [1983].

SULLIVAN, F.A. Magisterio. *In*: LATOURELLE, R. (ed.). *Diccionario de teología fundamental.* Madri: San Pablo, 1993. p. 841-849.

SULLIVAN, F.A. *Creative fidelity: weighing and interpreting documents of the magisterium.* Oregon: Wipf & Stock Pub, 2003 [1996].

TAYLOR, C. *Fuentes del yo: la construcción de la identidad moderna.* Barcelona: Paidós, 1996. [Trad.: *As fontes do self.* São Paulo: Loyola, 2001.]

THEISSEN, G. *La religión de los primeros cristianos: una teoría del cristianismo primitivo.* Salamanca: Sígueme, 2005.

THEOBALD, C. À quelles conditions une théologie "biblique" de l'histo-rire est-elle aujourd'hui possible. *In*: THEOBALD, C. *Dans les traces... de la constitution Dei Verbum du concile Vatican II. Biblie, théologie et practiques de lecture.* Paris: Cerf, 2009. p. 117-145.

TILLICH, P. *A history of Christian thought.* Londres: Abingdon Press, 1965.

TOMÁS DE AQUINO. *Suma de teología.* Madri: Biblioteca de Autores Cristianos, 1988.

TORRELL, J.-P. *Tommaso d'Aquino: l'uomo e il teólogo.* Casale Monferrato: Piemme, 1994.

TORRELL, J.-P. *La teologia cattolica.* Milão: Jaca Book, 1998a.

TORRELL, J.-P. *Tommaso d'Aquino: maestro spirituale.* Roma: Città Nuova, 1998b. [Trad.: *São Tomás: mestre espiritual.* São Paulo: Loyola, 2008.]

TREMBLAY, R. Donum Veritatis: un documento che fa riflettere. *In*: CONGREGAZIONE PER LA DOTTRINA DELLA FEDE. *Donum Veritatis: Istruzione e commenti.* Roma: Libreria Editrice Vaticana, 1993. p. 161-183. (Documentos e estudos, 14).

TREVIJANO, R. *Patrología.* Madri: Biblioteca de Autores Cristianos, 1995.

URÍBARRI, G. Exégesis científica y teología dogmática: materiales para un diálogo. *Estudios Bíblicos*, vol. 64, n. 3-4, p. 547-578, 2006.

URÍBARRI, G. Para una nueva racionalidad de la exégesis: diagnóstico y propuesta. *Estudios Bíblicos*, vol. 65, n. 3, p. 253-306, 2007.

VAGAGGINI, C. Theologia. *In*: BARBAGLIO, G.; DIANICH, S. (ed.). *Nuovo Dizionario di Teologia*. Roma: Paoline, 1977. p. 1597-1711.

VANHOOZER, K.J. *El drama de la doctrina: una aproximación canónica--lingüística a la doctrina cristiana*. Salamanca: Sígueme, 2010.

VANHOYE, A. Esegesi biblica e teologia: la questione dei metodi. *Seminarium*, ano 31, n. 2, p. 267-278, 1991.

VANHOYE, A. La exégesis católica hoy. *Communio*, ano 19, p. 440-451, 1997.

VANHOYE, A. Foi. A. Théologie biblique. *In*: LACOSTE, J.-Y. (ed.). *Dictionnaire critique de théologie*. Paris: Presses Universitaires de France, 1998. p. 470-472. [Trad.: *Dicionário crítico de teologia*. São Paulo: Loyola, 2002.]

VANHOYE, A. La recepción en la Iglesia de la constitución dogmática Dei Verbum. *In*: SÁNCHEZ NAVARRO, L.; GRANADOS, C. (eds.). *Escritura e interpretación: los fundamentos de la interpretación bíblica*. Navarra: Palabra, 2003. p. 147-173.

VILANOVA, E. *Historia de la teología cristiana*. Barcelona: Herder, 1987. 3 vols.

WICKS, J. *Introducción al método teológico*. Estella: Verbo Divino, 1998.

WIEDENHOFER, S. Theologie als Wissenschaft: eine theologische Revision. *In*: FRANZ, A. (ed.). *Bindung an der Kirche oder Autonomie? Theologie im gesellschaftlichen Diskurs*. Friburgo: Herder, 1999. p. 90-124.

WIEDERKEHR, D. Das Prinzip Überlieferung. *In*: KERN, W. (ed.). *Handbuch der Fundamentaltheologie IV. Traktat Theologische Erkenntnislehre*. Tubinga: UTB, 2000. p. 73-78.

WIELAND, G. Abaelard. *In*: KASPER, W. *Lexikon für Theologie und Kirche*. Friburgo: Herder, 1993. vol. 1.

WILLIANS, R. *On Christian theology*. Oxford: Blackwel, 2000.

ZARAZAGA, G. *Dios es comunión: el nuevo paradigma trinitario*. Salamanca: Secretariado Trinitario, 2004.

Índice onomástico

Abelardo, P. 15, 212, 229-231

Adam, K. 183, 258

Agostinho da Dinamarca 129

Agostinho de Hipona 15, 28, 32, 42, 45, 50, 59, 77, 79-80, 82, 88, 90, 111-112, 141, 147, 153, 214, 225-226, 227, 232

Agrícola, J. 238

Alberto Magno 213, 232

Alexandre de Hales 213, 232

Alexandre III 231

Aletti, J.-N. 215

Ambrósio de Milão 111, 260

Amengual, G. 18, 53-54

Ana de Jesus 84

Andía, Y. de 58, 225

Andrés, M. 238

Anselmo de Cantuária 15, 32-33, 45, 50, 77, 88-89, 212, 227-229, 236, 240

Anselmo de Laon 230

Antônio de Pádua 89

Ardusso, F. 166

Aristóteles 30, 90, 98, 141, 175, 186-187, 232-233, 238

Arnold, C. 242

Artola, A.M. 109

Balthasar, H.U. von 15, 19, 21, 25, 31, 42, 45, 51, 56, 59, 63, 71, 81-82, 84, 89, 111, 113, 119-120, 121, 176, 183, 185, 187, 193, 195-197, 203-208, 222, 226, 229, 245-246, 257, 258, 266

Barth, K. 15, 19-21, 31, 35, 37-38, 44, 51, 88, 92, 94, 184-185, 188, 205, 241, 243, 244, 258, 266

Bauer, W. 219

Becker, J. 214

Békés, G.J. 256

Bento de Núrsia 105

Bento XVI 110, 116, 125, 169, 225

Berger, K. 121

Bernardo de Claraval 15, 84, 109, 230

Bezner, F. 230

Biel, G. 235

Biemer, G. 242

Boaventura de Bagnoregio 15, 42, 89-90, 141, 234, 266

Boeglin, J.-G. 134

Boff, C. 245

Bordoni, M. 63

Bornkamm, G. 53

Bossuet, J.B. 200

Bouyer, L. 157

Brague, R. 143-144
Brito, E. 240-241
Bultmann, R. 19, 128, 244

Calati, B. 257
Carpenter, C. 234
Casel, O. 58
Catarina de Sena 239
Celestino I 149
Charles de Foucauld 208
Childs, B. 129
Cícero, M.T. 238
Cipriano de Cartago 216
Clemente de Alexandria 59,
81-82, 216, 222, 260
Coccejus, J. 44
Colombás, G.M. 99
Congar, Y. 19, 54, 61, 134-135,
139, 147, 149, 154, 158-159, 160,
170, 183, 192, 203
Corbin, M. 89, 228
Cordovilla Pérez, A. 21, 53, 57,
65, 73, 101, 102, 116, 159, 167,
183, 193, 199, 229, 247, 266
Coreth, E. 31, 257
Cullmann, O. 245

Damião, P. 254
Daniélou, J. 258
Diedro, J. 133
Drey, J.S. 139, 242
Dreyfus, F. 122
Dupuis, J. 65, 173

Ebeling, G. 28
Eckhart, Mestre 15, 45, 239
Edelby, N. 113, 127
Elisabeth da Trinidade 239
Ellacuría, I. 245

Escoto, D. 235
Eunomio 50

Feiner, J. 117
Fierro, A. 219
Figura, M. 224
Fiores, S. di 196
Fisichella, R. 46-47, 61, 87
Fitzmyer, J.A. 116
Florovsky, G. 163
Forte, B. 49
Francisco de Assis 89
Francisco de Vitoria 238

Gadamer, G. 102, 128
Gaillardetz, R.R. 166
Galilea, S. 242
García-Baró, M. 96
Geerlings, W. 77
Gerrish, A. 239
Gesché, A. 19, 21-22, 31, 236
Gibellini, R. 243
Gilbert, M. 122
Gilbert, P. 18
Gilson, E. 230
Gnilka, J. 125, 215
Goethe, J.W. von 53
González de Cardedal, O. 19,
22-23, 61, 63, 93-95, 122, 131,
173, 218, 257
Gregório de Nazianzo 29, 45, 50,
72
Gregório de Nissa 45, 50, 73
Gregório Magno 128, 160
Greshake, G. 41, 54, 67, 181
Grillmeier, A. 218, 227
Grossi, V. 219
Guardini, R. 18, 61, 82, 98, 102,
258, 266

Guilherme de Saint-Thierry 230
Gunton, C.E. 42, 67, 73, 135-136, 139-140
Gutiérrez, G. 19, 21, 91, 102, 245

Habermas, J. 243
Halbwachs, M. 140
Harnack, A. von 182, 244
Hartmann, N. 258
Havel, V. 136
Hegel, G.W.F. 258
Heidegger, M. 31, 128, 258
Heiler, F. 182
Hell, L. 183
Hemmerle, K. 42, 79, 226, 234
Hervieu-Léger, D. 136, 140
Hesíodo 24, 28-29
Hilário de Poitiers 222
Homero 24, 28-29
Hünermann, P. 235
Hunt, A. 71

Ide, P. 56
Inácio de Antioquia 50
Irineu de Lião 15, 39, 42, 60, 67, 72-73, 100, 118, 152-155, 160, 203, 212, 216, 221-222, 226
Isidoro de Sevilha 160

Jaeger, W. 216
Jerónimo de Estridón 112
João da Cruz 15, 45, 59, 84, 239
João Damasceno 160, 226-227
João Paulo II 123, 171, 198
João XXIII 86, 175
Joaquim de Fiore 72, 91
Jolivet, J. 230
Jüngel, E. 53-54, 71, 181-182, 248
Jüngmann, J.A. 258, 266

Kant, I. 37, 135, 228, 258
Karrer, M. 118
Kasper, W. 40, 76, 98, 101-102, 135, 139, 143, 150, 159
Kelly, J.N.D 217
Kessler, H. 68
Kierkegaard, S. 15
Kingsley, Ch. 242
Klinger, E. 94
Kügler, J. 114-115
Kuhn, J.E. 242

Labajos, A. 16, 42, 210
Ladaria, L.F. 55, 63, 193
Lafont, G. 211
Lang, A. 156
Latourelle, R. 46
Leão Magno 226
Leão XIII 120
Leclercq, J. 230
Legido López, M. 169
Leonard, A. 222
Lera, J.M. 116
Lindbeck, G. 102
Lipari, A. 257
Lohfink, N. 126
Löhrer, M. 117
Lombardo, P. 212, 231, 263
Lossky, V. 74
Lotz, J.B. 258
Lubac, H. de 46, 52, 91, 183, 200-203, 257, 258
Lutero, M. 15, 31, 45, 122, 155-156, 235-237, 239, 240, 249
Luz, U. 115

Madec, G. 80
Madrigal, S. 34
Manaranche, A. 224

Maréchal, J. 258
Marías, J. 105-106
Marion, J.L. 31
Martín Velasco, J. 63, 143
Máximo o Confessor 226
Melanchthon, Th. 93, 237-238
Melchior Cano 15, 92-95, 156,
159, 160, 237-238, 249
Menke, K.H. 182, 196, 236
Mersch, E. 266
Metz, J.B. 91, 245
Mews, C. 230
Michon, C. 93
Milbank, J. 102
Möhler, J.A. 139, 183, 242
Moingt, J. 82
Moltmann, J. 19, 21, 71, 79, 90, 245

Narcisse, G. 93
Newman, J.H. 208, 241-242
Nichtweiss, B. 20, 258
Nicolau de Cusa 181
Niewiadomski, J. 37
Niggli, U. 230

Ockham, G. de 235-236
Orbe, A. 160, 217, 220-221
Orígenes 13, 15, 29, 59, 79, 84,
111, 161, 212, 216, 222-223, 260
Ortega y Gasset, J. 101, 243-244

Pannenberg, W. 101, 245
Pascal, B. 31, 90
Pasquale, G. 245
Passaglia, C. 242
Paulo VI 195
Pelland, G. 79, 221-222
Perrone, I. 242
Peterson, E. 19-20, 258

Philips, G. 157
Pickstock, C. 102
Pié-Ninot, S. 46, 52, 167
Pinillos, J.L. 136
Pio XII 119
Platão 29-31, 105-106
Plotino 141
Póntico, E. 44, 74
Potterie, I. de la 98, 125
Pottmeyer, H.J. 142, 144, 146,
147, 149, 153, 157
Próspero de Aquitania 149
Prümm, K. 53
Przywara, E. 83
Pseudo-Dionísio Areopagita 45,
50, 107

Rahner, H. 55, 258, 266
Rahner, K. 15, 19-21, 23, 38, 45,
51, 53, 55, 58, 62, 101, 103, 107,
113, 135, 140, 170, 175-176, 183,
198-199, 226, 233, 244-245,
250-252, 254, 257-258, 266
Räisänen, B.H. 115
Ranke, L. von 18
Ratzinger, J. 28, 31, 58-59, 134,
142, 147, 153, 165, 177, 208, 225
Ribera-Mariné, R. 109
Ritter, A.M. 153
Rivas Rebaque, F. 140-141
Rodríguez Panizo, P. 46, 53, 86,
133
Romero Pose, E. 153
Rousselot, P. 82, 257, 258
Rovira Belloso, J.M. 49, 116, 134
Ruh, U. 247
Ruiz de la Peña, J.L. 174
Ruster, T. 61, 137
Ruysbroeck, J. 239

Saberschinsky, A. 159

Salmann, E. 256-257

Sánchez Caro, J.M. 109, 126

Schaeffler, R. 31, 130

Scheler, M. 96

Schelling, F.W.J. 182

Schleiermacher, F.E.D. 15, 99,
128, 182, 205, 239-241

Schlier, H. 57

Schnackenburg, R. 148, 215

Schreiter, R.J. 211

Schürmann, H. 34, 265

Seckler, M. 28, 32, 37, 87, 94,
156, 159

Segundo, J.L. 245

Sesboüé, B. 94, 168, 170, 180, 218

Sevrin, J.M. 22, 129

Siewert, G. 258

Smith, J.K.A. 102

Sobrino, J. 245

Söding, T. 116

Sohngen, G. 258

Solignac, A. 53,141

Staudenmaier, F.A. 242

Stein, E. 258

Stolz, A. 19-20, 34, 250-251,
256-258, 265-266

Studer, B. 111-112, 225

Stuhlmacher, P. 215

Sudbrack, J. 224

Sullivan, F.A. 166

Tauler, J. 239

Taylor, Ch. 135

Teilhard de Chardin, P. 266

Teodoro de Mopsuéstia 223

Teresa de Calcutá 208

Teresa de Jesus 239

Teresa de Lisieux 239

Tertuliano 15, 31, 161, 212, 216,
221

Tillich, P. 211, 244

Tomás de Aquino 15, 25, 29, 45,
50, 85, 90, 106-107, 175, 186,
212-213, 232-234, 236, 255, 262,
266

Tomás de Kempis 112

Torrell, J.-P. 26, 36, 233, 234

Tremblay, R. 36, 96

Trevijano Etcheverría, R. 223-224

Uríbarri Bilbao, G. 116

Vagaggini, C. 257

Vanhoozer, K. 103

Vanhoye, A. 77, 122, 126, 129,
132

Varrón, T.M. 28

Vicente de Lérins 154-155, 160

Vilanova, E. 211

Ward, G. 102

Welte, B. 15

Wicks, J. 93, 237

Wiedenhofer, S. 102

Wiederkehr, D. 139

Wittgenstein, L. 53

Zarazaga, G. 67

Conecte-se conosco:

 facebook.com/editoravozes

 @editoravozes

 @editora_vozes

 youtube.com/editoravozes

 +55 24 2233-9033

www.vozes.com.br

Conheça nossas lojas:

www.livrariavozes.com.br

Belo Horizonte – Brasília – Campinas – Cuiabá – Curitiba
Fortaleza – Juiz de Fora – Petrópolis – Recife – São Paulo

 Vozes de Bolso

EDITORA VOZES LTDA.
Rua Frei Luís, 100 – Centro – Cep 25689-900 – Petrópolis, RJ
Tel.: (24) 2233-9000 – E-mail: vendas@vozes.com.br